| 碳中和论丛 |

主编：沈满洪

碳中和消费论

王建明 等◎著

中国财经出版传媒集团
中国财政经济出版社
·北 京·

图书在版编目（CIP）数据

碳中和消费论 / 王建明等著. -- 北京：中国财政经济出版社，2025. 5. -- （碳中和论丛）. -- ISBN 978-7-5223-3854-5

Ⅰ. F713. 55

中国国家版本馆 CIP 数据核字第 2025ED7092 号

责任编辑：周桂元　潘　飞　　　　责任校对：徐艳丽

封面设计：陈宇琰　　　　责任印制：张　健

碳中和消费论

TANZHONGHE XIAOFEILUN

中国财政经济出版社 出版

URL：http：//www. cfeph. cn

E-mail：cfeph@ cfeph. cn

社址：北京市海淀区阜成路甲 28 号　邮政编码：100142

营销中心电话：010-88191522

天猫网店：中国财政经济出版社旗舰店

网址：https：//zgczjjcbs. tmall. com

涿州汇美亿浓印刷有限公司印刷　各地新华书店经销

成品尺寸：185mm×260mm　16 开　15. 5 印张　302 000 字

2025 年 5 月第 1 版　2025 年 5 月河北第 1 次印刷

定价：70. 00 元

ISBN 978-7-5223-3854-5

（图书出现印装问题，本社负责调换，电话：010-88190548）

本社图书质量投诉电话：010-88190744

打击盗版举报热线：010-88191661　QQ：2242791300

《碳中和论丛》编委会

科学领军人才

王建明 浙江财经大学科研处处长、绿色管理研究院院长、教授、博士生导师

王懿祥 浙江农林大学环境与资源学院副院长、生态文明研究院碳中和研究所所长、教授、博士生导师

郅玉玲 浙江农林大学文法学院教授、硕士生导师

钱志权 浙江农林大学生态文明研究院副院长、碳中和研究院副院长、长三角绿色发展研究院执行院长、教授、博士生导师

姜双林 浙江农林大学文法学院教授、硕士生导师

陈真亮 浙江农林大学生态文明研究院生态治理研究所所长、文法学院学术副院长、教授、博士生导师

顾光同 浙江农林大学生态文明研究院生态经济研究所所长、教授、博士生导师

孟明浩 浙江农林大学风景园林与建筑学院副教授、硕士生导师

吴　旭 浙大城市学院城市发展与战略研究院、幸福城市研究院副研究员

为实现我国碳中和目标作出学者应有贡献

——《碳中和论丛》总序

一、《碳中和论丛》的撰写意义

自从1992年在巴西里约热内卢举行的联合国环境与发展大会通过《联合国气候变化框架公约》以来，国际社会为此做出了艰巨的努力，尤其是《京都议定书》和《巴黎协定》的达成，为应对气候变化奠定了认识论、方法论和实践论基础。我国政府宣布2030年前实现碳达峰、2060年前实现碳中和，这是一个大国的责任担当，也是对世界的重要贡献。但是，中西方国家应对气候变化存在显著差别。西方发达国家是先工业化后绿色化再低碳化，而且碳达峰是经济发展的自然过程。中国则是工业化进程中同时面临节能、减污、降碳、扩绿、增汇的要求。由此可见，我国的碳中和面临前所未有的挑战。迎接挑战的唯一出路就是理论创新、科技创新、制度创新和治理创新。通过创新变"不可能"为"可能"，变"理想"为"现实"，变"顾此失彼"为"统筹兼顾"。理论研究是实现碳中和的重要支撑。相对于碳中和工作的实际需求而言，碳中和研究仍显得相对不足。国内尚无系统阐述碳中和的丛书出版。面对严峻形势、艰巨任务与前所未有的挑战，浙江省生态文明智库联盟、浙江农林大学生态文明研究院、碳中和研究院自觉承担起《碳中和论丛》的编撰任务。该丛书的编撰出版，至少具有下列三大意义：

第一，有利于促进思想统一。人们对于碳达峰碳中和还存在不少错误的认识，例如"碳攀峰论"——利用碳排放递增的最后一个时期赶紧增排，"不惜代价论"——不惜一切代价实现碳达峰碳中和。按照中国式现代化的要求，我国既要推进现代化进程，又要实现碳达峰碳中和，两者兼顾才是正道。正因如此，党的二十大报告明确提出"积极稳妥推进碳达峰碳中和"。通过本论丛的研究和编纂、出版和发行，有利于全社会树立绿色低碳发展的理念，做到以正确的思想指导伟大的实践。

第二，有利于促进科学决策。统筹兼顾现代化进程和碳达峰碳中和的妙处就在于如何优化路径实现社会成本最低化。就统筹发展目标和碳减排目标而言，既要追求在“双碳”目标给定下的经济成本最小化，又要追求在发展目标给定情况下的碳排放最小化。就统筹碳达峰和碳中和而言，峰值定低了，近期发展压力加大，远期碳中和目标的实现就相对容易；峰值定高了，近期发展压力相对较小，远期碳中和的目标实现难度就加大了。因此，要处理好峰值高低与碳中和难易的关系。就统筹碳减排和增碳汇而言，碳减排边际成本低于增碳汇边际成本，就选择碳减排，反之则选择增碳汇。实现社会利益最大化的边际条件是二氧化碳边际减排成本与碳汇边际增汇成本相等。就统筹能源结构和能源效率而言，既要推进能源结构的优化，又要推进能源效率的提升，孰轻孰重就取决于成本等因素。可见，碳中和面临一系列的优化选择。本论丛有可能通过研究提供优化选择的科学依据。

第三，有利于促进学科发展。《碳中和论丛》的出版，有助于碳中和领域知识体系的系统集成，促进生态经济学、生态管理学、环境法学、环境社会学、生态文化学、生态学、环境科学等一系列碳中和相关学科的发展，通过学科的快速发展进一步支撑碳中和人才培养和科学研究，是落实教育部《加强碳达峰碳中和高等教育人才培养体系建设工作方案》（教高函〔2022〕3号）文件精神的具体举措。浙江农林大学生态文明研究院、碳中和研究院是浙江省新型重点专业智库、全国影响力智库建设单位，也是浙江省生态文明智库联盟的理事长单位，通过该论丛的编撰，有可能整合全省碳中和的研究力量并提升其竞争力。

二、《碳中和论丛》的逻辑结构

《碳中和论丛》综合运用经济学、管理学、法学、社会学、文化学、环境科学等多学科交叉方法研究中国碳中和的主要问题。该论丛包括十一部专著：《碳中和论》《碳减排论》《碳汇论》《碳中和消费论》《碳市场论》《碳中和科技论》《碳中和法治论》《碳中和金融论》《碳中和政策论》《碳中和文化论》《碳中和治理论》。《碳中和论丛》是知识创新、咨政建言和科学普及的有机结合。

《碳中和论》是丛书的总论，主要内容：研究碳中和背景与核心概念，碳中和目标愿景与策略选择，碳中和的路径选择与重点突破，碳中和科技创新与制度政策设计，以及碳中和监测核查体系等。

《碳减排论》主要内容：阐释碳减排的历史进程及当前状况、碳减排对象、主体、重点领域和主要途径等基本理论，基于复合生态系统功能群视角建立碳减排理论框架和并进行实证分析，提出生产者、流通者、分解者、消费者功能群的碳减排路径和方法，介绍可持续发展的碳减排典型案例，讨论碳减排的相关政策和实践。

《碳汇论》主要内容：阐释碳汇的重要地位、碳汇的分类及其增汇渠道，森林、海洋、湿地、农地等生态碳汇增汇路径，CCUS等工程技术碳汇增汇路径，碳汇纳入碳市场等。

《碳中和消费论》主要内容：针对绿色低碳产品市场供给不足、绿色低碳消费意识相对薄弱、绿色低碳消费成本较高等现实问题，探讨绿色低碳出行、绿色低碳建筑、绿色低碳引导；倡导节约环保生活方式，研究绿色低碳产品标准、绿色低碳认证、绿色低碳标识体系等，探讨消费侧减排的路径和方法。

《碳市场论》主要内容：阐释碳市场的历史演进过程、碳市场的运行机理、碳市场的需求与供给，研究碳市场的经济社会效应、碳市场的平台建设、碳市场的产品创新、碳市场的监管机制等。

《碳中和科技论》主要内容：梳理我国碳中和科技发展历程与现状、碳中和科技的类型体系、科学原理，研究电力、工业、建筑、交通和农业等不同领域应用场景下典型碳中和技术的减排潜力、碳中和科技的环境、经济和健康效应，提出碳中和科技的政策创新路径。

《碳中和法治论》主要内容：阐释实现碳中和目标的法理基础，研究如何实现碳中和科学立法、碳中和严格执法、碳中和公正司法、碳中和全民守法等问题，探讨碳中和国际法治与国内法治如何协同问题，探寻并提出碳中和法治的实现路径与制度保障。

《碳中和金融论》主要内容：从碳中和金融的产品体系、市场体系、标准体系、监管体系、政策体系以及国际合作等多个维度，深入探讨和剖析绿色金融的起源与碳中和金融发展、碳中和金融的创新与开发、碳中和金融市场体系与风险监管、碳中和金融标准体系与政策体系以及碳中和金融国际合作创新机制等。

《碳中和政策论》主要内容：阐释碳中和政策基本理论，深入分析研究碳中和政策系统、碳中和决策体制、碳中和政策的执行、碳中和政策评估，考察与借鉴域外碳中和法治实践，研究分析碳中和政策的调整、终结与创新等。

《碳中和文化论》主要内容：研究碳中和文化演替、碳中和文化结构、碳中和价值观、碳中和伦理观、碳中和舆论场、碳中和教育观等。

《碳中和治理论》主要内容：研究碳中和治理的对象、碳中和治理的主体、碳中和治理的机制、碳中和治理的方式、碳中和治理的国际合作等。

上述十一本书的逻辑结构如图1所示。

碳中和是人为碳源与人为碳汇相等时的状态。因此，图1表明，安排《碳中和论》《碳减排论》《碳汇论》三部专著；碳中和是碳减排与增碳汇、生产者与消费者通过市场机制完成的，因此，安排《碳市场论》及《碳中和消费论》两部专著；碳中和是科

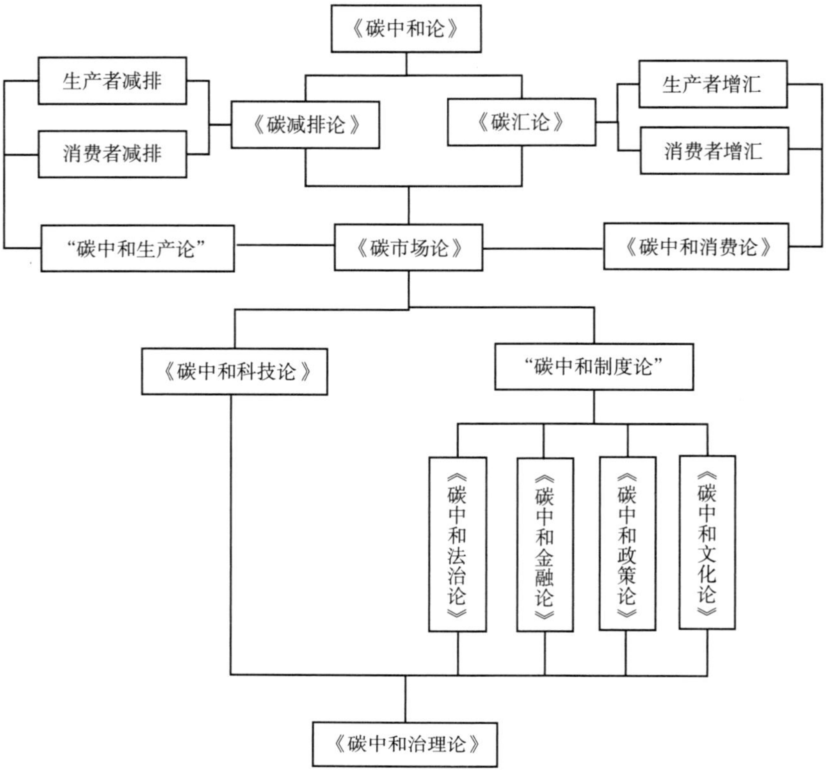

图 1　《碳中和论丛》的逻辑结构

技创新和制度创新“双轮”驱动的结果，因此安排《碳中和科技论》一部专著以及由《碳中和法治论》《碳中和金融论》《碳中和政策论》《碳中和文化论》四部专著构成的“碳中和制度论”；无论是碳中和科技创新还是碳中和制度创新，都是不同经济主体相互制衡、相互协调的治理结果，因此，安排《碳中和治理论》一部专著。可见，这十一部著作构成的《碳中和论丛》具有内在的逻辑关联。

三、《碳中和论丛》的主要创新

本丛书各部著作均有一定的创新性，兹列举以下十点：

第一，碳中和是一项艰巨复杂的经济社会发展方式深刻变革的系统工程。就工业化、绿色化、低碳化而言，西方发达国家是“分步走”，中国则是“同步走”。我国碳中和难度更大，路径选择尤为重要。实现碳中和涉及碳减排与碳增汇两个方面，需要厘清我国碳减排与碳增汇的重点领域，并根据碳减排与碳增汇的边际成本变化作出策略选择与权衡。科技创新水平与驱动能力、政策优化与制度变革是影响碳减排和碳增汇的关键动力，需要构建面向碳中和的科技创新动力机制与政策制度体系。

第二，碳减排需要从生态系统内部功能的视角分析系统不同功能组分间碳减排的关系。生产、消费、分解和流通等不同功能群碳排放存在较大的时空分异特征，需根据不同功能群的碳排放特点和减排需求制定差异化的碳减排举措。生产者功能群注重创新应用生产降碳技术和优化行业管理体系，消费者功能群注重应用消费降碳技术材料和推广碳普惠机制，分解者功能群注重减少废弃物产生、协同减污降碳和普及再生利用模式，流通者功能群注重完善空间布局、优化运输结构和技术装备以及升级运营体系。

第三，中国构建了全球最大的“自然－人工”双轨碳汇体系。以跨学科视角解构森林、草地、湿地、耕地、海洋五大自然碳汇的运行密码，剖析碳捕集利用与封存（CCUS）技术的突破性进展，揭示“自然修复＋工程干预”协同增效的碳中和路径。基于全球碳库评估与增汇潜力模拟，阐明碳汇在气候治理中的战略价值。通过分析增汇成本与对策措施，提出生态保护修复、跨部门协同及技术创新等增汇路径，为实现高效、可持续的碳汇管理提供理论与实践指导。

第四，碳中和消费是通过降碳增汇双重途径促进碳中和的消费模式。数智时代碳中和消费要实现从1.0到3.0的版本升级，碳中和消费3.0是数智时代“全方位数据交互和共享”下的“社会集约共享型”消费模式。推进碳中和消费需要基于数智时代背景，构建既积极鼓励消费转型“向善”“向绿”，又有效规避消费转型“向恶”“非绿”的政策体系架构。碳中和消费的政策体系由约束类政策、激励类政策和引导类政策构成，并且政策体系的构建应当匹配数智时代的新消费模式、新消费场景需求。

第五，碳市场是以尽可能低的成本实现碳中和目标的有效经济手段。碳市场是通过总量控制、配额分配、履约机制、价格形成和交易机制等基础性机制设计，让企业在碳减排、购碳汇、技术创新等多种方案中进行优化选择。市场机制完善的前提下，可以推进碳市场衍生产品的设计、加强碳市场国际合作与交易。碳市场的突出优势是通过价格发现机制，实现全社会经济效益、环境效益和社会效益等综合效益的最大化。

第六，碳中和科技是实现碳中和的重要支撑，是实现经济社会发展全面绿色转型的核心驱动力。在类型体系上，揭示了减碳、零碳和负碳等碳中和技术的前沿研究与实践进展；在应用场景上，探讨了电力、工业、建筑、交通和农业等领域的减排潜力、实施成本、适用范围和实施难度；在影响效应上，分析了碳中和科技可能产生的环境效应、经济效应和健康效应；在政策创新上，总结了碳中和科技政策的实践历程与创新路径。

第七，碳中和金融支持是实现碳中和的重要手段。碳中和金融不仅具有低碳导向，而且具有金融工具的放大效应。碳中和金融产品通过多样化创新满足多样化需求，碳中和金融市场通过强化市场监管和信息披露可以提高市场透明度。通过金融风险识别、计量体系建设、金融风险监管保障碳市场稳定运行。通过应用现代技术手段、推进碳中和金融标准统一、提升市场效率与国际竞争力推进碳中和金融国际合作。碳中和金融既要敢于创新、提高效率，又要加强监管、防范风险。

第八，法治运行理论为碳中和法治提供全方位的科学指引。应构建以环境正义等理论为基础，处理好与生态环境法典的关系，推进碳中和科学的专项立法；引入“元治理”理论，协同互补强制命令型监管与激励诱导型监管，强化严格执法；通过完善专门环境诉讼制度，灵活地解决立法滞后问题，消解碳中和案件的司法适配性问题，落实公正司法；碳中和守法体系应建立以社会优位为导向的整体主义法治实践模式，推动全民守法；从贸易法和海洋法视角，揭示碳中和法治所面临的诸多挑战，强调国内法与国际法的衔接协调，共同推进碳中和国内法治与国际法治的守正创新。

第九，碳中和政策体系是实现碳中和的重要调控机制。碳中和事关全局性，需要从“策言策语”转向“法言法语”，依法治理涉碳市场主体的“漂绿”行为，加强碳达峰碳中和工作的企业合规、行政合规、政策备案审查及决策合法化与程序正当。鼓励有条件的地方探索制定符合本地特色的“碳中和促进条例”，建立健全“共同但有区别”的央地碳中和政策评估指标与方法体系，通过政策或立法后评估及“立改废释纂”，构建绿色低碳发展的法治保障体系。

第十，碳中和文化是实现碳中和目标的“风向标”“润滑剂”和“加速器”。积极稳妥推进碳中和离不开碳中和文化的引领。碳中和伦理观、价值观是碳中和实现的思想指导与价值准则。通过加强党政学企联动、完善人才培养机制、构建教育评价体系等途径提升碳中和伦理观、价值观教育的实施效果。统筹好国际、国内两个舆论场，可以从创新话语体系、优化传播布局、增强叙事水平等方面做好碳中和舆论引导。

第十一，碳中和治理是国家治理体系和治理能力现代化的具体化，是治理绩效高效化和治理机制长效化的结合。在治理主体上，碳中和治理是党委领导下的政府主导、企业主体、公众参与的多主体平等协商、协同推进；在治理机制上，碳中和治理是政府机制、市场机制、社会机制的协同配合；在治理方式上，碳中和治理是法治、德治、自治、智治的有机结合，法治是根本，德治是基础，自治是辅助，智治是支撑。

四、《碳中和论丛》的各书作者

《碳中和论》：吴伟光、曹先磊、敖贵艳、刘强，等

《碳减排论》：吴旭、郭江江、胡晓娟

《碳汇论》：王懿祥、白尚斌、白雁、蔡延江、张成、李莹莹，等

《碳中和消费论》：王建明，等

《碳市场论》：钱志权、闫云凤、吴旭梅、何青华，等

《碳中和金融论》：顾光同、吴燕华

《碳中和科技论》：方恺、孟聪会、李程琳

《碳中和法治论》：姜双林、童航、林雅静，等

《碳中和文化论》：孟明浩、吴承强、顾晓艳、綦健，等

《碳中和政策论》：陈真亮、连燕华，等

《碳中和治理论》：郅玉玲、张依

显然，这套丛书的出版是众多作者和编者合作完成的。我本人没有作为作者执笔某部专著，但从丛书框架及各书书名的草拟到丛书提纲的确定，从各部专著初稿的审读及修改建议的撰写到鉴定会议的组织及修改方向的确定，从丛书书稿的终审到整套丛书的出版过程均付出了我的大量心血。不过，归根结底，丛书之所以能够顺利出版，首要的功劳还是具有创新精神、敬业精神和合作精神的各位作者！丛书的学术顾问和各位编委，给予丛书的出版以极大的鼓励和指导！在《碳中和论丛》评审会上，浙江省社科联原副主席邵清一级巡视员、浙江省委政研室原主任徐志宏、浙江大学公共管理学院石敏俊教授、浙江大学光华法学院钭晓东教授、浙江农林大学浙江省乡村振兴研究院首席专家张俊飚教授等均提出了极为宝贵的建议。浙江农林大学经济管理学院利用极为宝贵的学科建设经费资助《碳中和论丛》的出版。中国财政经济出版社的周桂元编审等为丛书的出版做了艰苦细致的工作，“编辑成就作者”名不虚传。由于碳中和任务十分紧迫，《碳中和论丛》采取边研究边申请项目的方式推进。在撰写达到一定进度后，经过申请“碳中和研究”于2023年被浙江省社科规划领导小组办公室立为浙江省社科规划重大项目（项目编号：24NDJC04ZD）。在此，对于所有为这套丛书的撰写和出版作出过贡献的同志和机构表示最衷心的感谢！

当然，该论丛必然存在或多或少的瑕疵，敬请读者批评指正！

（序言作者沈满洪系浙江农林大学生态文明研究院院长、碳中和研究院院长、浙江省生态文明智库联盟理事长、浙江省特级专家、国家哲学社会科学领军人才、环球中国环境专家协会理事会主席）

前言

碳中和消费是“面向碳中和的绿色低碳消费”的简称，是消费者在日常消费过程（包括购买购置、使用消费、废弃回收和分享互动全过程）中减少温室气体排放和增加碳吸收以有效降低碳排放水平的消费模式。它以资源节约、环境保护和减排降碳为特征，主要表现为个体、家庭、群体或组织消费者消费高效、节能、环保、低碳的产品或服务，从而减少耗能、降低污染和碳排放，助力实现碳排放和碳吸收的平衡。

随着经济发展和人民生活水平提高，消费端能源消费产生的碳排放量已经在全社会碳排放总量中占据较大比例，消费成为能源消耗和碳排放的重要来源。加强对消费模式的干预和引导，实现碳中和消费对于加快经济社会发展全面绿色转型具有重大战略意义和深远价值。2022 年 10 月，党的二十大报告提出“应对气候变化，协同推进降碳、减污、扩绿、增长”“倡导绿色消费，推动形成绿色低碳的生产方式和生活方式”“积极稳妥推进碳达峰碳中和”。2024 年 7 月，党的二十届三中全会进一步要求“健全绿色低碳发展机制”“协同推进降碳、减污、扩绿、增长，积极应对气候变化”“完善适应气候变化工作体系”“积极稳妥推进碳达峰碳中和”。同月中共中央、国务院发布《关于加快经济社会发展全面绿色转型的意见》，明确了“加大绿色产品供给”“积极扩大绿色消费”等具体要求。特别是，以移动互联、社交媒体、共享经济、消费升级等为特征的数智时代对碳中和消费提出了更高层次、更广范围、更深程度的要求，数智时代下碳中和消费也要实现版本升级（如从 1.0 版到 2.0 版，再到 3.0 版）。数智时代的碳中和消费有哪些独特特征和内在规律，如何更全面、更深入、更有效地推进碳中和消费，这成为数智时代背景下一个迫切需要解决的重大问题。

从 20 世纪 90 年代起，中国开始关注碳中和消费问题。此后，推进碳中和消费的政策实践就一直在不断摸索、不断发展。但是推进碳中和消费的实践仍旧存在不少问题，如碳中和消费的供给与需求不匹配（绿色市场供给不能满足绿色消费需求）、技术与市场不匹配（绿色技术鱼龙混杂，绿色市场价格高低不一）、产品与配套不匹配（存在低碳或零碳产品，缺乏配套设施）、理念和实际不匹配（碳中和消费理念尚未从根本上建立）、意识和行为不匹配（碳中和消费存在“知易行难”或“态度—行为缺口”问题）

等。更关键的是，推进碳中和消费的实践滞后于数智时代的客观要求，如面向碳中和的共享式消费、智能化消费等发展还远远不够。从深层角度来说，上述问题、尴尬、障碍或挑战的存在源自政策体系的不足或缺位，这导致推进碳中和消费的政策实践要么缺乏足够的创新，要么缺乏有效的控制（对行为主体及其行为缺乏有效的导向或制约）。显然，推进碳中和消费需要基于数智时代背景，构建既积极鼓励消费转型“向善”“向绿”，又有效规避消费转型“向恶”“非绿”的政策体系架构。

本书第一章论述碳中和消费的内涵和特征。本章系统梳理了碳中和消费的渊源兴起，在此基础上界定碳中和消费的科学内涵及其区别于一般消费、绿色消费、生态消费等的本质特征；深入剖析了以数字技术、人工智能和元宇宙为代表的数智技术对碳中和消费的特定影响，以及碳中和消费从1.0向2.0再到3.0的发展演进与“时空关”三维度行为体系。第二章论述碳中和消费的原理与机理。主要从经济原理、生态原理和技术原理进行探讨，并且基于影响机理模型及相关理论分别论证了结构视角和过程视角的推进机理。第三章论述碳中和消费的实践与政策。阐述了碳中和消费实践、政策实践与政策理论，从历史与现实结合的视角梳理归纳碳中和消费的实践问题和政策问题。第四章进行碳中和消费的问卷调查分析。采用问卷调查法对碳中和消费的行为特征进行微观洞察。第五章进行碳中和消费的大数据分析。借助大数据分析法对碳中和消费的行为特征进行宏观洞察。第六章论述碳中和消费的政策体系构建。总结了碳中和消费的政策工具箱（或者说政策工具体系），包括引导类政策工具（即信息型政策工具）、激励类政策工具（即经济激励型政策工具）和约束类政策工具（即命令控制型政策工具）三大类。分析并论证了三类政策工具体系的主要问题、主要思路和实施对策。

本书将定性研究和定量研究相结合。以定性研究分析碳中和消费及其政策的基础理论，以定量研究深度挖掘微观和宏观视角下碳中和消费的现状与问题。通过在线数据平台（Credamo）大规模发放问卷收集数据，获取了来自北京市、上海市、广东省、浙江省、安徽省、陕西省、黑龙江省等30个省市和自治区的844份碳中和消费大样本数据。通过网络爬虫软件获得综合性网上购物平台（淘宝、拼多多、京东、苏宁易购和国美）的若干类典型产品碳中和消费大数据，包括家用电器、服装、食品、建材、家具等6大类25个细分品类30余万款产品的碳中和消费大数据。通过上述多种途径调研，本书获得了碳中和消费的特征测量、碳中和消费的行为机制微观洞察、碳中和消费的宏观洞察（大数据调查）等系列研究的多源异构数据，为碳中和消费的理论研究提供了扎实的数据佐证，也为碳中和消费政策体系的构建提供了较为充分的现实依据。

本书得出如下研究结论：①碳中和消费的本质在于消费者通过减少温室气体排放和增加碳吸收实现消费活动的有效碳减排，从而助力全社会消费端碳抵消（碳补偿）和碳平衡的实现。②碳中和消费与绿色消费、绿色购买、亲环境消费、生态消费等相关概念具有一些同源性特征，但不完全等同。它是一种更加全面和长远、具有动态性和高级形式的消费。③碳中和消费的行为体系体现在“时空关”三维度（时间、空间和关联维度），具体体现在消费周期、消费时间、消费过程、消费领域、消费层次、消费要素、消费主体、人人关联、人物关联、物物关联十个维度。④数智时代碳中和消费的推进在理念目标、微观基础、手段工具、实施机制等方面都不同于传统时代。⑤从结构视角看，要全方位立体化推进碳中和消费，而不是单维单线推进碳中和消费。推进机理包括时间维度、空间维度和关联维度的共同推进，以促进碳中和消费的全面实现。⑥从过程视角看，碳中和消费要完整、周密、稳步、有秩序地推进，不能片面、疏漏、急躁、无秩序地推进。⑦当前碳中和消费在潜力释放、领域分布、产品供给、供需匹配、宣传推广、应用场景等方面存在的一系列潜在问题，成为碳中和消费推进的障碍或挑战。⑧从宏观层面，碳中和消费政策在法规健全度、规范引导力度、消费者层面法规等方面存在问题。⑨从微观层面，碳中和消费政策在工具单一、与消费情境匹配、与消费对象匹配等方面存在问题，这些是推进碳中和消费亟待解决的问题。⑩碳中和消费的政策体系由约束类政策、激励类政策和引导类政策构成，并且政策体系的构建应当匹配数智时代的新消费模式、新消费场景需求。

本书可能的创新点有三个方面：一是首次提炼了“碳中和消费 1.0”“碳中和消费 2.0”“碳中和消费 3.0”这一系列标识性新概念和新范畴。明确了不同阶段碳中和消费的模式和特征，为研究和推进碳中和消费提供了清晰的概念框架。二是提出并论证了以“框架设计—基本思路—实施对策”为主要内容的政策架构这一学术思想，为碳中和消费政策的制定和实施提供了系统的理论指导。三是提出了“应用组合型政策工具包以有效推进碳中和消费”这一新举措，论证了碳中和消费政策从“条块化政策”“碎片化政策”向“多元协同政策”转型的政策思路。

目　录

第一章　碳中和消费的内涵和特征

全球气候变化严重影响了人类生存的环境和生态系统，给人类社会的可持续发展带来巨大挑战。世界各国开始意识到全球气候变化与人类在生产生活中大量排放二氧化碳密不可分。2020 年，中国政府明确提出 2030 年“碳达峰”（Carbon peak）与 2060 年“碳中和”（Carbon neutrality）目标。党的二十大和二十届三中全会进一步明确了“积极稳妥推进碳达峰碳中和”的总要求。在“双碳”目标背景下，碳中和消费逐渐兴起并快速发展。与生产领域不同，社会大众的消费行为与能源消耗和碳排放密切关联。促进社会大众从微小的减碳、低碳、零碳行动出发改变消费习惯，可以有效助力碳中和目标实现。本章在分析碳中和消费的产生和内涵基础上，进一步论述了数智时代对碳中和消费的影响以及数智时代碳中和消费的外延拓展和行为特征。

第一节　碳中和消费的产生和内涵

一、碳中和消费的产生

（一）碳中和消费的前身

20 世纪 60 年代起，人们开始批判高消耗的经济发展模式，使得绿色低碳消费意识开始兴起。80 年代出现的“绿色消费者运动”，使绿色消费理念得到广泛传播。90 年代，联合国正式提出“可持续消费”概念。21 世纪初期，中国提出“绿色消费年”，进一步提升了社会各界对低碳消费领域减碳的关注度。碳中和消费思想正是在绿色低碳消费思想的产生发展过程中逐渐萌发和兴起的。绿色低碳消费思想的产生主要经历了以下三个阶段。

第一阶段为准备酝酿阶段（20 世纪 60—80 年代）。

在 1962 年，美国海洋生物学家蕾切尔·卡逊（Rachel Carson）出版的《寂静的春天》吹响了全世界环境运动的号角，引发了人们对地球生态问题的思考。在此背景下，环境保护和绿色发展思潮不断萌发。1972 年，罗马俱乐部（Club of Rome）发表《增长的极限》一书，批判了西方发达国家高耗能、高消费、高排放的经济发展模式和生活方式。20 世纪八九十年代，消费的“下游效应”和“反弹效应”问题逐渐受到重视，国际社会开始反思“重生产、重技术、轻消费”对经济和社会发展的制约（沈满洪等，2012）。越来越多的国家和国际组织开始关注消费理念的培养。绿色消费的正式兴起可以追溯到 20 世纪 80 年代后期。英国率先掀起“绿色消费者运动”，号召消费者选购有益于环境的产品。埃尔金顿（Elkington）和海尔斯（Hailes）于 1989 年在《绿色消费者指南》中将绿色消费定义为避免使用以下六大类商品的消费模式。详细包括：①危害消费者和他人健康的商品；②在生产、使用和丢弃时，造成大量资源消耗的商品；③因过度包装，超过商品本身价值或过短的生命周期而造成不必要浪费的商品；④使用出自稀有动物或自然资源的商品；⑤含有对动物残酷或不必要的剥夺而生产的商品；⑥对其他国家尤其是发展中国家有不利影响的商品。虽然这一时期未专门强调消费者碳排放对气候的影响，但绿色消费的思想就已经在一定程度上从消费品的健康危害、产品包装、资源消耗等方面间接体现了对气候问题的关注。这些倡议和行动指南逐渐被国际社会所接受，成为消费者广泛参与环境和生态保护的消费方式，绿色消费的思想理念得到了广泛传播。

第二阶段为孕育萌发阶段（20 世纪 90 年代）。

20 世纪 90 年代，气候问题备受国际社会的关注。1992 年，联合国《21 世纪议程》认为，全球环境持续恶化的根源是“不可持续的生产方式与消费模式”。1994 年，联合国环境署（UNEP）发表《可持续消费的政策因素》报告，首次提出“可持续消费”概念，即“提供服务以及相关的产品以满足人类的基本需求，提高生活质量，同时使自然资源和有毒材料的使用量最少，使服务或产品在生命周期中所产生的废物和污染物最少，从而不危及后代的需求”。同年，联合国召开“可持续消费专题研讨会”，对可持续消费概念进行了再次重申，并指出“对于可持续消费，不能孤立地理解和对待，它连接着从原料提取、预处理、制造、产品生命周期、影响产品购买、使用、最终处置诸因素等整个连续环节中的所有组成部分，而其中每一个环节对环境的影响又是多方面的”。1999 年，国际环境发展协会将绿色消费概括为：对产品的使用和处置、对服务的选择等过程能够为社会和环境带来共同收益的消费行为。这就使绿色消费的思想观点从购买绿色商品和服务延伸到绿色产品使用和处置的全过程。20 世纪 90 年代，出现个人碳账户、个人碳配额等概念，其理论依据是英国提出的个人碳交易设想。[①] 这一时期的可持续消费思想和绿色低碳消费思想是对前一时期的拓展，从更加长远（当代消费需求及后

① 刘飞，周飞．个人碳普惠：实践模式、理论溯源及政策思考［J］．西南金融，2023（4）：46－56.

代消费需求）和完整的视角（消费全生命周期）关注绿色消费对包含气候环境在内的人类生存环境的影响。

第三阶段为朦胧初创阶段（21 世纪初期）。

21 世纪初期，普通民众的低碳环保意识仍然不强，绿色低碳消费也仍处于朦胧期。随着全球气候问题日益严重，消费者对碳排放问题的关注越来越多，低碳消费理念逐渐成为人们日常生活的一部分。在这一阶段，一些国家开始将绿色低碳消费付诸实践。2003 年，英国能源白皮书《我们的能源未来：创造低碳经济》中首次提出，低碳消费是在满足居民生活质量提升需求的基础上，努力削减高碳消费和奢侈消费，实现生活质量提升和碳排放下降的双赢。同年，美国学者莱斯特·R. 布朗在其所著的《B 模式——拯救地球延续文明》中明确指出“减少一半碳排放”以遏制地球继续升温。2008 年世界环境日提出“转变传统观念，推行低碳经济”，进一步推动人们关注低碳化的经济发展方式和生活方式。

中国政府也对绿色低碳消费思想的早期发展作出了大量贡献。中国消费者协会将 2001 年定为“绿色消费年”，并从以下三个方面概括了绿色消费的内涵。一是鼓励消费者在购买时更多选择无污染、高质量的绿色产品；二是倡导消费者在消费过程中注重垃圾处理，尽量降低环境污染；三是引导消费者摒弃旧的、落后的消费理念，在满足生活需求的同时，注意保护环境和节约资源。① 这其中也暗含了消费者从消费与生活角度降碳减污的思想指向。2015 年，中国广东省提出碳普惠概念，即通过财政支持、商业激励等方式，对社会公众在绿色出行、绿色消费、线上业务办理、绿色社区、普惠公益等场景的节能降碳行为产生的减碳量进行量化计算，并以碳普惠形式给予奖励。2016 年，国家发展改革委等十部委在《关于促进绿色消费的指导意见》中将绿色消费界定为以节约资源和保护环境为特征的消费行为，主要表现为崇尚勤俭节约，减少损失浪费，选择高效、环保的产品或服务，降低消费过程中的资源消耗和污染排放。这一时期绿色消费思想的一个明显变化是主张人们把消费领域减碳放在一个更加突出的位置，不仅需要关注消费行为产生的碳排放，也应当关注生活方式造成的碳影响。这一阶段甚至专门提出碳普惠思想，其所包含的消费端碳减排量化、消纳和价值赋予等思想对推动碳排放削减、抵消和平衡具有重要意义，对碳中和消费思想的产生发挥了直接的推动作用。

（二）碳中和消费的兴起

在 2020 年 9 月举行的第七十五届联合国大会上，中国政府提出：“中国将提高国家

---

① 周宏春，史作廷．双碳导向下的绿色消费：内涵、传导机制和对策建议［J］．中国科学院院刊，2022，37（2）：188－196.

自主贡献力度，采取更加有力的政策和措施，二氧化碳排放力争于2030年前达到峰值，努力争取2060年前实现碳中和”，这就是“双碳”目标。“双碳”目标推动了消费碳减排、碳中和消费的兴起，也标志着在绿色消费领域，中国已经从追随者身份转变为主动发起者身份，展现了中国政府在维护全球生态环境稳定、构建人类命运共同体上的责任担当。2021年，比尔·盖茨所著的《气候经济与人类未来》，对于“为什么要降低温室气体的排放？气温上升可能的影响是什么？”“为什么目标必须是零排放/碳中和？”以及“作为一个公民、消费者、雇员或雇主，如何发挥自己的影响力？”等问题提供了完整思路。同年，克里斯蒂安娜·菲格雷斯（Christiana Figueres）和汤姆·里维特－卡纳克（Tom Rivett－Carnac）在其著作《我们选择的未来——“碳中和”公民行动指南》中提到促进碳中和行动的三种思维模式：强乐观思维、充裕型思维和再生型思维，并提出了“把自己看作公民，而不是消费者”等气候危机下的个人行动方案。2023年，卢乐书的著作《碳账户》从消费端碳减排的角度深入分析了由消费所带动的碳信息与价值链循环，提出了促进消费端碳减排的“G—B—C”（政府—企业—消费者）模式，并立足于我国的碳普惠机制，结合绿色助推等行为经济学理论，为我国政府部门、互联网企业及商业银行开设的个人碳账户提供思想理论与方法指导。这些机制有助于将碳中和消费从思想层面转化落实到行动层面。总体而言，伴随着碳中和消费思想的兴起，我国消费者的碳中和消费意识逐渐增强。尤其是从产品的全生命周期碳足迹来看，消费者对于产品使用环节和丢弃后的处理环节也有了更强的“绿色感知度”，然而，多数消费者的碳中和消费意识与行动之间还存在一定落差。碳中和消费的思想与行动在广大普通民众层面的普及还有待全面深化。

二、碳中和消费的内涵

碳中和也称为“净零排放”（实现碳吸收端与排放端的抵消），其核心在于通过一系列环保措施来中和人类活动产生的碳排放。这实际上是基于地球气候系统的碳平衡，即为了减缓和阻止全球气候恶化的进程，大幅度减少二氧化碳等温室气体排放（如人类生产和生活产生的碳排放量被自然界或人工的方法完全吸收），直到达到碳排放与碳吸收动态平衡的状态。

从宏观、总体和长期来说，碳中和消费是消费者以对社会和后代负责任的态度，实现全社会消费活动的碳抵消（碳补偿）和碳平衡的共生型消费模式。进一步说，它是基于“功过相抵”的原则，通过量化方式对个人、家庭、群体或组织在一定时期内的二氧化碳排放量（含直接或间接排放）进行核算，并通过植树造林、低碳出行等方式中和自身产生的二氧化碳排放量，以实现碳排放“净零”目标。从微观、个体和短期来说，碳中和消费是消费者以碳中和为导向，从消费层面有效减少碳排放量，实现低能耗、低污染和低排放的消费模式。本章中的碳中和消费是“面向碳中和的绿色低碳消费”的简称，是消费者在日常消费过程（包括购买购置、使用消费、废弃回收和分享互动全过程）中减少温室气体排放和增加碳吸收以有效降低碳排放水平的消费模式。碳中和消费的内涵如图 1－1 所示。

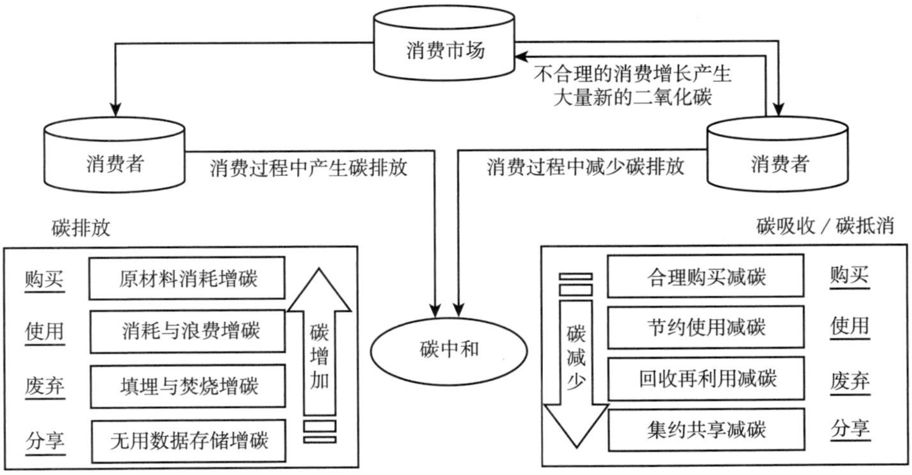

图 1－1　碳中和消费的内涵

资料来源：作者根据相关资料自行整理。

（一）碳中和消费本质

从碳中和消费的内涵，进一步挖掘出碳中和消费的本质如下。

1. 碳中和消费是低能耗的消费

煤炭、石油等化石能源的过度消耗不仅加剧了地球上稀缺资源与能源的短缺，而且也产生了过度的碳排放现象。碳中和消费则提倡一种简约、自然、简朴、节约、适度的低能耗消费方式，强调避免繁杂、豪华、奢靡、浪费、过度的高能耗消费行为，特别是尽量减少煤炭、石油等化石能源的消耗。例如，在使用方面，提倡减少不必要的消费，使用耐用、高质量的产品，减少资源与能源浪费；在交通方面，碳中和消费强调选择低能耗的出行方式，通过推广公共交通、新能源汽车、步行和骑自行车等绿色出行方式，可以大幅减少个人、家庭和社会的能源消耗。

2. 碳中和消费是低排放的消费

碳中和消费要求降低个人消费导致的二氧化碳排放，减少碳足迹（Carbon footprint,

CF)。碳足迹是指个人或者团体的"碳耗用量"，它是衡量碳中和消费的一个重要特征，通过碳足迹的产生途径以及估算公式，可以量化特定消费的"碳贡献度"。碳中和消费从本质上要求在生活消费过程中实施减排行为，比如使用可再生能源、提高能源使用效率、使用电动汽车等低碳交通工具，购买低碳/零碳认证的有机蔬菜（这些蔬菜产品生产过程中温室气体净排放量小于或等于零）等，以降低消费行为产生的二氧化碳排放量，尽可能减少对气候变化的负面影响。

3. 碳中和消费是低污染的消费

碳中和消费要求减少个人消费对生态环境的污染和破坏，降低消费的生态足迹（Ecological footprint，EF）。[①] 生态足迹是衡量人类活动对自然资源需求的指标，不同消费（产品）对生态环境的污染程度不同，表现为生态足迹的大小差异。碳中和消费要求公众在消费行为过程中减少环境污染和温室气体排放。进一步说，降低消费的生态足迹是碳中和消费的重要特性。例如，践行碳中和消费理念，即购买环保包装的产品、选择有机食品、使用可生物降解的清洁剂等，都有助于减少污染物的排放和环境破坏。

碳中和消费往往与绿色消费（Green consumption）、绿色购买（Green purchase or green buying）、生态消费（Ecological consumption）、生态购买（Ecological purchase）、低碳消费（Low - carbon consumption）、可持续购买（Sustainable purchase）、可持续消费（Sustainable consumption）、亲环境消费（Pro - environmental consumption）、环境友好型消费（Environmentally friendly consumption）、环境负责消费（Environmentally responsible consumption）、环境影响消费（Environmentally significant consumption）、环境负责购买（Environmentally responsible purchase）、关心生态的消费（Ecologically conscious consumption）、关心环境的消费（Environmentally conscious consumption）相近，有时也常常被混合使用。为了简明起见，本章统一采用"碳中和消费"这一术语。[②] 这些相关概念共同揭示了消费者购买与使用绿色低碳产品、有效处理产品垃圾等行为有助于减少对环境的危害。在减少对自然资源的消耗，降低因产品的能源使用而产生的碳排放，支持可再生能源的使用、降低产品的环境污染与相关碳足迹，减少废物处理产生的碳排放等方面与

---

① "生态足迹"的概念由威廉·里斯（Willian E. Rees）于 1992 年提出，也称为"生态占用"。它表示在现有技术条件下，指定的人口单位内（一个人、一个城市、一个国家或全人类）需要多少具备生物生产力的土地（Biological productive land）和水域，来生产所需资源和吸纳所产生的废弃物。换言之，生态足迹是以生产性土地（或水域）面积来表示特定消费活动对生态环境负面影响的一种可操作方法。

② 有些情况下，上述术语会是上位概念和下位概念的关系。以绿色消费和绿色购买为例，前者一般作为后者的上位概念，然而很多学者在实证分析中只调研了样本的购买行为，并未涉及绿色消费的其他表现。因此，本书并未有意去区分绿色消费、绿色购买、碳减排行为、低碳消费等概念，而是着眼于它们的共同之处进行论述，这样有利于读者更全面地了解碳中和消费研究领域的发展。

碳中和消费有着相似之处。

（二）碳中和消费与类似概念的差异

虽然碳中和消费的内涵与这些相近概念具有一些同源性特征，但并不完全等同于这些概念。其差异主要体现在以下几方面。

1. 碳中和消费是一种更加全面和长远的消费

碳中和消费与绿色消费、低碳消费、可持续消费、亲环境消费、零碳消费以及负碳消费之间存在明显的差异：①与绿色消费相比，碳中和消费相当于是绿色消费的一种高级形式，不仅关注消费过程中的环保性，还致力于通过碳补偿等方式实现碳排放的中和；②与低碳消费相比，碳中和消费在低碳消费的基础上更进一步，要求不仅降低碳排放，还要通过各种手段尽可能实现碳排放的中和；③与可持续消费相比，碳中和消费侧重从减少温室气体排放的角度促进可持续发展；④亲环境消费更多强调选择对环境友好的产品或服务，旨在长期满足消费者需求而不损害自然系统等的利益，以减少环境负担和资源与能源浪费，相较于碳中和消费，对消费者的要求较低；⑤零碳消费目标是完全不产生二氧化碳排放，达到碳足迹为零的状态，通常通过使用无碳能源和采取严格的节能措施实现。碳中和包含了零碳消费，但也涉及通过碳补偿（如植树）等方式达成总碳排放的平衡；⑥负碳消费通过各种技术手段（如碳捕获和储存）来吸收大气中的二氧化碳，实现整个社会的负碳排放。相较于碳中和消费，负碳消费更强调消费者从大气中去除的二氧化碳比其贡献得更多。碳中和消费与相关概念的辨析具体如表 1－1 所示。

表 1－1 碳中和消费与相关概念的差异

维度	碳中和消费	绿色消费	低碳消费	可持续消费	亲环境消费	零碳消费	负碳消费
关注焦点	整体碳平衡	选择环保的产品或服务	减少消费过程中的碳排放	经济、社会和环境协调发展	个体主动参与环保行动	消费过程中的零碳排放	吸收和储存二氧化碳抵消碳排放
消费取向	侧重碳平衡	达到环保标准	低碳排放	适度节制	避免或减少环境破坏	侧重自己本身的碳排水平	碳排放小于碳吸收
消费对象	减碳/低碳/零碳低碳产品	绿色/有机产品	低碳产品	绿色/可持续产品	环保产品	零碳/低碳产品	负碳产品
实现途径	碳抵消、购买碳信用、碳交易	选择绿色产品	选择低碳产品	使用可再生资源	选择环境友好产品	技术手段、环保投资	碳捕获与封存

资料来源：作者根据相关资料整理。

从与相关概念的差异来看，碳中和消费站在一个更为全面和长远的角度促进社会大众改变消费习惯，在全社会营造良好的绿色低碳消费氛围，进而从消费端推动实现碳中和的战略目标。

2. 碳中和消费是一种动态过程的消费

碳中和消费不是一个静态的概念，而是一个动态的过程。从宏观层面来看，碳中和消费是一个从消费碳排放达峰、消费碳排放趋缓、消费碳排放下降到消费碳排放中和的过程，注重渐次递进地稳步有序推进。具体来说，首先，消费碳排放达峰阶段。随着经济的快速增长和消费者需求的不断提升，碳排放量会达到一个峰值。这一阶段，人们开始意识到消费行为带来的碳排放问题，但由于各种因素，如技术限制、消费习惯等，碳排放量仍然呈现上升趋势。其次，消费碳排放趋缓阶段。随着环保意识的提升和社会技术的进步，消费者开始有意识地减少高碳行为，碳排放的增长速度开始放缓。这一阶段标志着消费者对环境保护的重视，并开始在消费习惯和生活方式上做出实质性的改变。再次，消费碳排放下降阶段。通过政策约束、激励和引导以及技术创新和公众参与，碳排放量开始实现实质性的减少。在这一阶段，节能减排措施广泛实施，低碳/零碳技术得到普及，低碳/零碳产品逐渐成为市场主流，消费者的低碳/零碳消费行为成为常态。最后，消费碳排放中和阶段，这是碳中和消费的目标。在这一阶段通过综合措施，如能源结构的优化、碳捕捉和储存技术的应用、植树造林、循环经济与资源节约等措施，消费端产生的碳排放能够被完全中和，从而达到碳中和的状态。碳中和消费发展的动态过程阶段如图 1－2 所示。

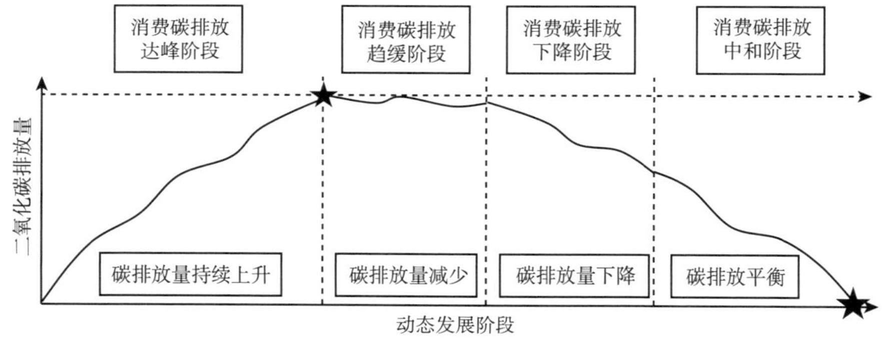

图 1－2　碳中和消费发展的动态过程阶段

资料来源：作者根据相关资料整理。

三、碳中和消费的意义

（一）碳中和消费推动消费者生活质量提升

中国式现代化的一个重要特征是消费者生活质量（Quality of life，QOL）的极大提高。这里的生活质量又称为生存质量或生命质量，它以生活水平或消费水平为基础（但又不同于生活水平或消费水平），是全面评价生活优劣的概念，特别关注对人的高级需求（如精神文化）的满足程度以及对环境状况的评价。对于生活质量的度量指标，世界卫生组织的生活质量量表（WHOQOL100）被公认为是最全面、有较高信效度的量表，该表简表包括生理领域、心理领域、社会关系领域、环境领域四大方面。简单来说，物质生活水平并不能真正衡量生活质量，生活质量还需要精神层面的生活水平。与之相对，碳中和消费是一种崇尚自然与简约的消费方式，它有利于人们形成良好的碳中和消费习惯和保持身体的健康，这是提高生活质量的基本保证。由此，碳中和消费与提高生活质量完全一致，碳中和消费能够在生理健康、生存环境、产品升级迭代等领域提高消费者生活质量。

1. 碳中和消费能促进个体生理健康，从而改善生活质量

高碳消费与碳中和消费对于个体生理健康状况的影响是截然不同的。表 1－2 从饮食、服饰、居住、出行四个方面对这两种消费模式所带来的结果进行了比较。可以看出，贪图方便、追求奢靡、注重享乐的高碳消费行为，虽然表面上看似提高了生活质量，实际上更容易引发生理上的疾病。

表 1－2　　　　高碳消费和碳中和消费对生理健康的影响差异

	高碳消费	碳中和消费
饮食	肉食主义：相对会影响智力发育，酸化体质，产生亚健康症状，提高患癌症的概率，诱发高血压、高血脂和高血糖等疾病； 暴饮暴食：容易诱发酒精肝、脂肪肝、冠心病等疾病	素食为主的健康规律饮食：各种疾病发生的概率相对会降低、寿命也相对会延长
服饰	数量众多、价格低廉的服装：化学物质相对易超标，容易对皮肤造成伤害	高质量、低数量的服装：质量有保证，对皮肤伤害微乎其微
居住	房屋装修讲究精致、豪华，各种家具一应俱全：装修与家具通常带有极具挥发性、有毒的甲醛等化学物质，严重影响人体健康	简易、自然的装修与朴素实用的家具：对人体健康的危害相对较小
出行	驾车上下班、电梯上下楼：如果平时缺少运动，则容易出现腰肌劳损、颈椎疼痛、腹胀反胃等病症	步行、自行车出行、走路上下楼：可以锻炼身体，保持身体健康

资料来源：作者根据相关资料整理。

2. 碳中和消费有利于改善生存环境，从而提高生活质量

高质量生活离不开高品质的生存环境，而高资源能源消耗、高生态环境污染、高温室气体排放的生活方式已经严重破坏了人类赖以生存的生态环境，造成全球气候变化，直接后果就是极端天气诸如高温、干旱、洪涝等的频繁出现，以及冰山融化导致的海平面上升等。这些环境问题（如大气污染、水污染、固体废弃物污染、噪声污染、生物多

样性破坏等）对人类的生存构成了极大的威胁。实行碳中和消费可以有效减少消费过程中产生的温室气体排放，降低消费对生态环境的污染和破坏程度，有助于改善生存环境，使地球更适合人类居住与生活，从而长远地提高生活质量。

3. 碳中和消费推动产品升级换代，从而提升生活质量

减碳/低碳/零碳产品是功能替代性产品，不仅能够实现高碳产品所具备的功能或提供的服务而且在替代过程中不会给生活带来负面影响或者影响很小。事实上，随着减碳/低碳/零碳技术的不断发展和突破，很多减碳/低碳/零碳产品已可以替代原先高能耗、高排放、高污染的高碳产品。例如，太阳能产品、电子签章、变频空调、新能源汽车等低碳产品完全能够替代传统的化石能源产品、纸质文件签章、高能耗空调、高油耗汽车等相对高碳的产品。这种替代不仅有助于降低碳排放，还可以提升生活质量，让人们能够享受到更清洁、更高效、更便利和更舒适的生活。

（二）碳中和消费可以有效助力消费结构升级

消费结构（Consumption structure）是指在特定社会经济背景下，人们所消费的各种不同类型消费资料（包括劳务）的比例关系。经济发展促使消费结构从较低生活质量标准转向较高生活质量标准的过程就是消费结构升级。消费结构升级是以资源和环境为基础的一个长期过程，碳中和消费有利于促进消费结构升级。

1. 碳中和消费有利于调整消费层次结构，促进消费层次结构升级和合理化

消费层次结构主要指生存性、享受性和发展性消费之间的比例关系。在生存性、享受性和发展性消费三个层次之间，碳中和消费会抑制享受性消费的比例，稳定生存性消费的比例，增加发展性消费的比例。在这三个层次内部，碳中和消费也会促进结构升级和合理化。例如，在享受性消费内部，碳中和消费会抑制单纯的物质满足和物质刺激的享受性消费比例，增加休闲、健康等精神方面高层次的享受性消费比例。

2. 碳中和消费有利于调整消费形态结构，促进消费形态结构升级和合理化

消费形态结构主要指实物消费和劳务消费（服务消费）的比例。在碳中和消费理念的影响下，消费者会适当降低物质生活消费（吃、穿、用、住、行等消费）比例，增加精神文化生活消费（科学、文化、教育、娱乐、体育及其相关消费）比例；降低实物消费比例，增加劳务消费（服务消费）比例；适当降低拥有性产品消费比例，提高租赁性产品消费比例。

3. 碳中和消费有利于调整消费主体结构，促进消费主体结构升级和合理化

消费主体结构是不同收入阶层（含高、中、低）在消费总量、消费内容、消费形

态以及消费层次的比例关系情况。不同消费主体间消费的不均衡极大地影响了社会和谐。碳中和消费理念要求实现不同群体、阶层、地区人口消费的均衡，旨在提升全民生活质量。碳中和消费理念有利于遏制政府公共部门的浪费性消费，也有助于抑制暴富阶层、高收入阶层的奢侈性消费，推动消费主体结构趋向合理化和实现消费均衡。

4. 碳中和消费有利于调整消费颜色结构，促进消费颜色结构升级和合理化

从消费“颜色”结构的角度说，消费有褐色消费（污染性消费）、绿色消费（清洁性消费）等不同颜色消费之分。显然，碳中和消费有利于减少褐色消费在总消费中的比例，增加绿色消费的比例，从而促进消费颜色结构向更加合理化的方向发展。

总体上说，碳中和消费有利于调整消费层次结构、形态结构、主体结构和颜色结构，促进消费结构的升级和合理化。碳中和消费促进消费结构升级的路径和机制如图 1－3 所示。

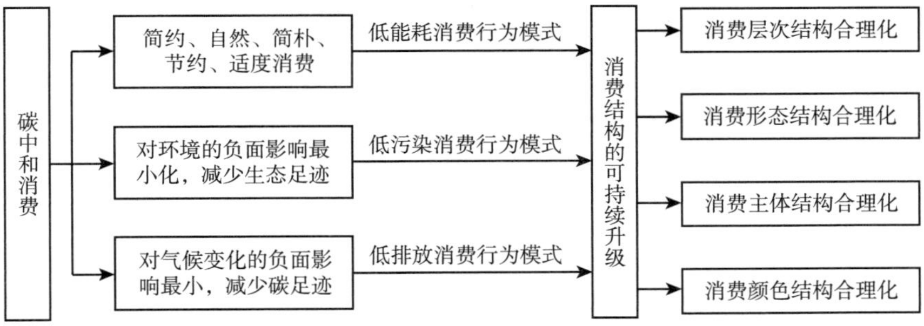

图 1－3　碳中和消费促进消费结构升级的路径和机制

资料来源：作者根据相关资料整理。

（三）碳中和消费有利于推进消费扩容提质

一方面，促进从高碳到低碳的转变与市场扩容。碳中和消费具有替代性特征，它并非要求人们不消费，而是减少高碳产品与服务的消费，增加减碳/低碳/零碳产品与服务的消费，相应推进消费扩容。例如，从传统汽车的购买转向混合动力汽车以及电动汽车的购买，从高能耗家电的购置转向高效节能家电的购置，从一次性塑料袋的使用转向可降解环保袋的使用等。显然，低碳消费虽然在短期内抑制了高碳产品或服务的消费，但从长期来看却能极大地促进减碳/低碳/零碳产品或服务的消费。推进碳中和消费，有利于扩大消费者对绿色低碳产品与服务的市场需求，激发有潜能的消费，培育新型消费热点，激活消费新动能，促进消费提质升级，进一步刺激扩大内需，助力培育完整内需体系。另一方面，抑制高碳奢侈浪费，推动消费提质与生产绿色转型。如果政府笼统盲目地刺激消费、拉动内需，很可能刺激、拉动的只是奢靡、浪费、过度、污染、高排放型

消费（如购买游艇、私人飞机、多套豪宅、大排量豪华汽车等）。实行碳中和消费有助于抑制高碳、奢侈、浪费性消费，引导他们转向文明、节约、绿色、低碳的消费。同时，实行碳中和消费不会抑制正常的消费需求，相反有助于稳定、刺激他们合理、适度的消费需求，最终更可持续地推进消费提质，促进经济社会发展。总体来说，碳中和消费有助于推动消费规模扩大（量的增加，即扩容）和质量提升（质的提高，即升级）。此外，推进碳中和消费有利于进一步推动形成绿色低碳的生产方式和生活方式，有助于倒逼生产端加快绿色低碳转型升级，扩大和优化绿色低碳产品供给，同时也为满足民众不断升级的美好生活需要提供良好基础。

第二节　数智时代对碳中和消费的影响

一、数字技术的特征及其对碳中和消费的影响

（一）数字技术的概念及其特征

在数字时代，数字技术并非一种简单的人为创造技术，而是随着互联网的不断发展，适应市场需求而逐渐形成的一种技术。它是一种可以将各种形式的信息（图像、文字、声音、视频等多种形式的信息）转化为计算机可识别的语言并进行加工、存储、分析和传输的技术，这使得信息的加工处理更加高效、准确和可靠。总的来说，数字技术是与电子计算机相伴而相生的科学技术，它通过特定设备将各类信息数据转化为计算机能够识别的二进制数字“0”和“1”，以便进行高效运作的技术。

数字技术的特征具体如下：第一，数字技术的精度高。一方面，在数字技术中，信息以二进制形式进行传递和处理。二进制只有“0”和“1”两个状态，这种二进制的数字系统可以非常准确地表示信息。另一方面，通过增加二进制数的数位，可以进一步提高信息的精度。第二，数字信号便于长期存贮。数字信号可以通过各种存储介质（如硬盘、U盘、光盘等）进行长期存贮，这些存储介质具有良好的稳定性，能够保证数字信号被长期可靠地存储和读取。第三，数字信号的存储具有灵活性。可以轻松地进行复制、编辑、传输和处理，这使得数字信号在信息传输和处理方面具有更高的效率和可靠性。第四，数字技术具有很好的保密性。在数字技术中，可以使用各种加密算法对数字信息进行加密处理，未经授权的人无法获取到原始信息。这些加密算法通常采用复杂的数学计算和算法设计，提升了破解的难度，攻击者破解加密需要消耗大量的努力和时间，从而确保了信息的安全性。第五，数字加密技术具有多重安全保障功能。数字加密

技术还可以实现信息的完整性校验和身份认证等多重功能，这些功能可以进一步增强数字信息的安全性和保密性。数字签名等技术也可以用于验证信息的来源和完整性，从而有效避免信息被篡改或伪造。

数字技术不断催生新产业、新业态、新商业、新模式，新消费模式、新消费场景也应运而生。特别是针对碳中和消费，数字技术不仅改变了碳中和消费者的信息获取渠道，还促进了碳中和产品的购买使用及回收利用。这种变化体现了数字技术在推动碳中和消费方面的积极作用，为碳中和消费模式提供了新的方向。

（二）数字技术对碳中和消费的影响

1. 有效满足不断升级的碳中和消费需求

在传统的消费模式中，消费者往往需要消耗一定的资源和能源，这在一定程度上造成碳排放的增加。而且传统产品及其消费行为已逐渐不能满足碳中和消费者的多样化需求。当前数字技术已经被广泛应用于生活消费各个领域，电商平台、智能打车绿色出行平台等数字化技术平台有效满足了消费者多样化的消费需求，并能够有针对性地分析消费者消费行为特征与规律，从而利用智慧化的手段科学把控资源和能源消耗，实现节能减排目标。

2. 创新变革消费者的碳中和消费方式

借助数字技术可以促进碳中和消费产品与服务提质扩容，碳中和消费方式得到拓展。在线推荐的绿色购买、绿色智能的拼车出行、废旧产品的绿色回收以及蚂蚁森林的绿色分享互动等科技元素的注入，使得碳中和消费方式更加丰富和多元化。数字化技术推动碳中和消费全过程数字化，并形成一系列便于统计分析的碳中和场景消费数据，也促使消费者更加关注碳中和消费信息，并在消费者的心理和决策路径上发生变化，能从更深层次上推动消费者的碳中和消费意识和行为决策。这种创新也在一定程度上改变了人们的消费方式，推动了消费者适应数智时代的变化，并主动选择碳中和的消费方式。

3. 推动碳中和消费信息高效传播与互动

一方面，数字技术提升碳中和消费信息传播速度与可获取性。数字技术的应用显著提高了碳中和消费信息的传播速度和广度，打破了时间和空间的限制，使消费者无论身处何地，都能便捷地获取碳中和消费的相关信息，使碳中和消费信息的获取更加快捷、便利。同时，数字技术不断推动消费者由被动地接收“推”和“塞”而来的碳中和消费信息，到通过网络平台和社交媒体平台主动分享满足自身碳中和消费信息，使碳中和消费相关的信息分享扩散更易实现。另一方面，数字网络平台以互动反馈功能丰富碳中和消费信息的获取方式。数字网络平台为消费者提供实时互动与反馈，这个功能不仅增强了消费者之间的沟通和交流，也确保了消费者能及时获得反馈。当消费者在了解碳中和消费信息的过程中遇到疑问或想要分享自己的见解时，他们可以随时在评论区留言、在讨论组中发言或者通过私信与其他用户和专家进行交流。另外，数字网络平台还可以根据消费者的互动数据和反馈信息，不断优化碳中和消费信息内容和服务质量，为消费者提供更加精准、有效的碳中和消费信息，进一步丰富了消费者对碳中和消费信息的获取方式。

数字技术为碳中和消费推进提供了强有力的技术支撑，但值得注意的是，人们使用电子设备，通过云计算和互联网等数字技术展开消费的频率越来越高，这些活动都需要消耗大量的资源和能源，也可能在无形中增加碳排放量。例如，用于支持消费的数字设备在生产和运营过程中，从原材料提取、生产制造到物流配送、废弃物回收等各个环节都可能产生大量的碳排放。同时，数字技术的快速迭代也会加快部分产品（如电子产品）的更新换代速度，大量被闲置或废弃的产品会成为较大的环境污染源之一。但是，相较于传统的生产消费模式，数字技术引导的生产消费模式通过科学的计算、合理的布局、精确的推送和有效的运营而尽可能降低碳排放和增加碳抵消，推动实现碳中和消费。

二、人工智能的特征及其对碳中和消费的影响

（一）人工智能的概念及其特征

人工智能（Artificial Intelligence，AI）是一项探索并开发人类智能的理论、方法、技术及应用系统的先进科技。它结合了计算机科学、数学、心理学、哲学等多学科知识，旨在创造出能够理解、学习、适应并独立完成各种复杂任务的智能系统或机器。人工智能领域已经取得了令人瞩目的成就，并在碳中和消费领域得到广泛应用，例如借助机器人、语音识别、图像识别、自然语言处理等技术来帮助识别消费端的碳排放源。随着人工智能技术的不断进步和应用场景的不断扩大，人工智能在未来碳中和消费场景中会扮演更为重要的角色，成为推动社会、经济和环境可持续发展的关键力量。随着2022年OpenAI推出ChatGPT，生成式人工智能（Generative artificial intelligence）蓬勃发展，并成功入选“2023年度十大科技名词”。与传统人工智能相比，生成式人工智能不仅能够处理所输入的数据，还能对事物的内在规律展开学习和模拟，并且独立生成新的内容。这种科技的最终目标是使这些系统或机器能够像人类一样思考、理解和学习，并在某些方面超越人类的能力和智慧。

人工智能的特征具体如下：（1）敏锐的记忆和逻辑思维能力。人工智能具有出色的信

息感知和记忆能力，可以通过敏锐地感知捕捉到外部环境中各种碳中和消费的信息并将其存储在内部记忆系统中。同时利用这些碳中和消费的信息进行逻辑分析和计算，运用已有的知识库进行推理和判断，从而做出决策并传达相应的信息。这些能力使得人工智能能够更好地适应复杂多变的外部环境，进而增强其自主性和适应性，从而为政府或企业在制定碳中和消费决策时提供有力支持，以确保决策的准确性和有效性。（2）强大的学习能力。人工智能能够通过与环境的相互作用，不断学习、积累并优化自身的知识库。这种学习能力包括碳中和消费相关知识获取、自主学习、实时更新以及经验积累等。具体而言，借助人工智能学习各种与碳中和消费相关的知识，包括与碳中和消费相关的政策法规、市场动态、消费者行为、产品信息等，使消费者能够更好地适应不断变化的碳中和消费环境和场景，从而能够更加快速准确地做出购买选择和使用处理等。

（二）人工智能对碳中和消费的影响

1. 精准洞察消费者消费需求，推动购买购置行为转变

一方面，人工智能可以精准满足消费者的个性化购买需求。伴随着人们消费层次的多样化，碳中和消费牵涉众多人群的大量消费数据信息。企业利用人工智能技术的多元、独特且快速的数据处理特性可以精确分析人们的消费喜好。如群体的爱好、数目、质量、空间分布、年龄、性别等数据资料，利用大数据分析平台精准推送碳中和消费产品信息，满足消费者碳中和消费的个性化需求。另一方面，人工智能精准推荐碳中和产品，助力消费者选择。人工智能通过分析产品的资源与能源消耗数据和环保性能指标，为消费者提供精准的碳中和产品推荐。例如，消费者在购买家电时，智能购物助手可以根据个人或家庭的使用习惯和能源需求，推荐能效等级高、能源消耗低的产品，帮助消费者在购买阶段做出更节能的选择。人工智能通过刺激碳中和消费需求和扩大碳中和消费容量，推动购买购置行为的绿色低碳转型升级。

2. 精准刻画消费者使用模式，引导使用消费行为改变

人工智能技术在生产领域产生的一系列变革促成了人们使用消费行为的绿色低碳转变与升级。首先，人工智能可以为“混搭出行”降碳提供多方面的技术支持和解决方案。在出行领域，利用生成式人工智能技术，消费端可以输入自身的出行需求，从而获得多种“混搭出行”方案。比如通过 App 智能规划出行方式组合及最优路线（自驾、骑行、步行、公交、地铁等多种交通方式相结合），显著减少个人的碳排放量。其次，人工智能助力能源管理系统，高效利用能源减少碳排放。由人工智能支持的能源管理系统能够实时监测能源消耗动态，根据不同场景和不同需求自动优化设备的运行模式，促进能源的高效利用。例如，智能家居系统可以根据室内人员活动情况和时间自动调节灯

光、空调等设备的功率，减少不必要的能源浪费。最后，人工智能分析能源数据，助力消费者的使用消费向低碳转变。对消费者的能源消费数据进行分析，生成个性化的能源消费报告和建议，让消费者清楚地了解自己的能源消费情况和潜在的节能空间，从而主动调整使用消费行为，向低碳消费行为转变。

3. 精准优化消费者回收流程，促进回收处置行为变化

一是人工智能优化回收流程，助力降低能源消耗。人工智能可以优化回收物流和处理流程，提高回收效率，降低回收过程中的能源消耗。例如，通过智能调度回收车辆，合理规划回收路线，减少运输过程中的能源浪费。同时，在回收工厂中，利用人工智能图像识别和机器学习技术，可以更精准地对回收材料进行分拣和分类，提高材料的再利用率，减少对原材料的需求，从而降低生产过程中的能源消耗。二是人工智能推动回收消费模式发展，帮助消费者养成回收习惯。通过人工智能技术，建立可追溯的回收信息平台，可以让消费者清楚地了解碳中和产品回收和再利用的过程，提高消费者对回收产品的信任和接受度，从而推动消费者积极参与回收活动。另外，利用人工智能算法，根据消费者的回收行为和贡献，提供相应的积分、折扣或奖励，激励消费者养成回收习惯，推动回收消费模式的发展。

4. 精准分析消费者传播习惯，促进互动分享行为扩散

一是提升碳中和消费知识信息水平。人工智能聊天机器人和智能客服可以为消费者提供碳中和消费的相关知识和信息，解答关于节能产品、低碳消费模式等方面的疑问，提高消费者的能源效率意识和知识水平。二是搭建碳中和消费理念传播平台。人工智能建立的互动分享平台，能够促进碳中和消费信息交流共享。消费者可以在各类传播平台/媒体平台分享自己碳中和消费方面的实践经验，这进一步促进消费者之间碳中和消费信息的交流和共享。三是扩大碳中和消费理念传播覆盖面。借助人工智能建立消费者数据信息共享平台，联合教育机构、社会团体、非营利组织、绿色龙头企业等，充分凝聚媒体、社会团体的力量，向不同年龄段、不同背景的受众宣传碳中和消费理念，使人们能够更加深入了解碳中和消费的内涵与实现方法，将碳中和消费观念融入人们生活的各个方面，在全社会营造碳中和消费的良好氛围，鼓励人们更多参与碳中和消费。

人工智能加速了碳中和消费的推进步伐，但支持消费全链条各个环节的人工智能系统的运行需要大量的计算资源和能源来维持，这导致了电力的大量消耗，由此产生大量二氧化碳。人工智能机器所依赖的新材料一般只有有限的使用寿命，一旦被大量废弃，也会使生态系统的一些物质循环受到破坏。并且人工智能的发展需要大量的数据、算法、模型、基础设施等，消费者也由此被动地承担着部分技术运行带来的资源和能源消耗成本。

另外，数据的收集、存储和使用是人工智能应用中一个重要的环节，这也涉及个人信息和隐私以及商业机密等问题，增加了碳中和消费的信息安全风险，会损害消费者的权益。

三、元宇宙的特征及其对碳中和消费的影响

（一）元宇宙概念及其特征

元宇宙（Metaverse）概念最早在 1992 年美国作家尼尔·斯蒂芬森（Neil Stephenson）的科幻小说《雪崩》中被提出，它是将虚拟现实、区块链、云计算、数字孪生等技术相互融合的新兴概念。元宇宙的出现，将原本只存在于文字中的虚拟世界，生动地展现在用户面前，完成了虚拟世界不可或缺的“人机互动”和“人人互动”。还让用户从之前只能通过文字的简单描述旁观虚拟世界，变成可以亲身参与和亲身体验。元宇宙是互联网发展的高级形式，是现阶段已有虚拟世界的进阶，并具备高度发达的虚拟社会系统。[①] 也就是说，元宇宙是一个与现实世界平行且与现实世界实现互动的虚拟世界，是 PC（电脑）互联网、移动互联网之后的第三代网络形态，[②] 即“3D 版的互联网”。

关于元宇宙的特征，从技术和人文角度，元宇宙应具有交融性和文明性两个主要特征。[③]交融性体现在元宇宙可以从各个层面融入现实世界，包括共建性（用户共建）、即时性（进出快捷）、沉浸性（临场体验）、服务性（服务现实）；文明性则体现在元宇宙内部的组织和运作的文明程度，包括虚拟性（虚拟文明）、附属性（现实附属）、独立性（相对独立）、统一性（内部统一）。

（二）元宇宙对碳中和消费的影响

随着人们收入水平不断提升，人们的消费需求从实物消费逐渐转向精神消费。对数字产品、数字服务要求相对较高的“80 后”“90 后”及“00 后”年轻消费群体逐渐成为主流消费群体。这些转变为元宇宙新型碳中和消费提供了现实基础，而元宇宙“沉浸式”消费体验也将带来新一轮的碳中和消费变革。

1. 元宇宙的替代性影响

由于元宇宙的“临场感”，消费者能获得同现实世界相同的沉浸式体验，因此消费者的需求也可在元宇宙中实现，这就对人类活动的线下行为产生一定的替代性影响。线上虚拟的活动方式替代线下实体产品的使用，减少了对实体产品的需求，进而实现了资

---

①③　方凌智，沈煌南．技术和文明的变迁——元宇宙的概念研究［J］．产业经济评论，2022（1）：5－19.

②　聂辉华，李靖．元宇宙的秩序：一个不完全契约理论的视角［J］．产业经济评论，2022（2）：186－198.

源的节约。因此可以说，在元宇宙中消费虚拟产品就是一种碳中和消费。例如，元宇宙能实现更好的观影效果，消费者便可以减少对电视机的购买需求；元宇宙能提供真实的旅游环境，消费者便可不受地理位置的限制实现“到此一游”的愿望；又如虚拟演唱会、走秀、展览等，元宇宙将线下的活动搬到线上，在减少了线下场景布置和人员流动支出之外，还能营造真实的空间感，给碳中和消费者如临其境的体验。元宇宙虚拟产品的出现，对线下需求产生了较好的替代性影响，也为碳中和消费者提供了更多选择，推动更多人参与到碳中和消费中。

2. 元宇宙的技术性影响

由于元宇宙技术的进步以及人们需求的多元化，消费者越来越青睐定制化、个性化的产品。然而定制化的产品往往需要耗费较多人力物力，并且实际效果也不尽如人意。通过元宇宙的仿真模拟技术为消费者提供定制化的产品，能够预先看到产品的虚拟效果，若效果不佳可做适当调整，这就产生了一定的技术性影响。由于整个过程是在元宇宙虚拟世界里进行的设计改动，并不需要实物，这样既能保证定制化产品能满足消费者的个性化需求，又能减少因设计改动而造成的实物资源浪费，从而实现碳中和消费。同时，利用元宇宙模拟现实世界，能设计出更节能减排的产品。例如在元宇宙中，可以根据房屋空间构造来模拟空调的安装位置，从而推出更节能的安装位置；或是模拟太阳能电池板的放置，找出能最大限度暴露光线的位置；或是模拟不同的设计建筑物的方案，选出让房间在夏天更清凉的设计，来减少空调的使用。这些举措都能有效地减少二氧化碳的排放，不需要实际的操作，以线上的方式在元宇宙中就能得出理论答案，理论应用于实践，就能达到绿色环保的目的，对消费者来说也是一种碳中和消费。元宇宙的技术性影响将推动新一轮的生产消费变革，为实现“人与自然和谐共生”的中国式现代化作出重大贡献。

3. 元宇宙的削减性影响

互联网的普及以及线上购物的迅速发展，使得消费者购买商品越来越便利，消费者凭借“7 天无理由”对来自各地的产品“试穿”“试用”，其消费欲望得到极大满足。实际上，因“试穿试用”造成的人员流动和物流运输带来的碳排放量同样会造成一定程度的污染。由于人们对时尚的追求以及外在环境的刺激，消费者往往因一时冲动而购买不必要的产品，这些产品最终因“无用”而被丢弃，造成了大量资源的浪费。元宇宙的出现很大程度上削减了消费者这种不必要的产品购买行为。元宇宙创造的虚拟世界能使消费者提前体验和了解减碳/低碳/零碳产品，从而使消费者做出更合理的购买决策。如消费者可以通过元宇宙中虚拟产品试用，利用 3D 试衣来筛选适合自己的产品，从而减少不必要的浪费，并且在产品间优先选择具有减碳/低碳/零碳标签的产品。在元宇宙的支持下，消费者不仅能试衣，还能试吃、试用家电等各种生活用品，消费过程前置极大地帮助消费者做决策，筛选出适合自己的产品，消费者就能减少不必要的购买行为，进而减少后续的资源与能源浪费。

4. 元宇宙的教化性影响

元宇宙的技术进步与游戏的发展密不可分，通过游戏中的场景再现能对玩家的意识层面产生潜移默化的影响，而元宇宙游戏同样能影响消费者的碳中和消费意识。玩家在特定的元宇宙场景中体验生态环境中存在的“危机”，并通过积极行动化解“危机”，于无形中增强玩家的生态保护责任意识，这种意识长期积累就能转换为生态保护的自觉行动。例如 Next Earth 是一个基于区块链的元宇宙社区，而 SEE Turtles 是一家专门的海龟保护公司，它们正在合作推出一款关于海龟和生态保护的元宇宙游戏。玩家可以在地图上购买土地，并参与游戏中的塑料清除项目。游戏不仅可以吸引消费者，还能引导玩家拯救濒临灭绝的动物，并将此类行为迁移至现实世界。在玩家进行塑料去除活动的虚拟区域中，SEE Turtles 将执行面对面的任务，以消除物理世界中确切位置的塑料废物。随着未来更多关于生态保护的元宇宙游戏出现，元宇宙会在一定程度上替代传统的说教方式，成为新的生态保护教化方式。

元宇宙是“3D”版的互联网，但它对碳中和消费的积极影响却不同于互联网。具体原因如下。

第一，增强碳中和消费者的体验感，让碳中和消费更加真实。元宇宙对碳中和消费的正向影响不同于电子商务对碳中和消费的正向影响，电子商务虽然将线下的购物搬到线上，但它无法替代线下场景，因“试用”需求导致的额外物资流通以及消费者收到货后对产品质量的不满意而退货等，都无形中增加了生态环境压力。而元宇宙时代，消费者能在线感知到商品的各种信息，包括嗅觉、味觉、触觉等感受，能有效弥合消费者认知与商品实际情况之间的鸿沟，既能降低交易成本，也能减少环境压力，实现消费和环保的双赢局面。

第二，提升碳中和消费者的临场感，让碳中和消费更加亲和。虽然各项娱乐活动如观影、看演唱会等在互联网时代也能得以实现，但也有不少消费者认为线上无法替代线下的“氛围感”，线下场面更震撼，而元宇宙的“临场感”恰巧弥补了这一缺陷，消费者足不出户便可有在现场的体验，为追求“氛围感”的消费者提供了更绿色便捷的碳中和消费方式。

第三，消除碳中和消费者的疑虑感，让碳中和消费更加直观。虽然在互联网时代也能实现碳中和产品的消费，但由于缺乏直观感受，碳中和产品仍面临价格高而少有人消费的问题，元宇宙的出现或将解决这一问题。一方面，元宇宙助力降低成本。通过在元宇宙中设计产品、定制产品，可以降低一定成本。另一方面，元宇宙能够消除疑虑，促进供需高效发展。通过在元宇宙中模拟产品运行数据等，让消费者更直观地看到碳中和产品溢价带来的价值，帮助消除消费者疑虑，带动碳中和产品供需两端的高效发展。未来，元宇宙将为消费者提供更多的碳中和消费方式，让人们在进行消费决策时不再是个人“绿色、非绿色”的选择，而是“绿色、更绿色”的选择。

元宇宙为碳中和消费的推进提供了无限的潜力空间，然而，虚拟与现实的结合也在一定程度上加大了消费者对碳中和产品的数字鸿沟，导致消费者在虚拟与现实交叉的消费场景中，产生心理与感受的冲突。例如，元宇宙为碳中和消费提供了全方位的互动体验，导致消费者沉迷于虚拟世界并将虚拟与现实世界混淆，这对消费者个人的成长和生活造成一定的负面影响。还会导致消费者在碳中和产品购买与使用上的代际差异更加明显。年轻一代可能更加熟悉和适应元宇宙中的虚拟碳中和消费方式，而年长一代可能更加习惯于现实中的消费方式，这种代际差异会带来一些碳中和消费观念沟通与理解上的困难和矛盾。此外，由于技术的局限，元宇宙同样也存在泄露消费者消费隐私的风险。并且元宇宙进入成本较高，更新迭代较快，碳中和产品的供给者不断更新设备，易产生更多的废弃物和碳排放，提高了碳中和消费的门槛。

四、供需侧变革及其对碳中和消费的影响

在数智时代，需求侧的数字化、个性化、定制化、智能化等加快成长，供给侧的新模式、新文化、新社会、新管理、新经济、新技术、新商业不断涌现，这些革命性变革赋予碳中和消费不同以往的特征。

从需求侧角度看，数智时代意味着人民对美好生活的需要日益增长，对碳中和消费和品质生活的需求持续增加。需求侧的巨大变革显著影响着碳中和消费。在物质经济领域，消费结构从吃、用等局部领域向数智技术加持的多领域碳中和转型。如居住关注智慧节能设计与环保建材，出行选择低碳方式。消费水平也从购买和使用低端普通的减碳、低碳产品转向高端智能的减碳/低碳/零碳产品进阶。在社会心理领域，消费呈现多种新特征。个性化/智能化方面，消费者可定制减碳/低碳/零碳产品并获得减碳信息反馈。品质化/精致化使消费者追求高品质低碳产品，注重审美。体验化/场景化让消费者追求沉浸式体验，如新能源汽车的 VR 体验。情感化促使消费者通过社交媒体分享碳中和消费的情感体验。消费符号化则以数字化符号满足消费者热爱低碳环保的精神需求。

从供给侧角度看，数智时代对碳中和消费发展产生了绝佳契机和强大推力，供给侧变革同样对碳中和消费影响深远。新模式上，共享经济（如共享出行和居住）推动碳中和消费“由浅入深”，不仅促进碳排放减少，还有助于推动系统性结构调整和社会创新。

新文化促进碳中和消费经验交流和信息共享，新社会推动碳中和消费扩散。新管理上，物联网优化碳中和信息数据管理，大数据分析用于合理布局减碳/低碳/零碳产品供给。新经济实现集聚效应和规模效应，新技术带来更多减碳/低碳/零碳产品或服务。新商业改变消费形态，消费者可介入生产过程，网络还能智能匹配消费者的多样化碳中和消费需求。

显然，在数智时代背景下需求侧和供给侧都发生根本性变革，碳中和消费的行为模式也正经历着革命性变迁。因此，碳中和消费的外部表现、本质特征、行为机制必然与传统时代和过去时期存在显著差异。数智时代供需侧变革及其对碳中和消费的影响如表1－3所示。

表1－3　数智时代供需侧变革及其对碳中和消费的影响

层面	基本特征	领域	主要变革	具体表现
需求侧	人民对美好生活需要日益增长，智慧化应用支持下的消费升级和品质生活的需求持续增加	物质经济领域	消费结构升级	从吃、用等局部领域向吃、穿、住、行、用、游等数智技术支持的多领域消费碳中和转型
			消费水平升级	从低端普通的减碳/低碳产品消费向高端智能低碳/零碳产品等高质量消费进阶
		社会心理领域	消费个性化/智能化	在线定制化、个性化等碳中和产品信息推送与购买、个性化减碳信息反馈等消费方式和生活方式
			消费品质化/精致化	消费者追求更多品类、更新形式的减碳/低碳/零碳产品，关注高质量、高性价比（如有机食品、碳中和食品）；从品质到精致（审美表达）
			消费体验化/场景化	消费者追求减碳/低碳/零碳产品消费的沉浸式体验和数字可视化（AR、VR体验）体验，亲身感受产品的特点和效果，低碳场景、低碳主题等多元素融合的丰富场景
			消费情感化	消费者追求碳中和消费的情感认同和情感体验。消费者不仅是消费产品，更需要舒适或愉悦的体验，通过社交平台以文字、图片、音频、视频等方式实时分享和表达
			消费符号化（数字符号）	碳中和消费从功能到精神（精神追求），从需要到想要（心灵呼声），从从众到出众（自我风格），以数字化符号满足消费者追求低碳环保的精神需要

续表

层面	基本特征	领域	主要变革	具体表现
供给侧	移动互联、大数据技术、社交媒体、共享经济等网络技术和商业模式的迅猛发展	新模式	共享经济（资源和信息共享）	共享单车、共享汽车、网约车等共享出行，共享居住、旧物共享等碳中和消费
		新文化	移动互联、社交媒体	碳中和消费经验交流、碳中和消费全方位人际交互传播，资源和信息共享
		新社会	移动互联、社交媒体	碳中和消费扩散，从一种行为推广扩散到另一种行为（如环保行为溢出效应）
		新管理	物联网（信息提示和反馈）	碳中和消费数据管理优化，如垃圾分类反馈、家庭能源反馈系统
			大数据分析	智能化公交线路、商业网点合理布局
		新经济	空间格局优化、社会系统创新	城市居住人群集聚，实现碳中和消费的集聚效应和规模效应
		新技术	绿色低碳新技术	节能高效空调、新能源汽车等碳中和产品或服务层出不穷
		新商业	移动互联（定制化）	消费者介入生产者的制造、销售、物流等过程，改变碳中和消费的形态
			智能匹配	网络对碳中和消费者了如指掌，知道用户有什么、要什么以及行为习惯

注：有观点认为，需求侧变革对碳中和消费产生消极（负面）影响，供给侧变革对碳中和消费产生积极（正面）影响。这一论断过于绝对。事实上，需求侧和供给侧变革对碳中和消费的影响都是“双刃”的，既可能产生积极影响，又可能产生消极影响。

资料来源：作者根据相关资料整理。

基于供需侧变革及其对碳中和消费的影响，数智时代碳中和消费展现出新趋势和新变化。（1）需求侧新趋势，即碳中和意识升级与消费反馈机制强化。消费者碳中和意识进一步提升，他们不仅关注产品本身的碳中和属性，还开始重视整个消费链条的环境影响，包括产品运输过程中的能源消耗、包装材料的可降解性等。消费决策受社交媒体和在线社区的影响更加显著，消费者会参考他人的碳中和消费经验和评价来做出选择。同时，消费者对于碳中和消费的反馈机制有了更高要求，希望能够实时了解自己的消费行为对环境的贡献程度，并据此调整消费习惯。（2）供给侧新变化，即跨行业合作与新型商业模式涌现。企业开始注重跨行业合作，以实现资源与能源的更高效利用，进一步助力碳中和目标的实现。如科技企业与传统制造业合作，共同研发更环保的生产技术和产品。在商业模式上，出现了一些基于碳中和理念的订阅服务模式，消费者定期订阅碳中和产品或服务，企业则负责提供持续的环境友好型解决方案。此外，供给侧更加重视数据的收集和分析，通过对消费者碳中和消费数据的挖掘，精准把握市场需求，优化产品设计和生产流程，以更好地满足消费者对碳中和消费的期望。

第三节　碳中和消费的外延拓展和行为体系

一、碳中和消费的演进和外延

（一）碳中和消费的演进

基于互联网技术发展的不同阶段，互联网时代可以细分为互联网 1.0、互联网 2.0、互联网 3.0。简单来说，互联网 1.0 可以视为单向知识传播的时代，互联网 2.0 可以视为双向信息沟通的时代，互联网 3.0 可以视为全方位数据交互和共享的时代。相应地，碳中和消费 1.0 是在以"单向知识传播"为本质属性的时代（可视为互联网 1.0 时代及更早的无互联网时代）下，形成的"个体独享型"碳中和消费模式。此时，个体的碳中和消费尽管会受到他人和社会的影响，但往往是专属、独享、专用或自用的（不与他人共享），形成了低层次的碳中和消费模式；碳中和消费 2.0 是在以"双向信息沟通"为本质属性的时代（可视为互联网 2.0 时代）下，形成的"群体分享型"碳中和消费模式。此时，个体与他人形成一定层次的人际交互和资源分享，促进特定群体（如机构、社区、社群等）形成较高层次的碳中和消费模式；碳中和消费 3.0 是在以"全方位数据交互和共享"为本质属性的数智时代（可视为互联网 3.0 和大数据时代）下，形成的"社会集约共享型"碳中和消费模式。

碳中和消费从 1.0 向 2.0 进而向 3.0 演进的深层驱动在于，以移动互联、大数据技术、物联网、社交媒体等为主要特征的数智时代下，"全方位的数据交互和资源环境要素共享"（如共享出行、共享居住、闲置物品在线交易、集约式消费等）推进空间格局优化、社会系统创新和生活方式变革，这进而推进碳中和消费从"个体独享型"模式向"群体分享型"模式，最终向"社会集约共享型"模式的跃迁。碳中和消费 1.0、

2.0 和 3.0 的演进如表 1 - 4 所示。[①]

表 1 - 4　　碳中和消费 1.0、2.0 和 3.0 的演进

碳中和消费版本	时代外延	外延模式	外延体现	举例
碳中和消费 1.0	单向知识传播的时代（互联网 1.0 时代及更早的无互联网时代）	“个体独享型”碳中和消费模式	个体碳中和消费是专属、独享、专用或自用（不与他人共享）的，实现低层次碳中和消费模式	个人节约用电、用水、用气、绿色购买等碳中和消费
碳中和消费 2.0	双向信息沟通的时代（互联网 2.0 时代）	“群体分享型”碳中和消费模式	个体与他人形成一定层次的人际交互和资源分享，促进特定群体（如机构、社区、社群等）实现较高层次的碳中和消费模式	除碳中和消费 1.0 行为外，还包括特定群体（如机构、社区、社群等）以集群方式实现节约用电、用水、用气、绿色购买等碳中和消费
碳中和消费 3.0	全方位数据交互和共享的数智时代（互联网 3.0 和大数据时代）	“社会集约共享型”碳中和消费模式	个体与他人乃至全社会形成全方位的数据交互和资源环境要素共享，进而推进空间格局优化、社会系统创新和生活方式变革，最终在全社会实现高层次的碳中和消费模式	除碳中和消费 2.0 行为外，还包括共享出行、共享居住、闲置物品在线交易、集约式消费等社会集约共享型碳中和消费

资料来源：作者根据相关资料整理。

（二）碳中和消费的外延

碳中和消费表现在消费者日常生活消费过程中的方方面面。一些典型的碳中和消费例子如表 1 - 5 所示（当然不限于这些）。这些行为分别属于购买购置、使用消费、废弃回收以及分享互动四大过程。值得注意的是，这些行为在降低碳排放方面的侧重点各不相同，有些行为侧重于降低直接消费碳排放，有些行为侧重于降低间接消费碳排放，也有些行为兼而有之；同样在影响资源与能源消费和碳排放的时间尺度上也有所不同，有些行为侧重于降低即期（短期）的能源消费和消费碳排放，有些行为侧重于降低远期（长期）的能源消费和消费碳排放，还有些行为同时具备短期和长期的影响。

① 本书讨论的碳中和消费，如无特殊说明，主要指的是数智时代碳中和消费 3.0。

表 1-5 数智时代碳中和消费的部分典型例子

阶段	行为类型	消费碳减排重点		消费碳减排绩效	
		①	②	Ⅰ	Ⅱ
购买购置过程	在条件允许的情况下，尽量购买新能源汽车或混合动力汽车。即便不得不购买传统汽车时，也尽量选择节油的汽车	√			√
	线上/线下尽量购买绿色智能家电产品（智能空调、智能冰箱等）和其他家庭用具（如燃气灶等）	√			√
	线上/线下尽量购买有减碳/低碳/零碳认证标志或其他环境标志的产品（零碳产品、绿色产品、低碳产品等）	√			√
	线上/线下购买半份/小份餐食、光盘行动	√		√	
	购买本地、当季食物，减少肉制品消费，植物基肉类代替传统肉类		√	√	
	在条件可能的情况下，尽量购买节能低碳住宅	√			√
	尽量购买中小户型住宅，避免购买大户型住宅	√	√		√
	减少皮草类衣着购买	√		√	
使用消费过程	尽量乘坐大众交通工具（公交车）或网络拼车、顺风车、共享汽车、地铁、骑车、步行出行，减少开车出行	√		√	
	ETC 缴费（减少停车缴费带来的能源损耗）		√	√	
	尽量使用清洁能源（如日常使用绿电、驾驶新能源汽车等）	√		√	
	购物时自备购物袋或容器，减少一次性塑料袋使用		√	√	
	尽量节约使用纸张、电力、水、燃气等（如实行电子化办公或将纸张双面打印等）		√	√	
	在线会议（网络付费课程、远程培训、远程学术会议等）		√		√
	合理规划使用资源（如重复利用水或一水多用，合理规划出行路线等）		√	√	
	共享物品（共享民宿、共享办公室、租赁玩具、电子产品、汽车等）	√		√	
	快递使用循环包装，网购的退货产品尽量使用原快递包装	√		√	
	购买饮品时使用自带水杯，减少一次性纸杯使用	√		√	
	在线支付（在线生活缴费、云服务、网络购票等）	√		√	
	网络挂号、线上问诊	√		√	
	减少外卖中的打包餐具使用，减少使用一次性餐具，简化外卖包装	√		√	

续表

阶段	行为类型	消费碳减排重点		消费碳减排绩效	
		①	②	Ⅰ	Ⅱ
废弃回收过程	在线旧物回收（旧衣服、旧书、旧电子产品、旧玩具等）		√	√	
	在线闲置物品交易		√	√	
	尽量将旧物送给别人或捐给灾区贫困者，实现再利用		√	√	
	购买使用可持续原材料制成的衣物（如碳中和纤维制成的衣服）		√	√	
	尽量把废旧塑料、玻璃等积累起来回收（卖掉或送给别人回收）		√	√	
	尽量把废电池、废荧光灯管、水银温度计、废油漆、过期药品等有毒有害垃圾积累起来单独回收		√		√
	垃圾分类（可回收的生活垃圾再回收利用）		√	√	
分享互动过程	社交媒体平台分享（微信、微博、小红书、抖音等文字、图片、音频或视频分享）		√	√	
	绿色减碳/低碳/零碳产品定制化/个性化推荐		√	√	
	直播分享互动绿色化/低碳化消费心得体会		√	√	
	游戏化互动交流（蚂蚁森林分享绿色低碳信息、虚拟种树实际转化）		√		√
	碳账户平台互动		√		√

注：表中①代表该项行为侧重于“降低直接能源消费和消费碳排放”，②代表该项行为侧重于“降低间接能源消费和消费碳排放”，Ⅰ代表该项行为可以“降低短期能源消费和消费碳排放”，Ⅱ代表该项行为可以“降低长期能源消费和消费碳排放”。

资料来源：作者根据相关资料整理。

由此可见，数智时代下碳中和消费的外延具有了更加丰富的消费场景，不再局限于传统的购买购置环节，而是包括购买购置、使用消费、回收处置等产品消费全过程（物质环节）。除了包括产品消费的物质环节外，还包括非物质环节，如消费者分享互动环节。进一步说，碳中和消费的外延从购买购置、使用消费、回收处置进一步演进到包含分享互动环节，从而促进整体的碳中和效果提升。碳中和消费的外延拓展如图 1－4 所示。

二、碳中和消费的行为体系

碳中和消费的行为体系体现在“时空关”（Time－space－connections）三维度（时间、空间和关联维度）。具体体现在消费周期、消费时间、消费过程、消费领域、消费层次、消费要素、消费主体、人人关联、人物关联、物物关联十个维度，如表 1－6 所示。

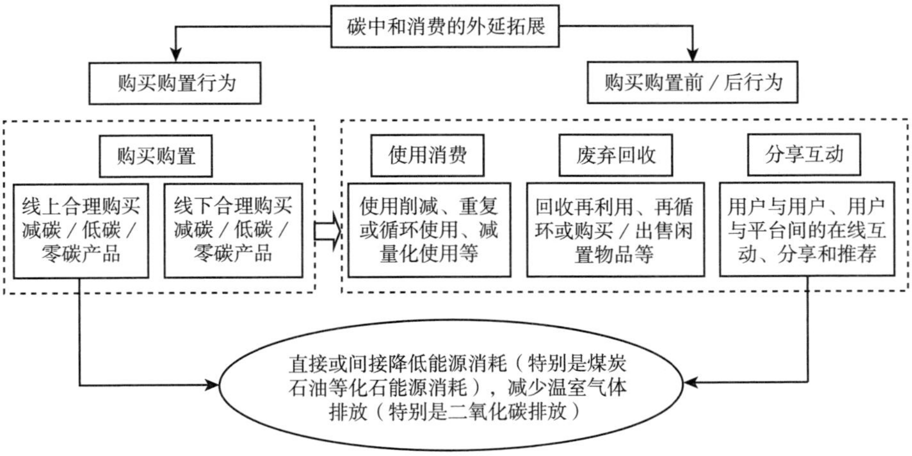

图1-4　碳中和消费的外延拓展

资料来源：作者根据相关资料整理。

在时间维度中，从消费周期来说，碳中和消费体现在从摇篮到坟墓（从原料到废弃）的全部生命周期，而不仅仅是某一个环节。从消费时间来说，碳中和消费表现为一个长期且持续的过程，覆盖了完整的时间段，而非仅局限于短期和静态的特定时点。

在空间维度中，从消费主体来说，碳中和消费涉及全社会各类主体，包括个体和各类正式群体、非正式群体等主体行为（包括家庭、企业、组织、政府等），而不仅是个体消费者行为。从消费过程来说，碳中和消费体现在购买购置（碳中和购买、减量购买等）、使用消费（削减使用、重复或循环使用等）、废弃回收（再利用、再循环、资源化等）、分享互动（共享经济、二手交易）四个环节。从消费领域来说，碳中和消费不仅涉及减少直接的资源消耗和环境污染（如减少油气电等能源使用，相应减少污染物排放），也包括减少间接的资源消耗和环境污染（如产品减量化、再利用、再循环，相应减少污染物排放），具体包括衣、食、住、行、游等各领域。从消费层次来说，碳中和消费体现在生存型消费、享受型消费、发展型消费等各层次。从消费要素来说，碳中和消费要考虑水、空气、土壤等各类资源和环境要素的节约和保护，而不仅单独考虑某一类资源和环境要素。

在关联维度中，从人人关联来说，碳中和消费行为体现为人与人之间对于自然资源环境要素（包括各类有形无形的要素）的最大限度共享，实现全人类碳中和消费目标。从人物关联来说，碳中和消费行为体现为人与物（自然界、各器物）之间对自然资源环境要素的集约共享，推动全系统碳中和消费实践。例如，通过大数据、人工智能和匹配推荐，个体实现更绿色、低碳、便捷、高效的交通路线出行。从物物关联来说，碳中和消费行为体现为物与物（自然界、各器物）之间对自然资源环境要素的集约共享，实现全生态碳中和消费。例如，通过生态城市规划、空间格局优化和社会系统创新，实现全城市生态对资源和能源的充分共享、集约使用和循环利用。

表1－6　　数智时代碳中和消费的行为体系

特征维度	具体维度	范畴维度	具体行为表现
时间维度	消费周期	全周期碳中和	从摇篮到坟墓（从原料到废弃）的全周期碳中和
	消费时间	全覆盖碳中和	长期动态的完整时间全覆盖碳中和
空间维度	消费主体	全社会碳中和	个体、家庭、群体、机构、企业和社会等全主体碳中和
	消费过程	全过程碳中和	购买购置、使用消费、废弃回收、分享互动等全环节碳中和
	消费领域	全领域碳中和	衣、食、住、行、游等直接和间接领域碳中和
	消费层次	全层次碳中和	生存型消费、享受型消费、发展型消费全层次碳中和
	消费要素	全要素碳中和	考虑水、空气、土壤等各类资源和环境全要素碳中和
关联维度	人人关联	全人类碳中和	人与人之间对自然资源环境要素的集约共享（全人类碳中和）
	人物关联	全系统碳中和	人与物（自然界、各器物）之间对自然资源环境要素的集约共享（全系统碳中和）
	物物关联	全生态碳中和	物与物（自然界、各器物）之间对自然资源环境要素的集约共享（全生态碳中和）

资料来源：作者根据相关资料整理。

基于行为体系的“时空关”三维度，数智时代碳中和消费具有时间维度、空间维度和关联维度特征。（1）时间维度特征表现在碳中和消费的全周期过程趋势明显。消费者在消费过程中更加理性，会更加关注产品的生命周期成本，包括生产、运输、使用和废弃等环节的碳排放。例如，一些消费者会选择购买耐用且易于回收的产品，以减少更换频率，提高回收效率，从而降低碳排放。（2）空间维度特征表现在碳中和消费的社会集约趋势明显。随着数智技术的发展，消费者越来越倾向于通过数字化渠道进行碳中和消费，消费的空间不再受到地点的限制，如电商平台、移动支付等。这些方式不仅方便快捷，还可以帮助消费者更好地了解产品的碳足迹和环境影响，从而做出更明智的消费决策。例如，一些电商平台会提供产品的碳足迹信息，消费者可以通过这些信息来选择更低碳的产品。数智化技术还为解决个人碳账户在数据、主体、交互等方面的困境提供了可能。例如，运用人机交互技术可以实现消费碳减排的在线反馈。（3）关联维度特征表现在碳中和消费的社交共享趋势明显。如消费者通过在线数字平台与其他消费者进行产品共享使用、租赁使用、实行绿色共享出行、进行闲置物品在线交易等，以减少产品浪费；又如，消费者通过社交媒体等渠道分享碳中和消费经验和心得，影响他人的碳中和消费决策，同时也受到他人碳中和消费模式的影响。

第二章　碳中和消费的原理与机理

党的二十大报告指出，推动经济社会发展绿色化、低碳化是实现高质量发展的关键环节。党的二十届三中全会就加快经济社会发展全面绿色转型作出部署，强调要协同推进降碳、减污、扩绿、增长，健全绿色消费激励机制，进一步推动消费端碳减排。碳中和消费是一种以碳减排为导向的新型消费，掌握其背后的原理和机理，有助于深入理解碳中和消费的本质属性、核心逻辑、内在关系与客观规律，为更好地推进碳中和消费提供具有普遍意义的理论指导。本章主要探寻碳中和消费的基本原理和机理，从经济、生态和技术支撑三个维度揭示碳中和消费的原则、规律、依据等原理内容，厘清碳中和消费运行的基础。接着从内外部主要影响因素、影响机理模型、推进碳中和消费的基础理论、结构视角的推进机理和过程视角的推进机理等角度分析论证碳中和消费的影响机理和推进机理，为进一步深入研究碳中和消费奠定基础。

第一节　碳中和消费的基本原理

一、碳中和消费的经济原理

分析碳中和消费需要从外部性角度深入研究其经济原理。外部性是在生产和消费的过程中，一个生产单位/消费者的经济活动或行为使其他生产单位/他人受损或受益，但又不承担这些影响所带来的成本或收益。碳中和消费具有外部性，即消费者的碳中和消费行为会对其他消费者产生积极的外部影响。绿色低碳产品的购买、使用和回收等行为为社会整体生存环境和生活质量的改善带来了积极作用。例如，某个消费者拒绝购买对生态环境有破坏的产品或服务，这有助于改善生态环境，也能使他人受益却无须为此付出代价。具体来说，碳中和消费外部性具有以下六个特征：

第一，碳中和消费外部性有公共外部性（Public externalities）而非私人外部性（Private externalities）特征。碳中和消费外部性涉及无数的制造者，也有无数的消费者。这表现为：碳中和消费会对社会整体或广大人群产生影响，而不仅仅限于直接相关的个体。例如，减少碳排放有助于缓解全球气候变暖的影响，这带来的好处是所有人都能共享的，而不仅仅是那些直接参与碳中和消费的人群。相反，每一位消费者的高碳消费都产生负外部性，同时每一位消费者也被动受到他人高碳消费的负面影响（负外部性），即高碳消费造成的污染是一种面源污染（Non - point pollution，NPP），而不是点源污染（Point pollution）。

第二，碳中和消费外部性兼具生产外部性和消费外部性特征。从生产外部性而言，各类高碳产品（如电力、燃气、汽油、水、家电、汽车、包装材料、住宅等）的生产者也是高碳消费问题的间接制造者。碳中和消费可以通过市场需求信号引导生产者，引导企业采取低碳环保的生产方式，从而减小对环境的负面影响。从消费外部性而言，碳中和消费外部性也是在消费者消费过程中产生的。如消费者购买低碳或零碳产品，能够减少能源消耗和碳排放，在环境效益、健康效益、资源与能源节约、市场信号、社会效益等方面都具有较强的正外部性。

第三，碳中和消费外部性具有交互外部性特征。如果外部性的制造者与接受者关系明确，一方制造外部性，另一方接受外部性，双方发生单向的直接影响关系（如钢铁厂排放的烟尘直接影响附近的洗衣房），这种外部性称为单向外部性。然而，碳中和消费外部性往往不是单向的，而是交互的。在碳中和消费外部性中，每个消费者都受到其他消费者制造的碳中和消费外部性影响，同时每个消费者又生产碳中和消费外部性，并施加给其他消费者。

第四，碳中和消费外部性具备时空分离（Space - time separation）特征。从时间上说，碳中和消费并非即时产生正面外部效应（同样高碳消费并非即时产生负面外部效应），即碳中和消费产生的外部影响不会在行为发生的同时即刻显现出来，而是存在一定的时间滞后或延迟；从空间上说，个体碳中和消费产生的正面外部效应不一定直接影响到消费者自身或其周围环境，也可能在其他地区、国家显现出来。这也反映了在全球范围内协同推进绿色转型的重要性。

第五，碳中和消费外部性兼有代内外部性和代际外部性特征（Intergenerational externalities）。一方面，代内外部性指当前的碳中和消费可能立即影响到同一时代其他人的福祉。例如，当消费者选择购买低碳产品或服务时，不仅减少了消费者本人的碳足迹，也可能激励其他消费者共同参与碳中和消费，进一步推动了消费端的碳减排。另一方面，代际外部性指当前碳中和消费对未来各代人产生的外部影响。碳中和消费有助于减缓气候变化的速度，保护生态环境，这意味着当前的碳中和消费行为会影响未来世代人的生活质量。例如，减少温室气体排放可以避免极端天气事件的发生，确保后代人能有一个更稳定的生活环境。

第六，碳中和消费外部性很难低成本测度。碳中和消费通过个体的每一项日常或消费行为削减碳排放。但个体的碳中和消费与微观主体的行为水平往往不存在单一的线性关系，通常难以直接量化和测度，导致外界很难准确测度个体的碳中和消费及其外部效应情况。碳中和消费实施的预期收益对个人而言常常是不明确、不显著或不可测度的。相比之下，碳中和消费的实施成本对个人而言却是明确、显著的（如需要个体花费更高的货币成本购买低碳产品）。成本和收益间的不平衡制约了很多民众自觉实行碳中和消费行为。

基于上述对碳中和消费外部性的独特特征或本质属性的分析，可以发现：（1）自由市场无法自动解决碳中和消费的外部性问题，必须通过适当的政策手段将碳中和消费的外部性内部化。市场可能无法充分反映碳中和产品的真实价值，部分消费者可能因价格敏感而不愿购买价格较高的碳中和产品；（2）政府不仅需要针对消费者或居民制定具体政策，同时需要针对各类企业或市场采取相应的政策措施；（3）考虑到碳中和消费的独特性，每种政策手段的有效性有限，且只在特定条件下适用，因此需要对不同政策手段进行整合和协调，以更有效地促进碳中和消费；（4）碳中和消费需要考虑更长远的时间维度，单一的补偿机制难以建立；（5）单一的命令控制手段或经济约束手段不完全适用于激发碳中和消费的正外部效应，需要寻求适宜的多样化干预措施或政策手段；（6）必须针对各责任主体实施具有针对性、具体化、精细化的政策将碳中和消费外部性内部化，以纠正上述市场失灵现象。碳中和消费的经济原理如表 2－1 所示。

表 2－1　　碳中和消费的经济原理

碳中和消费的经济特征	碳中和消费的原理解析	碳中和消费的政策意蕴
碳中和消费外部性具有公共外部性，而非私人外部性特征	碳中和消费的责任者数量众多	自由市场（科斯定理）不能自动解决碳中和消费外部性问题，需要采取适当的政策和机制才能有效地将碳中和消费外部性内部化
碳中和消费外部性兼有生产外部性和消费外部性特征	消费者和生产者（厂商）在碳中和消费中的责任难以明确区分	不能仅仅面向消费者，还需要向生产者（厂商）延伸
碳中和消费外部性具有交互外部性，而非单向外部性特征	碳中和消费的相互责任难以明确界定	每一种政策手段的有效性都是相对的，仅在一定范围内有效，不同政策手段之间也需要整合协调
碳中和消费外部性具有时空分离特征	碳中和消费外部性难以精准匹配不同时空的对象	碳中和消费需要考虑更长远的时间维度和更广大的空间维度，单一的补偿机制很难建立

续表

碳中和消费的经济特征	碳中和消费的原理解析	碳中和消费的政策意蕴
碳中和消费外部性兼有代内外部性和代际外部性特征	难以平衡长期和短期碳中和消费外部性	简单、单一的命令控制手段或经济约束手段不完全适用于碳中和消费
碳中和消费外部性很难低成本测度	碳中和消费的外部效应很难准确测量	必须针对各责任主体制定独特化、具体化、精细化、针对性的政策措施

资料来源：作者根据相关资料整理。

二、碳中和消费的生态原理

分析碳中和消费还需要从生态演替和生态调控角度深入理解其生态原理。具体主要包含以下两个细分原理。

（一）生态演替原理

生态演替原理主要是指时间推移下一种生态系统阶段（或类型）逐渐取代另一种生态系统阶段（或类型）的顺序过程。根据演替的趋向，生态演替可划分为正向演替原理和逆向演替原理。正向演替原理指趋优发展及良性循环，即生态系统向更稳定、更可持续的方向发展；逆向演替原理指趋劣发展及恶性循环，即生物群落的多样性和复杂性逐渐下降，甚至向生态系统平衡破坏和生态环境恶化的方向发展。碳中和消费可视为是人类社会对自然环境的一种积极适应和改变。众多消费者通过减少碳排放和增加碳吸收，促进生态系统的生物多样性和结构复杂性增加、系统的稳定性和抵抗力增强，从而推动生态系统向更稳定、更可持续的方向发展，这与正向演替的原理一致。

（1）碳中和消费具有促进生态系统恢复与演替的特性。碳中和消费在各个消费环节的不同实践中共同推动了生态系统的正向演替。例如，消费者购买低碳标签产品可以从源头上减少碳排放，并且在使用过程中进一步减少碳排放（如使用低碳节能家电产品），这不仅有助于改善区域气候，还为其他生物提供了更适宜的生存环境。这些改变为更多物种的迁入和繁衍创造了有利条件，进而推动了生态系统的正向演替。

（2）碳中和消费具有间接维护生物多样性的特性。碳中和消费的核心是保护气候环境和促进可持续发展，包括对生物多样性的维护。生物多样性是正向演替的重要标志，它反映了生态系统的健康状况和复杂性。消费者通过购买生产过程中温室气体排放较低的产品与服务，在使用的过程中减少能源消耗和碳排放，以及通过利用、回收和再制造等方式以减少资源与能源消耗和废物产生，降低消费产生的碳排放量，从而保护生态系统的良性循环，间接维持和增加生态系统的生物多样性。

（3）碳中和消费具有正向自我优化的特性。碳中和消费的正向演替过程使消费者认识到生态系统的脆弱性（自我修复能力相对较弱以及自我修复时间相对较长），能够帮助消费者重新审视并优化自己的消费习惯。在这些习惯的驱使下，消费者选择对环境影响较小的产品或服务，又会进一步促进个体在碳中和消费理念和习惯上的正向自我优化。例如，消费者在购买家电时优先选择能效等级高、耗电量低的产品，体现了消费者在自我消费认知与自我消费行为方面的一种优化。

（4）碳中和消费具有不断拓宽环保空间的特性。正向演替能够帮助消费者认识到自身行为对生态系统的影响，进而推动消费模式的转变，不断拓宽环境保护的空间。在碳中和消费领域，这种转变表现为从过度消费、浪费型消费向适度消费、绿色消费、低碳消费转变。不仅直接减少了碳排放，还在间接层面上促进了生态系统的正向演替。通过倡导低碳、绿色、环保的产品或服务从而合理利用自然资源并保护环境，这为生态系统的自然恢复和正向演替提供了空间。

（二）生态调控原理

生态调控原理强调在人与自然和谐共生的前提下，通过科学的设计与选择来实现生态系统的平衡与稳定。碳中和消费符合生态调控原理的基本逻辑。本章主要从自然原理和双向原理的角度进行阐述。

1. 自然原理

碳中和消费往往充分考虑自然环境的特点，追求个体与自然环境和谐共生。碳中和消费的自然原理主要体现在消费行为遵循自然规律，强调在满足人类消费需求的同时，尽量减少对环境的破坏。这体现了对自然原理的遵循，即人类活动应适应并尊重自然界运行规律。例如，在购买购置、使用消费、废弃回收和分享互动环节践行碳中和消费理念，选择对自然资源消耗较低、对生态系统干扰较小的产品或服务，从而保护自然。

2. 双向原理

双向原理是生态调控原理的具体化，在碳中和消费的过程中，消费者通过“双向性”思路调控消费行为碳排放对环境的影响。具体来说，其一，从源头上减少碳排放量（减排）。例如，在购买购置环节，消费者选择低碳产品或服务、关注产品碳足迹；在使用消费环节，消费者减少使用一次性产品、合理利用资源；在废弃回收环节，支持循环经济与垃圾分类；在分享互动环节，消费者传播环保理念、共享资源与参加公益活动。其二，提升碳汇系统的功能（增汇）。首先，消费者参与由政府、环保组织或社区举办的植树活动，选择适合当地气候和土壤条件的树种进行种植，以增加绿色植被覆盖率，提高碳吸收能力。其次，消费者通过捐款、志愿服务或参与相关公益活动来支持森林保护和恢复项目。这些项目通常包括防止森林砍伐、促进森林再生和生态系统恢复等。最后，消费者通过购买碳信用额或参与碳补偿项目来中和个人或家庭产生的碳排放。这些项目通常包括投资清洁能源项目、植树造林等。

基于以上对碳中和消费生态原理的分析，可以发现：①碳中和消费的各个环节推动了生态系统的正向演替，碳中和消费政策制定应鼓励正向演替，即鼓励消费者采取环保行为，增加生态系统的稳定性和生物多样性；同时避免逆向演替，减少高碳消费行为对生态产生的负面影响。②碳中和消费政策的制定和实施应考虑到生态系统的承载能力和生物多样性的保护，以此促进生态系统向更稳定和可持续的方向发展。③碳中和消费政策应确保消费行为遵循自然规律，减少对环境的破坏，鼓励选择低资源与能源消耗、低生态干扰的产品或服务，维护生态系统健康。④碳中和消费政策应从减排和增汇两方面进行双向调控，通过限制高碳消费和鼓励增汇行动，实现消费端的碳中和。⑤政策不仅要关注减少碳排放，也要注重提升碳汇系统的功能，如通过补贴等政策鼓励消费者参与植树和支持森林保护项目。碳中和消费的生态原理如表 2－2 所示。

表 2－2　碳中和消费的生态原理

碳中和消费的生态特征	碳中和消费的原理解析	碳中和消费的政策意蕴
碳中和消费的各个环节推动了生态系统的正向演替，具有正向演替特征	通过减少碳排放和资源消耗，保护生态系统良性循环，维护生物多样性	政策制定应鼓励正向演替
碳中和消费兼有生态系统承载力与生物多样性保护特征	保护生态环境和促进可持续发展	碳中和消费政策需考虑生态系统的承载能力和保护生物多样性
碳中和消费具有遵循自然特征	充分考虑自然环境的特点，追求个体与自然环境和谐共生	碳中和消费政策应确保消费行为遵循自然规律
碳中和消费兼具减排与增汇特征	从源头上减少碳排放量（减排）与提升碳汇系统的功能（增汇）	碳中和消费政策应从减排和增汇两方面进行双向调控

资料来源：作者根据相关资料整理。

三、碳中和消费的技术原理

碳中和消费需要一定的技术以及相应的技术支撑途径、手段、方法和理论规范，主要涉及生态技术和数字技术。这两种技术虽然侧重点不同，但在从根本上推动碳中和消费发展进步方面都起到至关重要的作用。

（一）生态技术原理

生态技术主要包含可再生能源技术、低碳交通技术、减量技术、资源化技术等。碳中和消费要实现生态化与低碳化，需要通过应用相关技术为其提供支撑。反之碳中和消费又促进生态技术的发展与应用。一方面，碳中和消费通过这些生态技术促进碳排放减少、推动可再生能源使用、资源再利用等。技术支撑能够促进碳中和消费的实现，通过研发和推广减碳、低碳、零碳、负碳技术，为消费者提供了更多选择减碳/低碳/零碳产品和服务的机会。例如，节能电器、新能源汽车等低碳产品的出现，都离不开技术的支撑。生态技术的不断完善与进步，如可再生能源技术、节能技术、低碳交通技术、生活垃圾处理技术等的发展，为消费者提供了更多的低碳消费选择，从而推动了碳中和消费的实现。另一方面，生态技术在碳中和消费的反哺下进一步创新发展，从而得到更大的普及和推广，促进生态技术创新。当越来越多的消费者选择碳中和产品时，生态技术的普及程度也会随之提高。碳中和消费理念的普及，使市场对减碳/低碳/零碳产品的需求不断增加，这种需求驱动了企业在产品设计和生产过程中不断寻求技术创新，来满足消费者碳中和消费需求，也推动了碳中和技术的发展。例如，随着清洁能源电动车市场的不断扩大，与电动车相关的充电设施、电池技术等也会得到推广与普及。

（二）数字技术原理

碳中和消费的数字技术原理以可计量原理为基础，即通过一定的测量技术和方法，对碳中和消费行为进行量化，以便对碳中和消费进行整体分析、评估和管理。主要体现在对消费端碳排放的精确测量和记录上，这是实现碳中和消费的基础。其一，消费端碳排放量化（碳足迹）。数字技术使得消费碳排放可以被精确测量和记录。这为消费者提供了了解自己消费行为所产生碳排放量的途径与方法。比如消费者碳足迹计量，即计算消费者在一定时间内的温室气体排放总量，并推算其单位排放量，以便掌握消费者个体/群体对气候环境的影响程度。其二，数据可视化（碳账户）。可视化技术可以将碳排放量以直观的方式展示给消费者。例如，通过手机应用软件或在线平台的碳账户展示消费者的碳排放数据，可以增强消费者对自身碳排放的感知。当消费者直观地看到这些数据时，他们更倾向于选择低碳环保的产品或服务消费方式。其三，碳排放区块链数据管理。利用区块链的分布式账本、加密算法和共识机制，确保消费端碳排放数据在生成、传输、存储和验证过程中不被篡改且可追溯。同时，对于碳抵消项目产生的碳减排量进行准确计量和认证，并将这些信息记录在区块链上，方便个人购买碳抵消额度，以实现自身的碳中和目标。其四，碳标签。将数字化的产品碳足迹信息（从原材料取得、生产制造、运输分销、使用以及最终废弃处理整个生命周期中产生的温室气体排放量）以标签的形式展示给消费者。这种量化方式使消费者能够直观地比较不同产品的碳排放差异，从而选择碳排放更低的产品或服务。

数字技术也面临着一定的挑战，碳中和技术的开发往往涉及高昂的研发成本，一旦技术被模仿盗用，将面临严重的经济损失。例如，开发更高能量密度、更长寿命的电动汽车电池技术需要大量的实验和测试，才能确保产品性能符合标准。这些限制在一定程度上降低了企业投资低碳技术研发的积极性，阻碍了技术创新的步伐。

多层面的技术条件是确保消费者实施碳中和消费简单、便利、可行、低成本的基础条件。企业是碳中和技术开发和减碳/低碳/零碳产品生产的主要承担者，但企业追求自身利益最大化，且碳中和技术开发和相关产品生产具有投入成本高昂、投资回收周期长、消费者偏好不确定、市场风险大等特点，仅仅依靠企业自发进行碳中和技术开发和产品生产也有一定困难。对此，政策制定者应制定相关的经济激励、行政法规等措施激励企业开发碳中和技术和生产减碳/低碳/零碳产品。诸如：①制定一系列支持碳中和技术研发和产品生产的财政补贴、税收优惠或其他支持措施。特别是加大对发展可再生能源（如风力发电、太阳能、生物能、海潮能等）的补贴支持力度。②对关键性、公益性的碳中和技术和相关产品，政府可以直接投资并组织科研院所、企业联合攻关。③对企业碳中和技术的开发和减碳/低碳/零碳产品的生产提供有效的法律保护（技术专利、产品专利、转让保护等），避免企业担心低碳技术被模仿盗用从而导致创新动力不足。④健全碳标签（Carbon labelling）和碳中和产品认证制度，减少信息不对称现象，避免市场上低碳产品鱼龙混杂，让碳中和产品真正减碳降碳。明确碳中和产品认证机构，完善碳标签和减碳/低碳/零碳产品认证制度。包括英国、德国、韩国、日本在内的十多个国家已经实施了碳标签和低碳产品认证制度，中国也应该加快建立和完善碳标签和减碳/低碳/零碳产品认证制度。对生产和使用阶段碳排放量较大的产品（如家电、办公设备、汽车等），推行碳标签和碳中和产品认证，条件成熟后扩展到更广泛的产品领域。碳中和消费的技术原理如表 2-3 所示。

表 2-3　　碳中和消费的技术原理

类别	碳中和消费的技术特征	碳中和消费的原理解析	碳中和消费的政策意蕴
生态技术	碳中和消费通过生态技术促进减碳、资源化、可再生等	生态技术不仅推动产品绿色创新，为消费者提供了更绿色低碳的产品选择，还能提高绿色产品的性能，并让其更容易被消费者获取和使用	政策制定者应制定一系列支持碳中和技术研发和产品生产的财政补贴、税收优惠或其他支持措施
	碳中和消费反哺生态技术，推动生态技术普及和推广	市场对减碳/低碳/零碳产品的需求不断增加，驱动企业在产品设计和生产过程中不断寻求技术创新，以满足消费者碳中和消费需求，也助推生态技术发展	对关键性、公益性的碳中和技术和碳中和产品，政府可以直接投资并组织科研院所、企业联合攻关

续表

类别	碳中和消费的技术特征	碳中和消费的原理解析	碳中和消费的政策意蕴
数字技术	碳中和消费行为可以通过一定的测量技术和方法进行量化	消费端碳排放量化（碳足迹）	健全碳标签和减碳/低碳/零碳认证制度
	碳中和消费以可视化方式呈现给消费者	消费者通过碳排放数据的记录和反馈，了解自身消费的碳排放情况，从而做出行为调整	完善个人碳账户的多元化激励政策
	碳中和消费数据信息存在被窃取和滥用等风险	利用加密技术保护消费者的敏感信息，确保数据的透明性和安全性	对企业碳中和技术的开发和碳中和产品的生产提供有效的法律保护
	以标签形式标示产品碳足迹信息	向消费者提供产品的碳排放数据，为其提供指引	完善碳标签制度

资料来源：作者根据相关资料整理。

总的来说，碳中和消费的经济原理强调碳中和消费的外部效应和经济成本，生态原理包含生态演替和生态调控两个原理，前者强调生态系统从一种类型演变为另一种类型的顺序过程。后者则通过科学设计与选择实现生态系统平衡（该原理又细分为自然原理和双向原理），旨在减少碳排放并提升碳汇功能。技术原理包含生态技术原理和数字技术原理，强调以生态技术提升绿色产品的环保性能和质量，并以数字技术支持消费者更加便利和高效地获取、使用或回收低碳产品，为碳中和消费提供技术保障。

第二节　碳中和消费的影响机理

一、碳中和消费的主要影响因素

碳中和消费不仅与消费者自身的特质有关，也受到各种外在因素的影响。深入剖析影响碳中和消费的各因素及其影响，可以更好地洞悉碳中和消费的影响机理。

（一）影响碳中和消费的人口统计因素

1. 性别因素

碳中和消费表现出一定的性别差异，这主要由不同性别的消费者在环保意识、关注角度、环境需求等方面的差异所导致。具体地说，女性比男性的生态意识更强，更可能实行亲环境行为。[①] 这一观点主要依据社会发展和性别角色差异下，女性会认真考虑其行为对环境和他人的影响，[②] 女性在社会责任消费者行为（Socially responsible consumer behavior，SRCB）量表上获得了更高分数（即女性更倾向于社会责任消费者行为）。[③] 然而，也有学者提出，单独考虑性别这一人口因素时，男性较女性更注重低碳消费。但是，基于所有人口统计因素的多元分析结果显示，在低碳消费上男性和女性的差异不再显著。[④] 这一看似矛盾的结论表明，性别差异对于碳中和消费的影响即便存在也可能是不确定的。性别对于碳中和消费的影响可能并不如表面上这么直接，性别差异不一定是导致碳中和消费的唯一人口统计因素，需要结合其他因素更加深入地研究来揭示其背后的复杂关系。因此，性别因素对碳中和消费的深层影响机理还有待深入探讨。

2. 年龄因素

一种观点认为，相对而言，年轻人对社会责任行为往往表现出更高的倾向。[⑤] 另一种观点却指出，年龄和生态消费态度之间存在显著的正相关性，这意味着生态消费者的平均年龄实际上偏大。换言之，尽管年轻人对社会责任消费表现得更加积极，但随着年龄的增长，消费者对碳中和消费的倾向也会逐渐增强。因此，消费者对碳中和的关注度会伴随年龄的增长而提升。值得关注的是，年龄的影响也可能是非线性的。年龄与环境关心呈倒“U”形关系，即随着年龄的增长，人们逐渐关心环境，可是当年龄增长到一定程度，就不再关心环境问题，这是因为中年群体对公共事务更加关心，进而对环境问题更加重视。[⑥] 当然，年龄与碳中和消费之间到底是正相关、负相关还是非线性的倒“U”形关系，还需要进一步检验。

3. 收入因素

收入通常被认为对碳中和消费存在一定的正向影响。这可以用马斯洛需求层次理论

---

① 任胜楠，蔡建峰．消费者性别角色影响绿色消费行为的实证研究［J］．管理学刊，2020，33（6）：61－71．

② Díaz M F，Charry A，Sellitti S，et al. Psychological Factors Influencing Pro－environmental Behavior in Develo Countries：Evidence from Colombian and Nicaraguan students［J］．Frontiers in Psychology，2020，11：580730.

③ Singh N. Exploring Socially Responsible Behaviour of Indian Consumers：an Empirical Investigation［J］．Social Responsibility Journal，2009，5（2）：200－211.

④ 李研，安蕊，王珊珊．自我意识情绪视角下居民低碳消费意愿模型［J］．首都经济贸易大学学报，2022，24（3）：89－102.

⑤ Piscitelli A，D' Uggento A M. Do Young People Really Engage in Sustainable Behaviors in Their Lifestyles?［J］．Social Indicators Research，2022，163（3）：1467－1485.

⑥ Lin Y C. Sustainable Consumption and Environmental Change in Taiwan：Understanding Consumer Perceptions and Narratives of Practice［J］．Sustainability，2024，16（12）：5125.

（Maslow's hierarchy of needs）来解释，即人们把环境看成一种“非必需品”，只有在收入提高、其他基本需求被满足后，人们才会开始关心环境问题。[①] 相应地，当收入下降时，人们往往会首先减少对环境问题的关注，包括对碳中和消费的关注及行动。收入较高的人能够承受实行碳中和消费的额外支出，具备碳中和产品购买的经济实力，产生碳中和消费偏好的可能性较大。基于国际社会调查项目数据（International Social Survey Programme，ISSP）分析发现，不仅一个国家内部，高收入人群更加关心环境；在国家之间，富裕国家的人们也更加关心环境。对于某个地区或国家而言，个体收入对环境关心的影响便呈现出人均 GDP 与环境污染之间的环境库兹涅茨曲线（KEC，倒“U”形曲线）。[②] 对中国消费者的实证研究表明，尽管低收入者更倾向循环、低碳、绿色的消费行为，但他们的这种选择往往更多地出于经济动机（例如，通过低碳消费或循环回收可以获得一部分经济收益），而不一定出于内在的责任意识或对环境问题的关注。[③] 总的来说，关于收入对碳中和消费的影响还需要进一步研究。

（二）影响碳中和消费的心理态度因素

1. 知识水平

碳中和知识水平影响消费者对碳中和产品的关注与选择。高知识水平的消费者往往具备丰富的碳中和产品消费的信息资源，除了关注产品的质量和价格外，也比较关注产品的碳排放源、碳排放量、环保性能等信息，并能对其做出较为全面和客观的评估，准确判断产品的碳减排量是否符合自身的需求和期望，从而做出合理和明智的购买选择。低认知水平的消费者则更加关注产品的外观、价格等信息，对产品的碳信息敏感度低。这种差异可能会影响到他们对碳中和消费的理解和态度，使得他们难以充分理解并接受碳中和产品的价值。例如，高知识水平消费者更倾向于通过专业机构或权威媒体获取产品的减碳/低碳/零碳认证信息，从而做出明确的碳中和消费决策。

2. 消费态度

碳中和消费的态度是一种与消费者个体紧密相关的心理结构，不仅能反映消费者在低碳产品购买、使用和回收等过程中的心理状态，也能体现消费者的独特个性差异。对碳中和持有积极态度的消费者往往对碳中和产品表现出更积极的购买意愿。购买意愿的

---

① Adua L. Super polluters and carbon emissions: Spotlighting how higher - income and wealthier households disproportionately despoil our atmospheric commons [J]. Energy Policy, 2022, 162: 112768.

② Franzen A, Meyer R. Environmental Attitudes in Cross - national Perspective: A Multilevel Analysis of the ISSP 1993 and 2000 [J]. European Sociological Review, 2010, 26 (2): 219 - 234.

③ 王建明. 消费者为什么选择循环行为——城市消费者循环行为影响因素的实证研究 [J]. 中国工业经济, 2007 (10): 95 - 102.

强烈程度是碳中和消费者做出购买碳中和产品决策的基础，当消费者对产品的减碳/低碳/零碳功能产生兴趣或需求时，购买和使用该类产品的可能性会比较大。进一步而言，具体行为的碳中和消费态度，而非一般化的碳中和消费态度，能够更好地推动碳中和消费发生，并提高碳中和消费的预测性。值得注意的是，碳中和消费态度在对消费者产生影响时，并不一定以单一影响形式出现，也有可能作为一种中介因素作用于消费者的心理，促使消费者对低碳、有机、环保的产品做出选择。

3. 消费情感

碳中和消费情感是在消费者对减碳/低碳/零碳产品消费、使用等认知基础上由某些因素触发的情感体验。相较于碳中和消费知识和态度，情感更具持久性、稳定性、深刻性和高卷入性。这是由于情感可以激发或抑制消费者对低碳产品的欲望、动机，影响对碳中和产品的看法、评估及行为倾向，因此，情感影响也更加明显和有效。碳中和消费的情感分为积极情感和消极情感，即消费者个体对碳中和消费的一种积极或消极的内心感受。碳中和消费的积极情感更易激发消费者对碳中和产品购买和使用的意愿，唤起消费者从消费和生活习惯角度参与推进碳中和的情怀，积极情感的影响效应大于消极情感。例如，人们对气候问题的忧虑感、厌恶感、愧疚感等消极情感通过道德、社会规范、内疚和归因过程等中介渠道对碳中和消费产生影响。敬畏感、自豪感、赞赏感等积极情感一般会通过增强对环境保护的心理来促进碳中和消费。无论是积极情感还是消极情感，对碳中和产品消费行为的影响一般都大于对抵制高碳产品行为的影响。

4. 消费价值观

碳中和消费价值观与环境价值观紧密相连，环境价值观通过低碳消费意向对低碳消费行为产生正向影响。① 尤其是核心亲环境文化价值取向（集体主义、女性特质、未来取向和不确定性规避）对低碳消费意向存在一定的影响，② 良好的环境价值观能够催生生态消费行为。③ 在此基础上，碳中和消费价值观成为影响个体碳中和消费的重要因素，决定了个体看待碳中和消费的基本态度和观念，以及消费者在购买、使用和回收利用碳中和产品过程中处理价值关系问题的立场和选择。可以说，消费者的碳中和消费价值观在很大程度上主导着他们对减碳/低碳/零碳产品的购买和使用选择，并且能够影响

① 王建华，钭露露．环境素养对消费者绿色消费行为的影响研究［J］．华中农业大学学报（社会科学版），2021（3）：39－50＋184－185．

② Chwialkowska A，Bhatti W A，Glowik M. The Influence of Cultural Valueson Pro－Environmental Behavior［J］. Journal of Cleaner Production，2020，268.

③ 王世进，周慧颖．环境价值观影响生态消费行为——基于中介变量的实证检验［J］．软科学，2019，33（10）：50－57．

消费者对碳中和消费的态度与行为。

5. 责任意识

责任意识也是影响碳中和消费的一个重要心理因素。消费者的碳中和消费责任意识能够促使消费者实施对环境友好的消费行动，激发其购买碳中和产品的内在意愿，进而转化为实际购买行为。当消费者充分认识到碳中和消费给个体和社会带来益处时，会产生强烈的责任意识和道德感，便更倾向于采取积极的减碳、低碳或零碳消费行为。具有碳中和消费责任意识的消费者，在面对环境污染和气候恶化的问题时更愿意主动承担责任，受环保义务感的驱使做出选择碳中和产品的消费行为。例如，在出行消费领域，通过对低碳出行的研究发现，绿色道德义务显著影响了消费者的低碳出行消费。[①] 这一发现进一步证实了碳中和责任意识对于推动碳中和消费的重要作用。因此，提升消费者的碳中和责任意识，是从内在驱动消费者实施碳中和消费的关键因素之一。

（三）影响碳中和消费的社会因素

1. 居民家庭因素

家庭因素对碳中和消费的影响通过家庭特征来表现和传递。从家庭内部成员之间的影响关系来看，家庭成员是影响消费者碳中和消费的直接因素。家庭成员中的长辈在碳中和消费方面的言行举止对孩子的碳中和消费观念及行为的影响较为直接和明显。这是由于孩子会在生活中受到父辈碳中和消费观念及生活习惯的潜移默化影响，会在无形中模仿和延续长辈的碳中和消费观念和生活习惯。从家庭生活方式来看，拥有减碳、低碳、零碳生活习惯和氛围的家庭，在能源低消耗管理、废物回收再利用等生活方式的作用下，其成员产生碳中和消费意愿及行为的概率更高。另外，家庭成员的数量、年龄结构和消费结构等会对家庭成员个体的减碳/低碳/零碳产品需求量及偏好产生影响。

2. 社会文化因素

社会文化是引导和约束消费者行为和消费偏好的文化标准，减碳/低碳/零碳社会文化能够引导消费者形成自己的碳中和消费观念和生活方式，从而对碳中和产品产生消费的需求和欲望，对消费者消费行为习惯形成潜移默化的影响。这种文化环境在一定时期内综合了政治、经济、文化等多方面因素，形成了特定的消费观念和行为模式。因此，减碳/低碳/零碳社会文化会对消费者是否选择碳中和产品构成一定的社会压力。当消费

---

① Han H, Lee K S, Radic A, et al. The Extended Self - identify - based Electric Product Adoption Model and Airline Business Strategy: A New Theoretical Framework for Green Technology Products [J]. Journal of Travel & Tourism Marketing, 2021, 38 (3): 247 - 262.

者了解并认同主流的减碳/低碳/零碳社会文化（包含碳中和消费文化）时，更倾向于自觉调整自己对待非低碳产品的态度和行为。可以说，减碳/低碳/零碳社会文化在调节消费者态度与实际消费行为之间产生一定的积极作用。

3. 社会地位因素

社会地位对于推动碳中和消费具有一定的积极影响。受社会地位的影响，消费者通常倾向于选择与其社会地位和身份相匹配的产品或服务。一般而言，社会地位较高的消费者在购物时更倾向于选择与其身份相匹配的高品质产品或服务。由于碳中和产品或服务具有低碳环保的属性，这些产品或服务更容易吸引高社会地位消费者的注意，他们也更易通过碳中和消费获得尊重与满足感。相比之下，社会地位较低的人则更关注产品或服务的性价比和实用性能，更加追求通过消费获得基本生活保障和安全感。社会地位的差异也会带来社交圈层的差异，这也会左右消费者对碳中和产品或服务的选择与购买。

4. 社会规范因素

社会规范对社会群体成员行为存在一定的指导或约束作用，在消费者碳中和消费形成过程中同样产生了直接的影响效应。这是由于消费者作为社会的个体成员，为较好地融入社会群体，更愿意选择实施与群体目标一致的行为，也就很容易受到社会规范的影响。在推进碳中和目标实现的社会规范的号召下，消费者会结合自身的碳中和认识以及对社会规范影响的考量，形成碳中和消费的行为意向，并最终影响自身的实际消费行为。进一步说，社会规范为消费者参与碳中和提供了一定的规则和标准。约束性规范能够向消费者传递群体的偏好与选择信息来影响其对碳中和产品的价值判断。描述性社会规范则向消费者传递易于模仿且相对安全有效的社会成员做法的信息，从而引导消费者实施碳中和消费行为。

（四）影响碳中和消费的情境因素

一方面，不同的消费情境会影响消费者对减碳/低碳/零碳产品或服务的购买意愿。也就是说，碳中和消费会受到消费行为发生时所面临的购物的气候条件、购物场所的环境等短暂的环境因素的影响。比如，当酸雨发生时，消费者在气候恶化感知的影响下购买和使用碳中和产品或服务的可能性更大。另一方面，政策情境也对碳中和消费存在一定的影响。政府出台碳中和及低碳消费相关的政策法规，对消费者的碳中和消费形成正向的约束、激励或引导。例如，与绿色消费有关的实施方案为社会各个层面推进碳中和消费提供了清晰明确的行动方向与路径。事实上，消费者个体通常对宏观的碳中和政策及绿色消费政策关注相对不足，对这些政策的意图与自身利益之间的关联也往往缺乏足够的敏感与认知，导致这些宏观政策与消费者个体的碳中和消费倾向和选择之间难以建立直接的联系。因此，匹配消费者碳中和消费需求且引导消费者实施碳中和消费的政策情境因素还有待深入研究。

（五）影响碳中和消费的企业技术因素

技术是绿色低碳产品创新与优化的重要支撑，当越来越多的企业采用绿色低碳技术和数智技术投身碳中和行动，市场上的减碳、低碳甚至零碳产品就会越来越普及，消费者便会有更多的绿色低碳产品选择，这会推动越来越多的消费者改变消费模式。数智时代，企业运用数智技术更及时准确地了解消费者对绿色低碳产品的偏好与需求，精准推送绿色产品信息，提高碳中和消费的便利性与可及性。例如，极氪智能出行科技公司在制造端利用先进技术打造零碳工厂推动新能源汽车供给，吸引广大消费者购买低碳环保汽车；在消费端依托数字技术搭建绿色充电网络，鼓励用户绿色出行，参与碳减排行动，减少汽车消费使用的生态足迹。当然，较高的技术成本也可能会导致减碳、低碳、零碳产品价格较高，影响部分消费者的购买意愿，这还有待技术的进一步研发与普及应用。

以上因素是影响碳中和消费的主要因素。除此以外，碳中和消费也受到自我效能、环境关心等其他因素的影响，限于篇幅本书不能一一提及。而且碳中和消费的发生往往不是单一因素作用的结果，各种因素之间的相互关联与作用关系也会进一步影响碳中和消费的产生。图 2－1 总结了碳中和消费的主要影响因素。

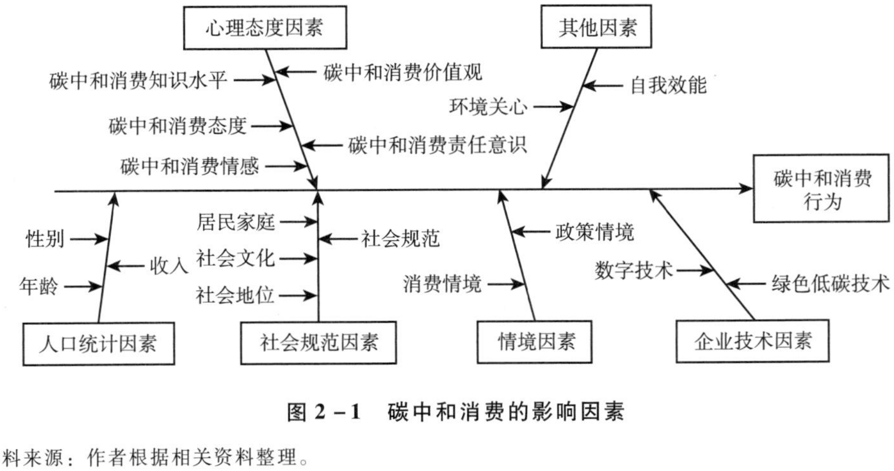

图 2－1 碳中和消费的影响因素

资料来源：作者根据相关资料整理。

二、碳中和消费的影响机理模型

碳中和消费的影响机理模型具体包括：态度—情境—行为理论、整合性理性行为理论、动机—机会—能力理论、理性行为和计划行为理论、知信行理论、价值观—态度—行为系统理论、社会学习理论等模型。

（一）态度—情境—行为理论模型

社会心理学家勒温（Lewin）在大量实验基础上提出了勒温行为模型（即内在因素—外部环境模型）。基于勒温的内在因素—外部环境行为理论，瓜涅诺（Guagnano）等构建了预测环境行为的态度—情境—行为（Attitude - context - behavior，ABC）理论。[①] 该理论指出，当个体持积极环境态度且外部环境有利时，容易产生积极环境行为；反之，如果个体持消极的环境态度，同时外部环境不利时，会产生消极的环境行为。当环境态度与外部条件的方向相悖时，环境行为将取决于二者的影响效应比较。图 2 - 2 中虚线右上侧产生积极的环境行为，虚线左下侧则产生消极的环境行为。

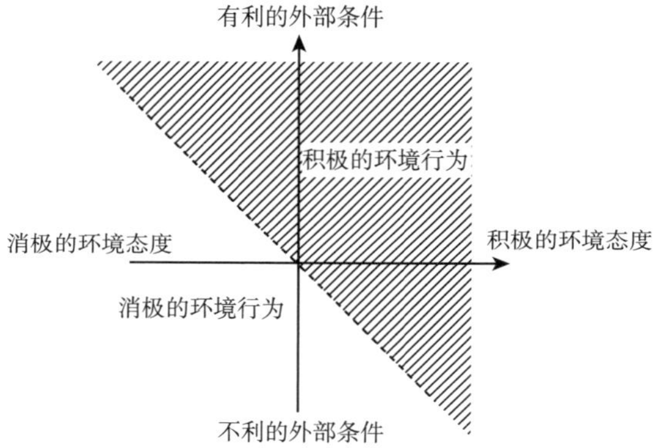

图 2 - 2　态度—情境—行为理论

资料来源：作者根据相关资料整理。

态度—情境—行为理论认为，环境行为（Environmental behavior，B）是个体的环境态度变量（Attitudinal variables，A）和情境因素（Contextual factors，C）相互作用的结果。当情境因素的影响为中性时，环境态度和环境行为的关系最强；当情境因素极为有利或不利的时候，可能会大大促进或阻碍环境行为的发生，此时环境态度对环境行为的影响会接近于零（即环境态度与环境行为之间呈倒“U”形函数曲线）。这意味着，如果情境因素不利于环境行为（如需要支付更高成本、花费更多时间或付出更多努力的时候），环境行为对环境态度的依赖性就会显著减弱（对情境的依赖性则会显著增强）。

尽管态度—情境—行为理论并未深入探讨态度的形成过程以及态度对行为的具体影

① Guagnano G A，Stern P C，Dietz T. Influences on Attitude - behavior Relationships：A Natural Experiment with Curbside Recycling［J］. Environment and Behavior，1995，27（5）：699 - 718.

响机制，但该理论的重要贡献在于发掘了两类因素（内在态度因素和外部情境因素）对消费者行为的影响，并检验了情境因素对环境态度和环境行为之间关系的调节作用。这对从态度与情境角度分析何以影响消费者的碳中和消费具有理论启发意义。

（二）认知失调理论和自我知觉理论模型

在态度—情境—行为理论基础上，还衍生了很多相关的态度—行为理论或认知—行为理论，典型的有认知失调理论、自我知觉理论、行为归因理论等理论模型，具体内容如下。

认知失调理论（Theory of cognitive dissonance）由费斯廷格（Festinger）在 1957 年提出，该理论认为个体的认知结构由许多认知元素组成，如思想、观念、态度、行为等，如果认知元素之间不协调或产生冲突，就会产生认知失调，这会使个体产生不适、不舒服的感觉。例如，个体（消费者）可能一方面知晓碳排放过量对环境造成严重危害这一观念（认知元素），但另一方面在日常生活中却存在高碳消费行为，如频繁驾驶燃油汽车、过度使用一次性塑料制品等行为（认知元素），这两种认知元素之间的冲突会导致认知失调。为了消除这样的负面心理状态，个体通常采取以下三种手段：选择改变其中一种元素以维持认知一致性；增加新的认知以调和冲突；强调其中某一种认知的重要性以压倒其他认知。认知失调理论可以用于解释正向效应的产生，这为解释碳中和消费方面提供了有力的支撑。当个体试图在环保行为上做出积极的改变时，他们可能会遇到与其旧有行为或信念不一致的情况，从而产生认知失调。这是因为人们想要避免在不同的亲环境行为之间表现不一致的不愉快感觉，为了避免这种心理不适，个体可能会进一步调整自己的态度或行为。

自我知觉理论（Self – perception theory）由贝姆（Bem）提出，该理论主要用于解释行为对于自我认知的影响，人们在形成评价认知（如态度、规范和价值观）时，会将自己的行为作为线索，[①] 即人们会依照自身的行为和行为发生的情境来了解自己的态度、情感和心理状态。自我知觉理论的核心观点在于先有行为，后有感情，在其基础上再进一步认知。[②] 该理论可用以解释碳中和消费行为的产生。根据自我知觉理论，消费者最初可能由于某些外部因素（如政策引导、社会潮流、产品促销等）开始尝试进行碳中和消费。当消费者实施低碳消费行为后，可能会重新评估自己对环保的立场或发掘自己对环保的情感，因此在后续的行为中，更可能从事与自我知觉相一致的亲环境（碳

---

① Bem D J, McConnell H K. Testing the Self – Perception Explanation of Dissonance Phenomena: on the Salience of Premanipulation Attitudes [J]. Journal of personality and social psychology, 1970, 14 (1): 23.

② 姚公安，覃正．消费者对电子商务企业信任保持过程中体验的影响研究［J］．南开管理评论，2010，13（1）：99 – 107.

中和消费）行为。例如，当一个人开始使用可重复使用的购物袋时，可能会认为自己是一个关注环保的人，从而在未来更可能继续选择绿色低碳产品和行为。

行为归因理论（Attribution theory）是说明和推论人们活动的因果关系的理论，可以用来解释和预测人们在特定环境下的行为，并可能控制或引导这些环境下出现的行为。在碳中和消费研究中，行为归因可用于解释碳中和消费的方向（正向还是负向）。如果人们将自身的初始碳中和消费归因于外部因素（如社会压力或政策引导），即初始的行为如果是受到外部环境因素的驱使，那就有较高的可能性产生负向行为；[①] 而如果人们将初始碳中和消费的产生归因于内部（如个人信念或价值观），则更有可能产生正向的作用。例如，如果一个人认为自己购买新能源汽车是因为政府提供的补贴，这种行为可能在补贴政策结束后停止。然而，如果一个人认为购买新能源汽车是因为自己对环境保护的坚定信念，那么他更有可能继续践行其他碳中和行为。

（三）理性行为和计划行为理论模型

理性行为理论（Theory of reasoned action，TRA）由菲什拜（Fishbein）和阿耶兹（Ajzen）于 1975 年提出，该理论主要涉及基于认知信息的态度形成过程，以及态度如何有意识地对个体行为产生影响。[②③] 理性行为理论模型如图 2－3 所示。

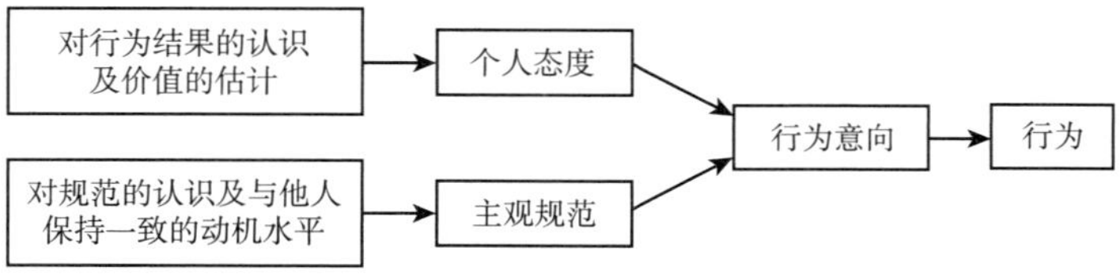

图 2－3 理性行为理论

资料来源：作者根据相关资料整理。

菲什拜（Fishbein）和阿耶兹（Ajzen）认为，行为的产生直接取决于个体执行特定行为的意向（Behavior intention）。[④] 行为意向是任何行为表现的必需过程，所有影响行为的因素均通过行为意向间接地影响行为。阿耶兹证实了个体行为意向和实际行为之间

---

① Truelove H B，Carrico A R，Weber E U，et al. Positive and Negative Spillover of Pro－environmental Behavior：An Integrative Review and Theoretical Framework［J］. Global Environmental Change，2014，29：127－138.

② Ajzen I，Fishbein M. Theory of Reasoned Action（TRA）［J］. Information Seeking Behavior and Technology Adoption，1989，205：219.

③ Ajzen I. From intentions to actions：A theory of planned behavior［M］Action control：From cognition to behavior. Berlin，Heidelberg：Springer Berlin Heidelberg，1985：11－39.

④ Fishbein M，Ajzen I. Belief，Attitude，Intention and Behavior：An introduction to theory and research［M］. Reading，Addison－Wesley，1977.

的高度相关性。当个体的行为意向越强，行为发生的可能性就越大；反之可能性就越小。行为意向是个人态度和主观规范共同作用的结果。行为意向的第一个决定因素是个体对行为的态度（Attitude towards the behavior）。对于碳中和消费，如果消费者对选择低碳、环保、可持续的消费方式持有积极的态度，认为这样的消费有助于减少碳排放、保护环境和促进可持续发展，那么他们就更有可能产生进行碳中和消费的意向。行为意向的第二个决定因素是主观规范（Subjective norm）或社会态度。主观规范的形成取决于规范（个体对社会规范的看法），进一步说，个体感知到的社会压力可以促使或抑制其特定行为。如果消费者感知到社会对于碳中和消费的倡导和鼓励，感受到来自家人、朋友、同事或社会舆论对低碳消费的期望和压力（即社会规范），认为采取碳中和消费能够符合社会期待、获得他人认可，那么他们的行为意向也会增强。

理性行为理论是一种公认的通用模型，影响范围广泛。它认为任何因素只能通过态度和主观规范来间接地影响行为，这为人们更加清晰深入地理解理性行为提供了视角。值得注意的是，现实中行为的发生机制和态度在行为过程中的作用比理性行为理论复杂得多。伊格利（Eagly）和蔡肯（Chaiken）总结出了一个基于理性行为理论的整合性理性行为模型，该模型系统列出了理性行为理论没有涉及但可能对行为发生作用的外部因素。① 图 2-4 演绎了理性行为理论的扩展和行为影响的多元框架。

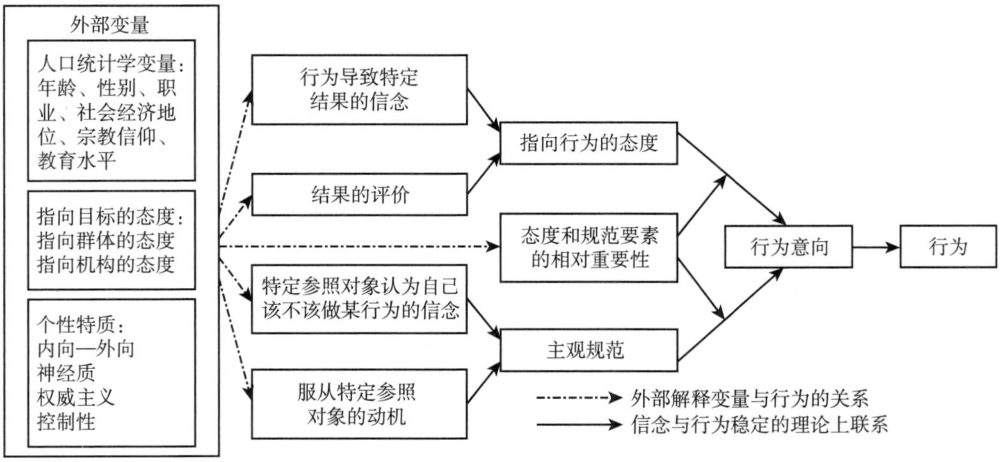

图 2-4　整合性理性行为模型

资料来源：Eagly 和 Chaiken（1998），转引自金盛华（2010）。

理性行为理论主要用于预测完全受意志控制的行为，而对不完全受意志控制的行为

① Eagly A，Chaiken S. Attitude structure［J］. Handbook of Social Psychology，1998（1）：269-322.

的预测作用会有所减弱。对此，阿耶兹（Ajzen）引入了感知行为控制（Perceived behavioral control，PBC）变量，将理性行为理论延伸发展为计划行为理论（Theory of planned behavior，TPB），以期更合理地对个体行为进行解释和预测。[①] 计划行为理论模型如图 2－5 所示。

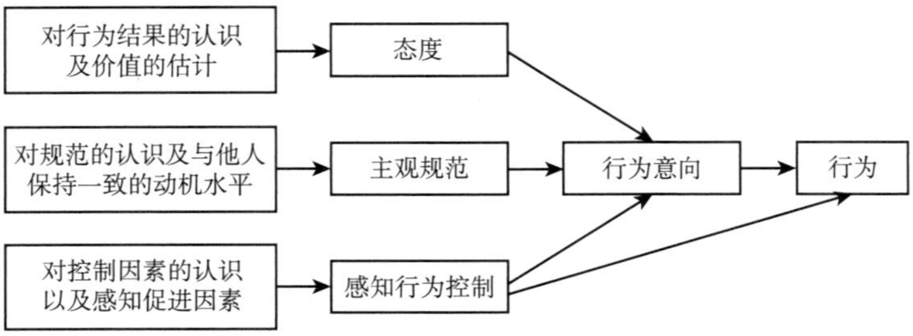

图 2－5 计划行为理论

资料来源：Ajzen（1991）。

计划行为理论指出，行为的直接决定因素是行为意向。行为意向的形成受到三个因素的影响：个人态度、主观规范、感知行为控制。前两个决定因素与理性行为理论相吻合。感知行为控制则是指个体预期对特定行为所感受到的可控程度。感知行为控制受控制信念（Control beliefs）和感知促成条件（Perceived facilitation）的影响。如果消费者相信自己有足够的经济实力、知识技能、时间精力等去选择和购买碳中和产品，那么他们进行碳中和消费的意向就会增加。例如，消费者认为自己有足够的经济预算去购买节能家电，并且有能力了解和比较不同产品的节能性能，这种控制信念会促使他们产生购买节能家电的意向。

计划行为理论模型在预测行为意向和实际行为方面取得了一定成功，但也存在一定的局限性：①理论中的信念因素是一个较为宽泛、一般化的概念，应用到具体的行为研究中需要更明确界定，这使得理论在实际应用中的精准性和适用性受到影响。②相较于态度、感知行为控制，主观规范对行为意向的影响尚未得到充分的实证研究证实。③与理性行为理论类似，计划行为理论只强调态度的工具性成分（有用—有害、有价值—无价值等），忽视了态度的情感性成分（喜欢—厌恶、愉快—痛苦等）。④计划行为理论忽视了对过去行为、习惯性行为等行为的研究。[②][③]

① Ajzen I. From intentions to actions: A theory of planned behavior [M]. Action control: From cognition to behavior. Berlin, Heidelberg: Springer Berlin Heidelberg, 1985: 11－39.

② 于丹，董大海，刘瑞明，等. 理性行为理论及其拓展研究的现状与展望 [J]. 心理科学进展，2008（5）：796－802.

③ 段文婷，江光荣. 计划行为理论述评 [J]. 心理科学进展，2008（2）：315－320.

（四）知信行模型及其拓展模型

知信行是知识、态度、信念和行为（Knowledge - attitude - belief - practice，KABP或KAP）的简称。知信行模型（KAP model）最初被用于解释和干预个体的健康管理行为，后来也被引申于解释和干预个体的一般行为。①② 在知信行理论中，教育（健康教育或环境教育等）旨在促使人们发生行为改变。但行为改变是一个过程，存在着知识获取、信念形成和行为改变三个核心过程，如图2-6所示。

图2-6　知信行模型

资料来源：作者根据相关资料整理。

在知信行模型中，"知"是"认知和学习"，它是个体行为的基础，即消费者对碳中和消费相关知识的了解与认知；"信"是"态度和信念"，它是个体行为的动力，即消费者对碳中和消费理念的态度和信念；"行"是"行为"（如产生促进积极行为、消除消极行为等行为改变的过程），它是最终的行动目标。即消费者基于对碳中和的认知和积极态度，消费者在日常生活中采取实际的碳中和消费。具体来说，个体在具备低碳环保消费知识的基础上，对这些知识进行积极的思考，将其上升为信念，才可能采取积极的态度去改变高碳消费行为。

知信行理论已被多个国家的政府和非营利组织广泛应用于消费者健康管理、水供应与公共卫生、心理、教育和行为科学等领域。一些学者也将知信行理论应用于研究消费者的资源保护或绿色消费行为。③④ 进一步扩展了该理论的应用范围和影响力。例如，在环境监管或干预项目领域，知信行模型可以为人们理解个人对环境污染问题的认知程度、对环境保护问题的想法，以及如何做出有效行动提供帮助。在消费领域，知信行模型帮助人们理解消费者需要具备一定的碳中和消费相关知识（如如何辨别"漂绿"产品、碳中和消费对改善气候变化的积极影响、日常生活中可行的低碳消费行为、低

① Cleland J. A critique of KAP Studies and Some Suggestions for Their Improvement [J]. Studies in Family Planning, 1973, 4 (2): 42-47.

② Ekman K, Walker R. Knowledge, attitudes and practice (KAP) survey summary report for the Duluth lakeside stormwater reduction project (LSRP) [D]. University of Minnesota. Water Resources Center, 2008.

③ Temizkan V. Investigating the Effect of Consumers' Environmental Values on Green Buying Behavior [J]. Business and Economics Research Journal, 2022, 13 (3): 505-521.

④ Al Amin M A, Adrianto L, Kusumastanto T, et al. Community Knowledge, Attitudes and Practices towards Environmental Conservation: Assessing Influencing Factors in Jor Bay Lombok Indonesia [J]. Marine Policy, 2021, 129: 104521.

碳、零碳产品的购买使用方式等)，并在对这些知识的理解与感悟中逐渐加深对消费端碳减排的认同，进而转变消费态度与信念，驱动其更多地关注和选择低碳、零碳产品。

总的来说，知信行理论是一个被广泛认可的通用行为理论模型，在心理学、教育学等领域中受到普遍使用。然而知信行理论未将情感因素的作用充分考虑在内，这使其现实性和应用性遭受到一些质疑。对此，一些学者对知信行理论进行了改进，提出了知情意行理论模型。有学者指出，对于个体高级行为来说，“知”“情”“意”构成三个基本要素（知 + 情 + 意→行）。其中，“知”即认知，是对行为目的与结果的认识；“情”即情感，是对行为以及行为环境与条件的态度体验；“意”即意志，既包含对行为的意图(决定)，也包含对行为遇到挑战时的态度或决心。[①] 由此，知情意行模型形成了个体行为机理的一般模型，如图 2 -7 所示。

图 2 -7　知情意行理论模型

资料来源：作者根据相关资料整理。

依据知情意行模型，行为要求越高，越复杂和越艰巨，行为对个体的“知”“情”“意”的要求则会越高，且“知”“情”“意”三者存在着一定的相互促进关系。知情意行模型揭示了情感和意志两种因素对行为的中介作用，这对于建构碳中和消费内在机理模型有着重要参考价值。

王建明在传统的知信行模型基础上进行了拓展，建立了扩展的知信行模型（Extended KAP model, EKAP model)，如图 2 -8 所示，并通过消费者资源节约与环境保护行为的结构方程模型分析验证了这一模型。[②]

扩展的知信行模型在以下三个方面对传统的知信行模型进行了拓展：①扩展的知信行模型对“知”“信”“行”三者的内涵和外延进行了拓展。“知”拓展为“认知和观念”，包括资源环境感知、资源环境知识和个人消费观念三个维度。“信”拓展为“情感和意识”，包括资源环境情感和社会责任意识两个维度。“行”拓展为“消费者行为”，包括消费者的购买行为和购买后使用、处理行为三个维度。②消费者行为机理并非单纯沿着“知→信→行”的单一路径按部就班地进行。“知”和“行”之间也存在显

① 苗芃．健康风险交流的“知情意行”策略框架［J］．北京师范大学学报（社会科学版），2023（6）：152 -157.

② 王建明．消费者资源节约与环境保护行为及其影响机理［M］．北京：中国社会科学出版社，2010.

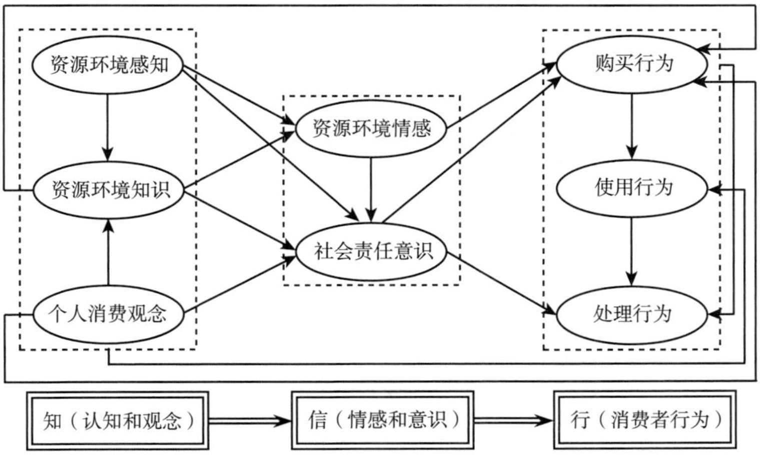

图 2-8 扩展的知信行模型

资料来源：作者根据相关资料整理。

著的直接影响，不一定完全依赖“信”的中介。③尽管“知”和“行”之间存在显著的直接影响，但是“知”对“行”的间接影响效应更为显著。这进一步表明，只有在影响消费者认知和观念基础上进一步提高消费者对资源环境问题的情感和社会责任意识，才能更有效地转变消费者行为模式。该模型揭示了影响碳中和消费的个体因素（碳中和知识、碳中和消费态度、碳中和消费价值观、碳中和消费情感、碳中和责任等）及各因素之间的关联与相互作用对消费行为的深层影响。

（五）价值观—态度—行为系统模型

文森（Vinson）、斯科特（Scott）和拉蒙特（Lamont）在 1977 年从心理学和消费者行为学的角度提出了价值观—态度系统模型（Value - attitude - system model），认为消费者的购买或消费行为取决于对产品的态度（对产品属性的评价）。[①] 在价值观—态度系统模型基础上，德姆奥斯基（Dembkowski）和汉默 - 劳埃德（Hanmer - Lioyd）于 1994 年提出了环境价值观—态度系统模型（Environmental value - attitude - system model），如图 2-9 所示。[②]

① Vinson D. E. , Scott J. E. , Lamont L. M. The Role of Personal Values in Marketing and Customer Behavior [J]. Journal of Marketing, 1977 (41): 44 - 50.

② Dembkowski S, Hanmer - Lloyd S. The Environmental Value - attitude - system Model: A Framework to Guide the Understanding of Environmentally - Conscious Consumer Behaviour [J]. Journal of Marketing Management, 1994, 10 (7): 593 - 603.

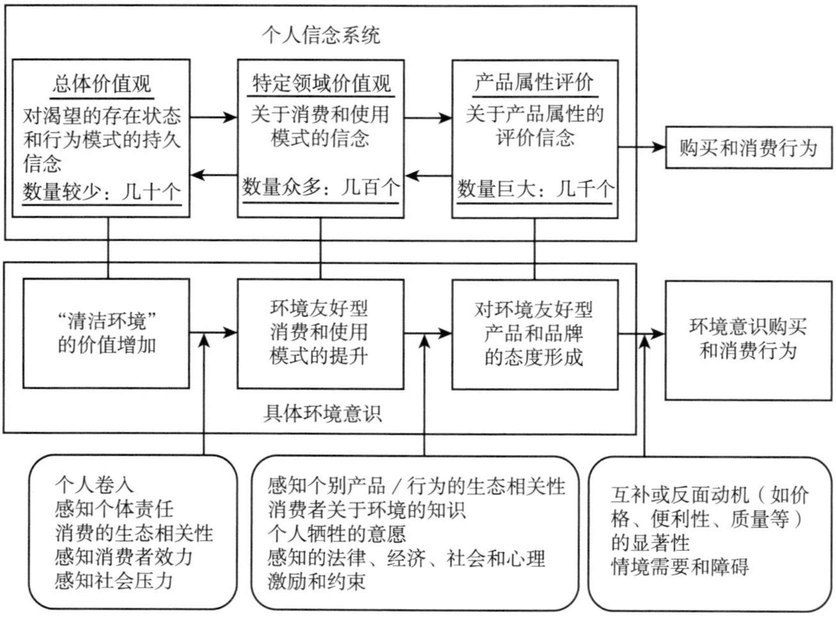

图 2－9　环境价值观—态度系统模型

资料来源：Dembkowski 和 Hanmer（1994）。

环境价值观—态度系统模型是价值观—态度系统模型在环境行为领域的具体应用。根据环境价值观—态度系统模型，环境意识购买和消费行为的最终（直接）决定因素是对环境友好型产品和品牌的态度，更间接但也更深层次的决定因素则是对碳中和消费和使用模式的具体价值观和对生态环境的总体价值观。

与德姆奥斯基和汉默－劳埃德的观点类似，福尔顿（Fulton）、曼弗雷多（Manfredo）和利普斯科姆（Lipscomb）于 1996 年也提出了一个倒三角结构的人类行为认知层次模型，也就是价值观—态度—行为系统模型（Value－attitude－behavior－system model），如图 2－10 所示。①

根据福尔顿等的价值观—态度—行为系统模型，该模型以倒三角形式呈现，从下到上依次为价值观、价值观导向、态度/规范、行为意图和行为，它们构成了认知层次结构。底部的价值观与价值观导向数量少、相对稳定，超越具体情境，而顶端的行为意图和行为数量多、变化大，且都是针对具体情境。对碳中和消费来说，首先，该模型底部的价值观和价值观导向奠定了人们对于碳中和消费的基础；其次，基于这些底层的价值

① Fulton D C，Manfredo M J，Lipscomb J. Wildlife Value Orientations：A Conceptual and Measurement Approach［J］. Human Dimensions of Wildlife，1996，1（2）：24－47.

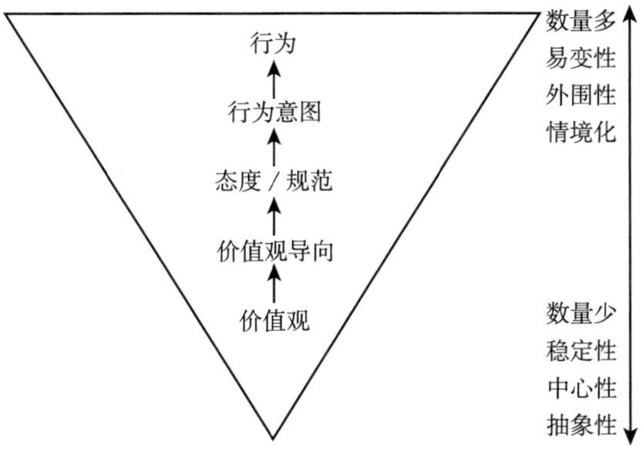

图 2-10　价值观—态度—行为系统模型

资料来源：Fulton 等（1996）。

观和导向，会进一步形成对于碳中和消费的态度和规范认知；再次，这些态度和规范认知又会促使产生相应的碳中和消费意图；最后，这些行为意图在具体的消费情境中转化为实际的碳中和消费。从变量之间的关系看，底层变量对上层变量具有决定性影响，并且变量之间的距离越近，它们之间的关系就越强；变量之间的距离越远，相互之间的关系则越弱。① 具体来说，在碳中和消费这个过程中，底层的价值观和价值观导向虽然数量少且相对稳定，但对上层的态度、行为意图和行为起着关键的决定作用。例如，消费者有强烈购买新能源汽车以减少碳排放的态度，更容易转化为购买新能源汽车的行为意图，进而促使购买行为的发生。

与价值观—态度—行为系统模型类似，斯特恩（Stern）、迪茨（Dietz）和利普斯科姆（Lipscomb）等于 1999 年提出了价值观—信念—规范（Value - belief - norm，VBN）理论。② 价值观—信念—规范理论融合价值观理论、规范—行为理论和新环境范式（New environmental paradigm，NEP）视角，利用个人价值观（特别是利他价值观）、新环境范式、负面后果认识、个人能力感知信念和个体责任认识这五个变量之间的因果关系解释环境行为产生的机理。如图 2-11 所示。

价值观—信念—规范理论指出，环境态度变量受到个体的价值观体系影响，并通过实证验证提炼出个体价值观体系中与环境行为最相关的三种价值观：生态、利他和利己价值观。价值观—信念—规范理论首次对环境价值观的类型和作用进行了明确阐述，开阔了环境行为研究的新视野。而且，一些实证研究也证实了理论中因果次序关系的有效性。③

---

① 黎建新．服务环境中的顾客间关系及其管理［J］．求索，2007（6）：23+40-41．

②③ Stern P C，Dietz T，Abel T，et al. A Value - belief - norm Theory of Support for Social Movements：The case of Environmentalism［J］．Human Ecology Review，1999，6（2）：81-97．

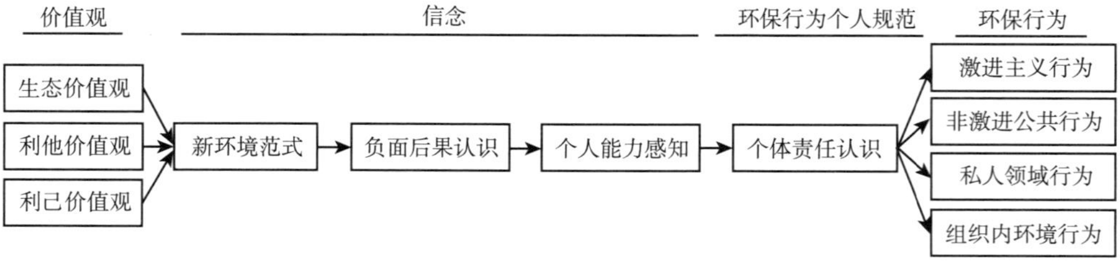

图 2-11　价值观—信念—规范理论

资料来源：Stern（2000）。

第三节　碳中和消费的推进机理

一、推进碳中和消费的一般基础理论

推进碳中和消费的一般基础理论主要有：（1）增长的极限（Limits to growth）理论和可持续发展（Sustainable development）理论。（2）宇宙飞船经济（Spaceship economy）理论和循环经济（Circular economy）理论。（3）信息不对称（Asymmetric information）理论、市场失灵（Market failure）理论和外部性（Externalities）理论。（4）公共品（Public goods）理论和公共地悲剧（Tragedy of the commons）理论。（5）生态足迹（Ecological footprint）理论和碳足迹（Carbon footprint）理论。（6）脱钩（Decoupling）理论和碳排放脱钩（Carbon emission decoupling）理论。（7）监管经济学（Economics of regulation）理论。（8）碳中和与缩小贫富差距协同（Carbon neutrality hand with reduce inequality）理论。[①]（9）碳财税方盒（Carbon - finance - taxation box）理论。[②]（10）马克思生产（Marxist of productive forces）和三种生产（Three kinds of production）理论。[③]（11）物质循环（Nutrient cycle）和物质流分析（Material flow analysis）理论。[④] 推进碳中和消费的相关基础理论如表 2-4 所示（限于篇幅，这里对这些一般性基础理论不作详细展开）。

---

① 郑馨竺，梁安妮．在碳中和愿景下缩小贫富差距：协同理论、机制与路径［J］．中国环境管理，2022，14（1）：14-21.

② 冯俏彬，白雪苑，李贺．支持碳达峰、碳中和的财税理论创新与政策体系构建［J］．改革，2022（7）：106-116.

③ 郭菊娥，张友恒．基于马克思生产理论的“碳中和”关系解构与实现机理［J］．西安交通大学学报（社会科学版），2022，42（5）：11-19.

④ 谭雪萍，耿涌，宋晓倩，等．构建面向碳中和目标的物质流分析研究框架——基于文献计量视角［J］．中国人口·资源与环境，2023，33（12）：145-158.

表 2-4　　推进碳中和消费的相关基础理论

基础理论	基本概念或中心思想
增长的极限理论	增长的极限来自地球资源的有限性。地球资源是有限的，不可避免地会有一个自然的极限。人口爆炸、经济失控必然会引发和加剧粮食短缺、资源枯竭和环境污染等问题，这些问题反过来又将进一步限制人口和经济的可持续发展
可持续发展理论	既能满足当代人的需要，又不对后代人满足其需要的能力构成危害的发展。可持续发展的基本原则有公平性原则（Fairness）、持续性原则（Sustainability）和共同性原则（Common）。可持续发展包含两个基本要素："需要"和对需要的"限制"
宇宙飞船经济理论	地球只是茫茫太空中一艘小小的宇宙飞船，人口和经济的无序增长最终将耗尽船内有限的资源，来自生产和消费过程的废料会对飞船造成污染，危害船内乘客生命健康，飞船也会坠落，最终社会将随之崩溃。为了防止这种悲剧的发生，必须转变经济发展方式，从"消耗型"发展改为"生态型"发展，从"开环式"发展转向"闭环式"发展
循环经济理论	是对"大量生产、大量消费、大量废弃"的传统线性经济模式的根本变革。它以资源的高效利用和循环利用为目标，以"减量化、再利用、资源化"为原则。以最小化的资源消耗和环境成本获取最大化的经济效益和社会效益，进而使经济系统与自然生态系统在物质循环过程中和谐共存，促进资源可持续利用
信息不对称理论	市场经济活动中通常卖方掌握的商品信息比买方多，产生了信息不对称的现象；卖方（信息充分方）可以向买方（信息贫乏方）传递可靠信息而获取经济收益，信息贫乏的买方也会努力从信息充分的卖方获取信息；市场信号显示在一定程度上可以弥补信息不对称的问题。买卖双方在商品的环境信息上也存在不对称，影响着二者之间的经济利益
市场失灵理论	从理论角度，完全竞争的市场结构被认为是资源配置的最优方式。但从现实角度，完全竞争市场结构只是一种理论假设，这个假设条件极为严格，实际上不可能完全满足。在公共物品、垄断、外部性、信息不完全或不对称的影响下，市场不能实现资源配置效率的最大化，由此产生市场失灵。为了实现资源配置效率的最优，就必须采取政府干预
外部性理论	生产或消费对其他团体强加了不可补偿的成本或给予了无须补偿的收益的情形。界定外部性主要基于两点：一是不同经济主体之间由于行为或其后果存在"直接强加"效应；二是这种"直接强加"效应没有得到价值补偿。外部性发生时，依靠市场不能自动解决市场失灵问题，需要政府采取适当的管制政策消除损害，实现社会福利最大化
公共品理论	个体对产品或劳务的消费不会导致别人减少对该种产品或劳务的消费。区别于私人产品或劳务，公共产品或劳务具有效用的不可分割性、消费的非竞争性和受益的非排他性三个显著不同的特征。对公共品来说，市场机制会造成私人市场提供的产品数量小于最优值。由此，需要政府介入以实现公共品的最优生产和分配
公共地悲剧理论	当公共的草地向牧民完全开放时，每一个牧民都想多养一头牛，因为多养一头牛增加的收益大于其成本。尽管因为平均草量下降，增加一头牛可能使整个草地的牛的单位收益下降。但对于单个牧民来说，增加一头牛是有利的。可如果所有的牧民都增加放牛量，那么草地将被过度放牧。有限的资源因自由使用和不受限的要求而被过度剥削。这源自每个个体都企图扩大自身可使用的资源，然而资源耗损的代价却转嫁给所有可使用资源的人们

续表

基础理论	基本概念或中心思想
生态足迹理论	生态足迹是以生产性土地（或水域）面积来表示特定消费活动对生态环境负面影响的一种可操作方法。不同消费（产品）对生态环境的污染程度不一样，即生态足迹不一样。可持续消费行为要求减少个人消费对生态环境的污染和破坏，即要求在消费行为过程中尽量减少对生态环境的负面冲击，降低消费的生态足迹
碳足迹理论	碳足迹是个人或者团体的“碳耗用量”，碳消耗越大，碳足迹就越大，对全球变暖的“贡献”也越大。通过碳足迹的产生途径以及估算公式，可以量化特定消费行为的低碳程度。碳足迹理论要求降低个人消费导致的二氧化碳排放，减少碳足迹，从而实现对气候变化的负面影响最小化
脱钩理论	脱钩理论是形容阻断经济增长与资源消耗或环境污染之间联系的基本理论，被广泛应用于经济增长与环境质量之间的联系中。脱钩理论认为，当一国或者一个地区经济发展不以环境恶化为代价，即其资源利用和对环境的压力不随着经济的发展而增加，则称脱钩关系；反之则称耦合关系。脱钩理论包含两种状态：完全脱钩和相对脱钩
碳排放脱钩理论	碳排放脱钩的实质是度量经济增长是否以过度碳排放为代价。当实现经济增长的同时，碳排放量增速为负或者小于经济增速可视为碳排放脱钩。碳排放脱钩是经济增长与碳排放之间关系不断减弱直至消失的过程（较理想化），也就是保障经济增长的前提下逐渐减少能源消费量
监管经济学理论	自由市场不能自动解决外部性和市场失灵问题，需要采取适当的管制机制才能有效地将外部性内部化、应对市场失灵。 依据管制性质和对象的不同，管制分为经济性管制与社会性管制。经济性管制重点针对具有自然垄断、信息不对称等特征的产业领域，在约束企业定价、进入与退出等方面发挥作用。社会性管制是以确保居民健康、安全、防止公害和保护环境为目的的管制
碳中和与缩小贫富差距协同理论	碳中和与缩小贫富差距协同是将碳中和与社会经济战略目标相关联，增加政策之间协同或对冲效应。碳中和与缩小贫富差距协同治理的理论自洽性表现为：碳中和与缩小贫富差距的战略目标高度契合，二者均为可持续发展的内在要求；二者互相指引，通过协同政策有助于达到二者的互利共赢；路径互联互通，畅通协同治理中的信息交流
碳财税方盒理论	碳财税方盒受埃奇沃斯方盒的启示，将碳中和与财税两个复杂系统之间实现相互理解与贯通。该模型的思想要点聚焦于如下三个方面：第一，将碳排放与外部性这两个概念相衔接；第二，将财税政策的作用定位于校正企业组织和个体等碳排放行为带来的外部性；第三，按外部性的性质与程度适配不同的财税政策工具
马克思生产和三种生产理论	三种生产理论是从人（社会系统）、物质（经济系统）、环境（自然系统）系统分析生产活动，“人—物质—环境”生产下实现碳中和目标的探索体现在：从人的生产系统着手，以观念塑造、需求挖掘等激发经济社会系统变革的源动力；将物质生产系统作为承载主体，借助能源绿色革命向绿色高质量发展转型，从根本上解决影响碳中和影响的关键问题；从环境生产新系统观发展的角度，提出借助生态修复和降碳增汇，提升生态环境承载力；通过三种生产系统界面的协同，提出促进碳中和实现的模式

续表

基础理论	基本概念或中心思想
物质循环和物质流分析理论	物质流分析（MFA）源于物质代谢视角，是对特定物质在特定时空边界内流动的源、路径和汇进行追踪，是资源管理、环境治理和可持续发展评价的系统化量化工具。碳中和与 MFA 具有较强的内涵关联性，MFA 可为碳中和实现路径提供技术支撑，MFA 在核算、评估和管理方面的功能，可为碳中和实现路径的选择和优化提供多尺度数据支持和决策参考

资料来源：作者根据相关资料整理。

二、推进碳中和消费的直接相关理论

（一）前置—进行理论

1999 年，格林（Green）和克罗伊特尔（Kreuter）提出了前置—进行（Precede - Proceed）模型，[①] 如图 2 - 12 所示。该模型在前期主要被应用于健康教育与健康促进计划，随后被推广至更多的行为领域。该模型的前置变量是指在教育（或环境）的识别与评价中应用前倾、促成及强化三种要素。具体来说包括：（1）前倾要素（Predisposing factor）。它是生成特定行为的动机或愿望的要素，包含个体或群体的知识、态度、信念、价值观和理解力等，它通过影响个体行为偏好来促使行为形成，是个体行为的内在前提和动机所在；（2）促成要素（Reinforcing factor）。它是促使个体的行为动机和愿望实现的要素，包含技能和各种资源（财政、经济、技术等）的可获取性和可利用性等，是个体行为的外在前提和实施基础；（3）强化要素（Enabling factor）。它是行为的后继决定要素，是可以对个体特定行为增强或减弱的要素，它通过行为的结果对行为决定产生影响，包含其他个体或群体的态度、行为和反馈信息等。进行变量则涉及在执行教育或环境干预中应用政策、监管和组织的手段。例如，消费者具有环保的价值观和对碳中和的积极态度（前倾要素），同时市场上有丰富的节能家电产品供应且购买方便（促成要素），以及周围人都倾向于选择节能家电的氛围（强化要素），那么该消费者就更有可能购买节能家电，从而实现碳中和消费。

该模型中，前置变量综合了前倾要素、促成要素和强化要素多种影响消费者行为的因素，并指导政策制定者将这些要素视为干预的重点目标，同时也明确了特定的计划目标与评价标准。进行变量则提供了政策制定、实施及评价的工作程序。前置—进行模型为政策制定、实施和评价提供了一个前后连贯的步骤，有助于更好地理解消费者碳中和

① Green L, Kreuter M. The Precede - proceed Model [J]. Health Promotion Planning: an Educational Approach. 3rd ed. Mountain View (CA): Mayfield Publishing Company, 1999: 32 - 43.

消费并实施干预提供了一定的借鉴。根据前置—进行模型，碳中和消费的推进需要考虑各种影响消费者行为的因素。消费者对碳中和消费的理念、方式、途径、意义等的了解程度、认知水平、理想信念及价值观等各种前倾要素深刻影响着消费者对碳中和消费的关注程度、践行深度及持续度。这些要素共同构成了碳中和消费的重要内在驱动。例如，消费者能否准确辨识所消费产品或消费方式产生的二氧化碳排放源。低碳产品、零碳产品等产品资源的充足供给、线上二手物品回收交易渠道和技能等直接影响着消费者是否选择碳中和消费。这些促成要素是碳中和消费的必要基础。例如，电力领域碳中和消费实现的一个重要前提是全国各地绿电供应能力几乎达到“有求必应”的状态。消费者个体对自身或他人碳中和消费的思考、反馈或评价也起到一定的影响作用。中国特有的面子文化深刻影响着消费者的消费行为，他人对自己实施碳中和消费的赞赏能够增强消费者的自豪感，而他人对高碳消费行为的批评、鄙视等则会使人产生愧疚与忧虑。这些强化要素成为碳中和消费的重要助推因素。一些针对碳中和消费的配套教育政策、其他政策和组织手段等能够进一步提升碳中和消费的实施成效。

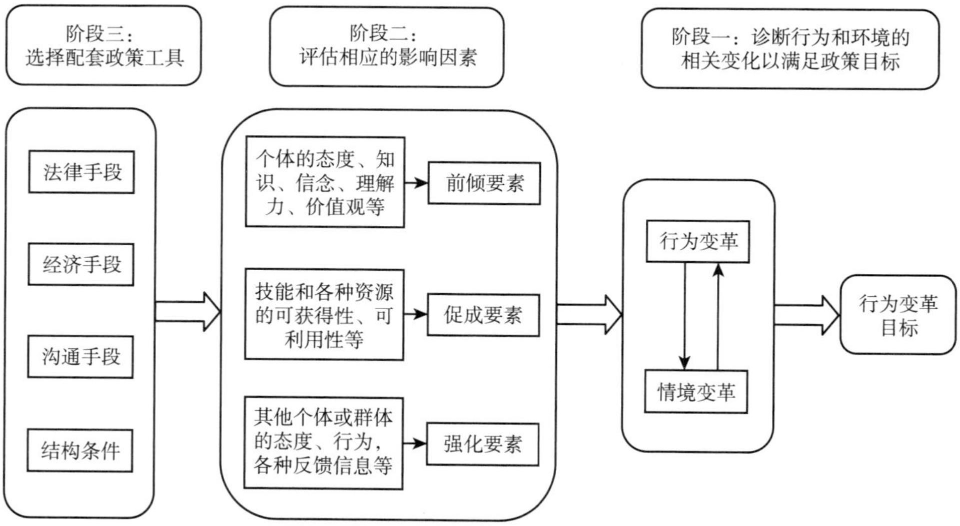

图 2－12　前置—进行理论模型

资料来源：Egmond 等（2007）。①

（二）规范焦点理论

美国社会心理学家西奥迪尼（Cialdini）等提出的规范焦点理论（The focus theory of

① Kruize H, Driessen P P J, Glasbergen P, et al. Environmental Equity and the role of Public Policy: Experiences in the Rijnmond Region [J]. Environmental Management, 2007, 40: 578－595.

normative conduct）具有一定的突破性。该理论认为人们实施的很多积极行为（包括环保行为）并不是由于有一个良好的意识、态度或目的，而是受到社会规范（特别是描述性规范，即大多数人的实际行为和典型做法）的显著影响。①② 例如，当问及某人为什么会选择节约用电时，其答案可能是为了节约资源、保护环境，或者促进社会发展，以及节省开支。但是，规范焦点理论指出，人们的节能行为较大程度上受到他人节能行为的影响，诸如环保、有益社会和省钱这些看似正当的理由事实上对实际节能行为的影响相对较小。③ 规范焦点理论进一步将社会规范的类型划分为“描述性规范”和“指令性规范”。其中，描述性规范即人们在特定情境下应该做的，也就是哪些行为是有效且适宜的。如消费者社交圈中大多数人普遍践行节能减排与低碳出行等碳中和行为，其易受该描述性规范的影响，从而更可能采取相同的碳中和消费；指令性规范详细阐述在特定情境下，什么是人们必须做的，以及哪些行为会受到赞成或者反对。如某些场所或社区会明确规定要进行垃圾分类或者鼓励使用可再生能源等，这些指令性规范会直接影响消费者的碳中和消费决策和行为。④ 尽管规范焦点理论最初主要通过现场实验来证实利用规范信息干预个体行为的应用价值，但最新的研究证实了不同类型社会规范的作用机制，从而为规范焦点理论提供了更加牢固的理论支撑。

规范焦点理论研究表明，要想达到影响和改变人的行为的目的，仅仅通过向他们宣传或反馈一些该行为相关的规范信息就能奏效。⑤ 与经济、技术等耗时耗力的措施相比，使用规范信息干预环保行为更加节约成本，但实际中这种方法却常被低估甚至误用。究其根源发现，是由于决策者和管理者倾向于依赖常识和简单的民意调查结果，缺乏科学论证。尽管该理论距该理论的产生已有二十多年，但它的重要性（特别是在促进环保行为方面的应用），直至近几年才受到重视。对于消费者而言，在特定的消费场景中，用通俗易懂的语言给予他们规范信息，可以让碳中和消费变得更加简单、便捷。这样碳中和消费实施的可能性就会更高，推进成效也往往更好。具体而言，可以告诉他们哪些产品有益于改善气候、哪些消费方式（包括购买、使用和回收）更低碳，或者哪

---

① Cialdini R B, Reno R R, Kallgren C A. A focus Theory of Normative Conduct: Recycling the Concept of Norms to Reduce Littering in Public Places [J]. Journal of Personality and Social Psychology, 1990, 58 (6): 1015.

② Nolan J M, Schultz P W, Cialdini R B, et al. Normative Social Influence is Underdetected [J]. Personality and Social Psychology Bulletin, 2008, 34 (7): 913 - 923.

③ 韦庆旺，孙健敏．对环保行为的心理学解读——规范焦点理论述评［J］．心理科学进展，2013，21（4）：751 - 760.

④ 魏华飞，李治．社会规范对消费者绿色消费行为的影响机制研究［J］．四川轻化工大学学报（社会科学版），2023，38（4）：77 - 88.

⑤ 杨贤传，张磊．媒体说服形塑与城市居民绿色购买行为——调节中介效应检验［J］．北京理工大学学报（社会科学版），2020，22（3）：14 - 25.

些高碳消费行为是违反政策规定的，哪些减碳消费方式受到社会的普遍推崇或赞扬等，抑或利用大数据、移动互联网、5G、人工智能等技术记录与核证个体的消费碳减排量，提升消费者对碳中和消费的规范关注度，有效促进消费端碳减排。例如，快递驿站可以向消费者开展快递包装（纸箱）回收减碳的宣传，对于消费者的回收行为进行减碳量及气候贡献的信息反馈，并将其计入个人碳账户累积积分。不仅为消费者提供了参与减碳的具体方式与途径，也能够更有效地鼓励消费者参与绿色低碳行动。

（三）精细加工可能性理论

精细加工可能性模型（Elaboration - likelihood model，ELM）由佩蒂（Petty）和卡西欧坡（Cacioppo）于 1981 年提出。① 该模型指出，任何一个既定变量都可以在不同的精细可能性水平下（高—低），经由不同的心理加工过程影响态度改变。② 在中心说服路径下，接受方被视为传播过程的积极参与者，他们的注意力、理解力、评价信息能力与动机均很高。当消费者处理碳中和相关信息的动机和能力都较高时，他们更可能趋向于遵循中心说服路径。这意味着消费者会积极、认真地考虑与碳中和消费相关的信息。另外，信息的说服力主要由接受方对所提观点的正确性评价决定。支持性的观点、具有说服力的信息源可以促使目标受众的认知结构转向有利的方向，进而引起态度变化，甚至被说服，反之亦然。在周边说服路径下，接收方被视为缺乏信息加工的动机和能力，他们不太可能进行详细和认真的认知过程。当消费者处理碳中和信息的动机或能力较低时，他们更可能倾向于周边说服路径。此时，接收方（消费者）并不基于信息内容进行评价，而是根据一些与主要观点关系不大的周边线索，在对这些线索评价的基础上做出对信息的回应。精细加工可能性理论模型如图 2 - 13 所示。

与精细加工可能性模型相似的还有启发—系统式模型（Heuristic - systematic model，HSM）。该模型将个体的认知加工划分为启发式认知和系统式认知两种，加工的努力程度取决于动机与认知能力。③ 系统式加工类似于精细加工可能性模型的中央说服路径，要求个体对所有潜在相关的信息都予以谨慎加工，从而构成态度判断。当消费者对碳中和消费信息进行系统式加工时，他们会审慎地处理所有潜在相关的碳中和消费信息，认真思考和分析减碳/低碳/零碳产品广告信息等，从而构成对碳中和消费的态度判断。但

---

① Petty R E，Cacioppo J T，Goldman R. Personal Involvement as a Determinant of Argument - based Persuasion［J］. Journal of Personality and Social Psychology，1981，41（5）：847.

② Pierro A，Mannetti L，Kruglanski A W，et al. Relevance Override：on the Reduced Impact of "cues" Under High - motivation Conditions of Persuasion Studies［J］. Journal of Personality and Social Psychology，2004，86（2）：251.

③ Chaiken S. Liberman A，Eagly A. Heuristic and Systematic Information Processing within and Beyond the Persuasion Context［M］. Guilford Press，1989：212 - 252.

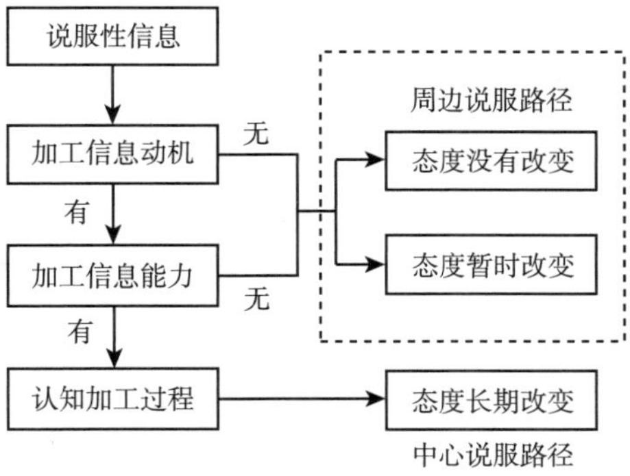

图 2－13 精细加工可能性理论模型

资料来源：Pierro 等（2004）。

相比精细加工可能性模型，启发式加工的边缘说服路径更具体，并且遵循“最小认知努力原则”（Principle of least cognitive effort）。二者共同之处在于，均将信息加工当作一个连贯的过程，加工的深入程度受个体的动机和认知能力影响。如果人们进行信息加工的动机和能力水平较低，多是由于边缘路线或启发式处理起作用；如果水平较高，则多是核心路线或系统式加工在起作用。同时，两种模型都强调两种不同的信息加工方式以互动的方式对个体态度变化的影响。根据这两种双系统模型，消费者的碳中和消费受到消费者信息加工动机与能力的影响。也就是说，不同方法的说服效果主要取决于消费者对碳中和消费信息作精细加工的程度高低。当消费者对低碳/零碳产品广告信息等能够有意识地认真思索和分析时，很可能会对碳中和消费发生态度转变，形成碳中和消费理念。然而，当消费者的信息加工动机或能力较低时，消费者并不会认真积极地思考低碳/零碳产品的优点，更容易受到广告画面、广告代言人、产品包装等周边因素的影响，产生对碳中和消费态度转变的可能。从这个角度而言，提高消费者的动机与能力成为推进碳中和消费的关键一环。

三、结构视角下碳中和消费的推进机理

从结构视角看，推进碳中和消费要实现所有方面的推进，而不是部分方面的推进。这涉及推进的效果（目标或结果）。借鉴贾建民的大数据时代“时空关”范畴，本章从碳中和消费“时空关”三维度以及十个具体维度（消费周期、消费时间、消费过程、消费领域、消费层次、消费要素、消费主体、人人关联、人物关联、物物关联）论证碳中和消费的推进机理，如图 2－14 所示。[①]

① 贾建民，耿维，徐戈，等．大数据行为研究趋势：一个“时空关”的视角［J］．管理世界，2020，36（2）：106－116＋221.

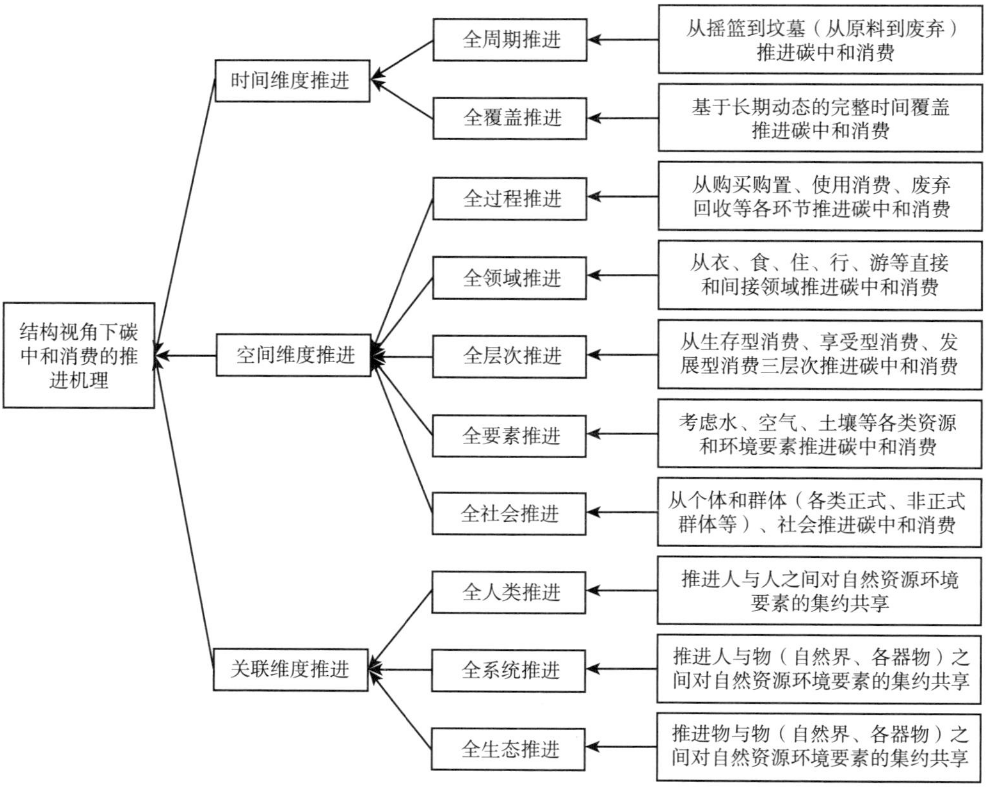

图 2－14　结构视角下碳中和消费的推进机理

资料来源：作者根据相关资料整理。

从时间维度推进来说，根据可持续发展理论、宇宙飞船经济理论、循环经济理论等，推进碳中和消费意味着从全周期和全覆盖两个细分维度上推进。①全周期推进即不局限于低碳购买、使用消费或废弃处理等某个单一环节，而是将碳中和消费置于全周期的时间框架中加以推进，也就是在碳中和消费需求分析、原材料采购、碳中和产品设计、制造、营销、购买、维修、报废到回收再生的整个时间周期中推进。②全覆盖推进即不局限于碳中和产品促销、碳中和消费宣传周等某个时点或某个时间段，也不是临时冲动式的推进碳中和消费，而是完整时间覆盖下的推进碳中和消费，以长期推进替代短期推进、以持续推进替代停顿推进，以动态推进替代静态推进，以常态推进代替偶然推进，从而鼓励消费者在有意识、有计划的基础上，长期甚至终生致力于碳中和消费。

从空间维度推进来说，根据外部性理论、公共品理论、碳足迹理论、规范焦点理论等，推进碳中和消费意味着从全过程、全领域、全层次、全要素和全社会五个细分维度上推进。①全过程推进即在购买购置环节、使用消费环节、废弃回收环节、分享互动环节上共同推进碳中和消费。在购买购置环节上推进环保选购、减量购买、理性购买、抵制非绿色产品等行为。如购买无磷洗衣粉等产品、减少瓶装饮料购买、不购买野生动物制品等；在使用消费环节上推进削减使用、共享使用、重复使用等行为。如选择公共交通、拼车出行等绿色出行消费；在废弃回收环节上推进资源最大化利用，如推进垃圾分类、资源再利用等。在分享互动环节推进碳中和产品购买、使用、回收等行为的感受、心得、体会、经验、种草（推荐）、拔草（不推荐）等信息交流分享，如在小红书、微信、抖音、微博等社交媒体平台进行相关信息的分享互动。②全领域推进即推进消费者在衣、食、住、行、用（通信、生活用品及服务）、游等各个领域的碳中和消费。如鼓励消费者在购买衣物时选择环保材料和品牌，在选择食品时优先考虑低碳足迹的产品，在住宿和出行时使用环保型的住宿和交通方式，在日常生活用品和服务和选择中优先选择环保产品。③全层次推进即在生存、享受、发展等各个层次上推进碳中和消费。如从在食品、衣着等生存型消费上不断提高碳中和消费比例，到在卫生健康、文娱等享受型消费上提高碳中和消费比例，再到在教育、交通通信、医疗保健等发展型消费上提高碳中和消费比例。最后形成全层次碳中和消费的格局。④全要素推进即尽可能地全面考虑到与碳中和消费相关的水、空气、土壤等各类资源和环境要素的节约和保护。不能为了节约一种资源要素而以大量耗费另一种资源要素为代价，避免为制造某种绿色产品而过度开发、粗放使用资源，加强碳中和消费全要素节约管理，大幅降低能源、水、土地等资源消耗强度。⑤全社会推进即在全社会各类消费主体中推进碳中和消费。不局限于对消费者个体的推进，更包括对个体、各类正式群体、非正式群体等主体的推进。

从关联维度推进来说，根据马克思生产和三种生产理论、物质循环和物质流分析理论、前置—进行理论、启发—系统式模型等，推进碳中和消费意味着从全人类、全系统和全生态三个细分维度上推进。①全人类推进即人人关联下的推进碳中和消费，通过人类对于各种有形资源和无形资源环境要素的最大限度共享，实现全人类碳中和消费。碳中和消费的推广不应局限于某个城市、某个地区或某个国家的碳中和消费，而是致力于在全球范围内进行推广，共谋全球性的碳中和消费发展新格局。②全系统推进即人与物（自然界、各器物）关联下的推进碳中和消费，通过人和物之间对自然资源环境要素的集约共享，实现全系统碳中和消费。如通过大数据、人工智能推荐将消费者的碳中和需求进行精准匹配，并进行无接触式产品配送服务，通过“人—物—人”“人—网络—人”等方式减少资源消耗和环境污染，推进碳中和消费高效化和现代化。③全生态推进即物物关联下的推进碳中和消费，通过物与物之间对自然资源环境要素的集约共享，在改造和适应自然环境的基础上建立全生态系统，实现全生态碳中和消费。如通过智慧城市系统建设提升生态城市规划、空间格局优化和社会系统创新，确保全城市生态对资源与能源的充分共享、集约使用和循环利用，实现全生态系统健康、协调地发展，为碳中和消费提供有益的条件。

四、过程视角下碳中和消费的推进机理

从过程视角看，推进碳中和消费要完整、周密、稳步、有序、充分地进行。这涉及推进的效率（举措或过程）。根据可持续发展理论、循环经济理论、外部性理论、公共品理论、碳足迹理论、启发—系统式模型等碳中和消费相关理论，本章进一步从过程视角论证推进碳中和消费的过程机理。

（一）整体推进和局部推进

即各环节通力配合推进碳中和消费，不仅要挖掘消费购买环节的节能降碳空间，从局部重点环节提升消费侧碳中和推进的深度，也要延伸到供应链上游和消费后的废弃物回收环节，在推进各个环节绿色低碳的基础上，从整体上协同提高资源利用和二氧化碳减排效率。

（二）长期推进和短期推进

既要从长远角度推进消费侧碳低碳平衡，也要正视和解决眼下消费端碳减排的技术不成熟和成本高昂等突出矛盾问题。从化解碳中和消费过程中突出矛盾入手，重塑中长期推进消费测碳中和的动力，着力构建推进碳中和消费的长效机制，达到短期效益和长期效益的平衡衔接和有机统一。

（三）持续推进和间断推进

即咬定全面实现碳中和消费的发展目标并持续发力，始终保持对碳中和消费的鼓励支持和对非低碳绿色消费行为的劝阻抵制，同时也要采取间断推进的方式与之形成互补，规避或弥补持续推进碳中和消费过程中的疏漏或偏离。同时，通过间断性的观念、技术等变革促进碳中和消费实现跨越式提升。

（四）深层推进和表层推进

即把握推进碳中和消费的层次，将碳中和消费从表层突破向深层革新推进。不仅要推进消费者对碳中和产品或服务的关注及购买，还要鼓励其了解碳中和产品或服务所蕴含的深层环保意义，深化消费者的环保认知，准确判别“伪低碳产品”及表层化的碳中和消费，推进消费者形成碳中和消费的强大内在动力。

（五）引导推进和强制推进

在推进碳中和消费过程中，需要采取引导和强制相结合的策略。一方面，可以通过信息手段和经济手段对消费者进行宣传和激励，引导消费者自觉参与碳中和消费；另一方面，也需要依靠用行政手段和法律手段进行规范和约束，保证碳中和消费的实施效果和合规性。同时要注意把握柔性引导和刚性制约的“度”，刚柔并济地推进碳中和消费。

（六）协调推进和分割推进

推动碳中和消费需要统筹考虑各条块、各环节和各方面的边界和重点，更聚焦，更精准，更均衡地推进碳中和消费，也要统筹协调好碳中和消费各条块、各环节和各方面的相互关系，增强各部分的有机互动、相互衔接与关联，统一、协同、平衡地推进碳中和消费。

（七）全员推进和部分推进

即不仅包含推进更多的消费者加入碳中和消费的行列，也包含推进企业全员参与碳中和产品或服务的供给，还包含政府要大力倡导和示范引领碳中和消费，建设碳中和消费型政府，带头参与碳中和采购，以及各类社会组织要传导和推动碳中和消费，促进全员与部分的互动及配合。

（八）重点推进与全线推进

即首先推进购买购置、使用消费、废弃回收、分享互动等关键领域和重要方面的碳中和消费，再进一步将推进工作延伸至从低碳生产到低碳消费的全线领域，构建全社会碳中和消费闭环，实现全产业链联动。

（九）小步推进和大步推进

即完成碳中和消费的一系列小步，在碳中和消费的关键问题上先小步试水，再大步推进。尤其是抓住数字经济的红利，借助大数据、人工智能、云计算等现代科技应用走好关键的小步，积小步成大步，循序渐进地推进碳中和消费的目标实现。

（十）直接推进和间接推进

既有直接的消费低碳化，也有间接的以低碳生产牵引带动碳中和消费。通过帮助消费者建立科学、健康、环保的消费习惯，全面普及消费者的碳中和意识；将碳中和消费的需求传递给生产厂家、经销商家、平台商家，引领供给端进行可持续低碳生产、低碳销售、低碳物流、低碳运输、低碳回收等，以直接或间接相结合的方式推进碳中和消费。

过程视角下碳中和消费的推进机理如图 2－15 所示。

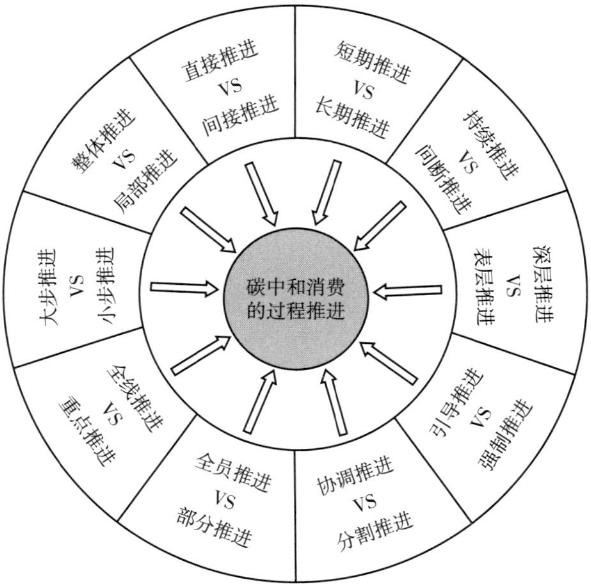

图 2－15　过程视角下碳中和消费的推进机理

资料来源：作者根据相关资料整理。

总之，碳中和消费的推进机理包含结构视角和过程视角。结构视角下的碳中和消费推进强调目标或结果，为推进提供了基础与框架；过程视角下的碳中和消费推进强调举措或过程，更关注操作方式和方法。这两种机理相互配合、相互协同，从宏观政策到微观行为层面为碳中和消费的全方位推进提供了基础。结构视角的推进通过全周期、全方位、全领域、全系统等的碳中和消费政策顶层设计予以规划指导；过程视角的推进在整体与局部、短期与长期、引导与强制、全线与重点、全员与部分等方面改变消费者行为，促进消费端碳减排；结构视角的推进通过全覆盖、全方位、全层次、全要素等角度的市场机制优化资源配置，为消费者参与碳减排提供必要支持；过程视角的推进通过持续与间断、协调与分割、深层与表层、直接与间接等操作，改善消费者的购买选择、使用习惯、回收方式等，推动低碳市场需求牵引低碳产品或服务供给，最终构建供需两端协同推进碳中和消费的良性闭环。

第三章　碳中和消费的实践与政策

党的二十大和二十届三中全会都强调“积极稳妥推进碳达峰碳中和”，这一目标的实现离不开碳中和消费行动实践与政策实践推进。本章从碳中和消费的实践和政策两个层面展开论述，试图从碳中和消费的实践历史与现实中总结发展规律，探寻政策空间。从历史视野梳理碳中和消费的实践演变，归纳碳中和消费在不同时代背景下的实践特征、实践重点，分析不同阶段、不同发展情境下碳中和消费的特征差异，并分析造成差异的深层原因。这不仅可以更加清晰地掌握碳中和消费实践的演变过程，也能够更好地理解和把握碳中和消费从低层次到高层次的演变规律、现实状况、潜在问题和发展趋势。在此基础上，进一步梳理碳中和消费的政策实践（包括历史沿革、重点演变、现状总结）和碳中和消费的政策理论（包括基础理论、主体机构、协同机制和体系框架），为下一步深入剖析数智时代碳中和消费行为及其政策体系提供基础。

第一节　碳中和消费的实践现状

一、碳中和消费的实践演变

我国碳中和消费的实践起源于20世纪70年代对全球气候和环境问题的关注。此后，从碳中和消费的萌芽起步阶段到碳中和消费的发展变革阶段，再到碳中和消费的深化拓展阶段，中国的碳中和消费实践不断向前发展。总体而言，碳中和消费的实践大致经历了三个阶段。

第一阶段，碳中和消费的萌芽起步阶段（20世纪70—90年代）：顺应环境保护形势而生。

20世纪70年代初，石油危机引发全球对能源问题的高度关注。主要体现在全球工业化的发展使得工业生产成为能源消耗最大、碳排放最为集中的领域，因此缓解气候变化的重点一直在工业部门。这一时期，欧美等发达国家的能源管理正由传统的生产侧管理转向消费侧管理。随着全球环境问题的加剧和消费端开始出现的“下游效应”和“反弹效应”问题，人们开始反思“重生产、重技术、轻消费”的局限。从消费端来看，碳排放的产生既直接来自消费者的交通出行等活动，也间接来自消费者用电和商品消费等行为。此外，工业和交通等领域的产品虽然在一定程度上满足消费者的需求，但生产活动本身（如工业用电、交通运输产品等）也产生了巨大的碳排放量。因此，从消费角度控制碳排放与从生产角度控制碳排放具有同等重要的地位，消费端碳减排逐渐成为全球共识。受全球消费趋势的影响，家庭能源消费逐渐引起了我国民众的关注。20世纪70年代末，中国节能家电开始受到关注。我国改革开放初期，经济快速发展的同时，一些环境问题也开始显现。中国家庭逐渐意识到节能的重要性，节能灯泡、节能电风扇等节能家电产品逐渐进入家庭。如飞利浦公司发明的节能灯（也称为紧凑型荧光灯）正式进入市场。20世纪80年代，人们逐步尝试绿色出行。随着我国城市化进程的加快，城市交通拥堵和空气污染问题逐渐受到关注，自行车的普及使绿色出行成为一种流行趋势，绿色出行理念开始在一些大城市兴起。如1986年，经中央批准，上海市政府决定建设地铁1号线，标志着中国城市轨道交通建设的开始，为市民提供了更加环保的出行选择。20世纪90年代，人们开始关注绿色农产品。一些有机农产品陆续问世，但消费规模相对较小且以出口为主。整体而言，这一时期消费端对碳中和的关注和行动主要体现在购买节能低碳产品、选择绿色出行等方面。但多数消费者还处于碳中和消费的启蒙阶段，对碳中和消费缺乏深入的认知，只有少数消费者在日常生活中践行低碳消费和低碳生活方式。

第二阶段，碳中和消费的发展变革阶段（2000—2020年）：匹配经济发展与环境保护所需。

萌芽期的探索为碳中和消费的发展变革奠定了扎实的基础。2000年之后，中国加强了对消费行为的引导和变革，与绿色发展和可持续发展相适应的绿色消费以及可持续消费被提上日程。中国消费者协会在2001年以绿色消费为主题展开工作，此后绿色消费的主题也趋向广泛，包括简约适度、节能环保、绿色低碳、循环回收、可持续发展、消费与环境、消费和谐、消费与责任、消费与发展等。这为碳中和消费探索奠定了扎实的实践基础。2013年6月17日是中国第一个“全国低碳日”，这个主题节日向社会普及了气候变化知识，并强调了气候的变化与消费者的生活息息相关。该主题日旨在提高消费者对低碳生活的认识，鼓励消费者采取行动减少碳排放，促进绿色、环保的生活方式。随着环保意识的提高和新能源汽车技术的进步，越来越多的消费者选择新能源汽车作为出行工具。2015年开始，我国新能源汽车产销量已经连续8年位居全球第一，绿色出行逐渐成为广大消费者低碳生活的重要组成部分，有助于减少交通领域的碳排放。[①] 2016 年，带动消费者低碳减排的公益项目“蚂蚁森林”进入大众视野，将每个人在日常生活中的低碳行为（如步行、骑行、线上支付等）量化为“绿色能量”，用户积累的“绿色能量”可以用来在现实中种植树木。“蚂蚁森林”通过数字化手段，为消费者提供了一个新颖减碳方式，使消费端的减碳渠道进一步拓宽，碳中和消费也得到进一步推广。在此阶段中国多次强调低碳生活和低碳消费的理念。2020 年在中国“双碳”目标的推动下，消费端的碳减排行动不断在各个领域加速变革。推动消费模式的升级以倒逼绿色低碳清洁化生产，已成为实现碳中和的关键路径。整体而言，这一时期，消费者对碳中和消费的认知逐渐加深，社会上普遍形成了消费碳减排的意识和消费行动，绿色低碳消费者的比例大大提升，消费者成为碳减排的重要潜在群体。

第三阶段，碳中和消费的深化拓展阶段（2021 年至今）：体现高质量发展特征。

经历了前一阶段的发展变革，碳中和消费顺应时代需求，不断探索和进步。《消费端碳排放研究报告（2024）》指出，1990—2019 年，尽管中国消费端碳排放始终低于生产端碳排放，但是生产端和消费端碳排放差值由 1990 年的 7.0 亿吨增长到 2019 年的 18.0 亿吨。[②] 因此除了从供给端发力（如淘汰落后产能、发展清洁能源）削减碳排放外，消费端减碳发力（如改变消费行为、形成碳中和消费模式和生活方式）应得到进一步的重视和推进。以废弃回收领域为例，《2024 阿里巴巴环境、社会和治理（ESG）报告》指出，消费者买卖闲置物品和参与旧物回收可以提高物品的循环利用率。2024 年，闲鱼 83 类闲置物品交易和回收总计带动消费者减排 659.4 万吨。[③] 在垃圾分类领域，截至 2024 年 5 月 22 日，全国地级及以上城市的居民小区垃圾分类覆盖率高达 92.6%，垃圾分类体系已初步构建成形。[④] 垃圾分类正逐步演变为绿色低碳生活的崭新时尚，进一步减少了消费端碳排放。整体而言，这一时期，碳中和消费的规模和质量得到较大提升，消费者在消费碳减排方面的探索不同程度地扩散至更多领域和环节。

随着数智时代的到来，碳中和消费正通过数智技术实现转型升级。一方面，数智时代下的碳中和消费向信息畅通、集约共享和低碳高效转型。例如，移动互联和社交媒体的迅猛发展使消费者不仅能随时随地沟通碳中和消费信息，而且能突破时空限制共享社会资源、参与碳中和消费。共享经济则推动碳中和消费“由浅入深”，实现系统性结构

---

① 王政．我国新能源汽车产销连续 8 年全球第一［N］．人民日报，2023-01-24（1）．

② 中国科学院上海高等研究院．消费端碳排放研究报告（2024）［R］．北京：中国科学院，2024：1-2．

③ 阿里巴巴集团控股有限公司．2024 阿里巴巴环境、社会和治理（ESG）报告［R］．杭州：阿里巴巴集团控股有限公司，2024：36．

④ 丁怡婷，顾春．全国地级及以上城市居民小区垃圾分类覆盖率达 92.6%［N］．人民日报，2024-05-25（5）．

调整和社会创新。另一方面，数智时代下的碳中和消费向智能交互和精准及时转型。例如，数智赋能场景下，电商平台向目标消费者推送定制化的绿色低碳产品与服务信息，消费者的碳中和消费也会很快通过人际互动扩散到线上社群或线下群体等。具体而言，在数智时代背景下，数智技术正在加快赋能碳中和消费市场规模持续扩大、助力碳中和消费理念传播、推动个人碳账户发展和拓宽碳中和消费场景。

首先，数智技术赋能碳中和消费规模扩大。数智技术支持下，碳中和消费理念的普及和政策支持力度加大。同时，碳中和消费涉及的领域越来越广泛，包括能源、交通、建筑、家电、食品、衣着等多个行业，碳中和消费市场也呈现多元化发展趋势，碳中和消费市场不断扩容。其次，数智技术助力碳中和消费理念传播。在社交媒体方面，社交媒体凭借其庞大的用户群体和广泛的传播力，通过生动有趣的图文、短视频等形式，将碳中和消费理念直观地呈现出来；在在线购物平台方面，在商品展示页面、交易环节等融入碳中和消费相关信息，提醒消费者选择更低碳的产品，逐步引导消费者在日常消费中养成碳中和消费的习惯。再次，数智技术赋能碳中和消费账户管理优化。数智技术在个人碳账户领域的应用为消费者量化和记录碳减排提供便利，消费者可以通过碳账户追踪自己的碳足迹。《2022 年中国可持续消费报告》的数据显示，碳账户对消费者的激励作用在 2022 年进一步增强。具体来说，74. 31% 的受访者认为碳账户对低碳消费有显著激励作用，而这一比例在 2021 年为 68. 63% 。由此可见，碳账户作为促进碳中和消费的重要工具，其激励效果正逐年增长。① 最后，数智技术赋能碳中和消费场景拓宽。虚拟现实（VR）和增强现实（AR）技术也开始应用于碳中和消费领域。在购物场景中，消费者可以通过 VR 技术“身临其境”地体验商品，减少因线下购买商品而产生的交通碳排放。同时，AR 技术可以为消费者提供商品环保信息和碳足迹数据，帮助消费者做出更加绿色的消费决策。

二、碳中和消费的现状剖析

在我国碳中和进程的持续推动下，虽然各领域消费的碳中和程度不同，但碳中和消费理念已经覆盖衣、食、住、行、用、游等各个领域。剖析碳中和消费的现状，有助于准确把握碳中和消费的发展程度并发掘现有或潜在的问题，为进一步研究碳中和消费的推进提供较好的切入点。本节以衣着消费（购买购置）、电力消费（使用消费）、旧物

---

① 商道纵横中国可持续发展案例中心团队. 2022 年中国可持续消费报告［R］. 北京：北京商道纵横信息科技有限责任公司，2022：40.

回收消费（废弃回收）、分享互动这四个碳中和消费环节为例，分析碳中和消费的整体状况和存在的主要问题。

（一）衣着领域碳中和消费的现状剖析

联合国环境署数据显示，纺织服装业的碳排放量占全球总碳排放量的一成。[①] 每年我国纺织服装行业温室气体排放量大约为2.3亿吨，该行业碳排放量约占全国总碳排放量的2%，占全国工业碳排放量的2.8%。[②]“快时尚”时代，消费者常常因为颜色、款式、季节变化等盲目大量或冲动购买，导致众多衣着闲置或废弃，并且由于绿色衣着存在较高溢价，绿色衣着购买比例仍然普遍较低。这意味衣着领域的碳中和消费规模和质量都有较大上升空间。

1. 衣着领域碳中和消费的现状

（1）碳中和衣着成为重点消费领域和新的市场增长点。越来越多的服装品牌和企业积极参与碳中和相关行动，推动着碳中和衣着消费的增长。2024年世界资源研究所发布的《时尚服装品牌范围三减碳：基于有限样本的中国经验》报告指出，2023年已有100多家主要的服装品牌企业加入了设在《联合国气候变化框架公约》（UNFCCC）秘书处的“时尚产业气候行动宪章”，2022年底已有超过300家纺织服装企业宣布参与科学碳目标倡议。[③] 这些企业涵盖了从原材料供应到生产加工再到销售的整个产业链，它们的参与推动了碳中和衣着理念在行业内的广泛传播，也为市场提供了更多符合碳中和标准的产品选择，从而为碳中和衣着市场创造了新的增长点。

（2）碳中和衣着成为未来消费趋势。联合国环境署数据显示，预计到2030年，服装纺织业的碳排放量有望超过石油产业，成为最主要的碳排放源。纺织服装业的绿色低碳转型显得尤为迫切，未来“碳中和”衣着将成为行业的主导趋势。[④]在碳中和目标的推动下，衣着领域碳中和消费的行动也越来越多，主要体现在购买、维护和回收三个不同环节。例如，越来越多消费者倾向于购买绿色低碳衣着、适度购买衣物、并进行恰当的保管和维护以延长衣着的使用寿命。以绿色低碳衣着购买为例，消费者会关注服装的材质是否环保、生产过程是否低碳。

（3）碳中和衣着信息关注度偏低。在对社交媒体信息的关注方面，服装媒体平台

---

①④ 田箫．《ESG Weekly》：服装业碳排放占全球总量10%！服装企业们碳中和进度如何？［N］．科创板日报，2023-11-17（1）．

② 中国纺织工业联合会社会责任办公室可持续发展项目团队．时尚品牌30·60碳中和加速计划［R］．北京：中国纺织工业联合会，2024：6．

③ 张默凡，安周，曹子靖，等．时尚服装品牌范围三减碳：基于有限样本的中国经验［R］．北京：世界资源研究所，2024：2．

关注人数占比为 69.1%，但其中绿色服装信息的关注人数只有 39.6%。此外，约四成消费者根本不会关注衣物上有无环保标识类的信息。这些数据揭示了消费者较少关注社交媒体中的绿色服装信息，同时也反映出绿色服装信息在社交媒体上的传播效果并不理想。① 关于绿色服装信息获取渠道，调查显示微博和微信两种渠道获取信息的比例最高；图片类的信息相对更受到消费者关注，而在自媒体、短视频的快速发展推动下，视频类信息越发能吸引消费者的关注；在确保内容更新速度的同时，还需高度重视内容质量与吸引力。

（4）不同年龄段的消费者对碳中和衣着信息的关注和获取具有显著差异。消费者的年龄增长与其对环保标识信息的重视度呈正相关，特别是在 41—51 岁的中年群体对这类环保信息的重视程度最高，这表明中年消费群体在购买衣着时更加注重产品的绿色特性。然而，就信息推送的频率而言，可以看到一个相反的趋势，即年纪越大的消费者对频繁推送的需求越会减少，而 30 岁以下的年轻消费者则更倾向于每周接收一次信息更新，显示出他们对社交媒体上的信息具有较高的接受度和关注度。尽管如此，中年人相较于年轻人，对于衣着上的环保标识表现出更高的关注度。②

总之，消费者环保意识增强，绿色环保服装需求上升。约七成关注服装媒体平台，四成关注绿色服装且人数呈上升趋势。消费者青睐有机棉、再生纤维等环保材料。消费者行为倾向低碳消费，购物关注服装材质环保及生产过程低碳。

2. *衣着领域碳中和消费的挑战*

（1）衣着领域碳中和消费意识有待提升。一方面，绿色衣着产品信息关注度低于绿色家电及新能源汽车领域。尽管我国消费者在绿色家电、新能源汽车等产品领域已经展现出较强的低碳消费意识，但对绿色衣着产品信息的关注度仍然较低。另一方面，衣着行业“快时尚”品牌直播带货引发寿命缩短及衣物浪费问题。在衣着行业中不少“快时尚”品牌通过直播带货，凭借低廉的价格优势和对部分消费者追随时尚潮流心理的精准把握，有效刺激了消费者的购买欲望，也引发了衣着平均使用寿命缩短和大量衣物浪费的问题。

（2）市场缺乏统一的标准和认证体系。《2022 年中国可持续消费报告》指出，50.75% 的消费者因难以辨别产品是否符合碳中和标准而未进行购买。③ 消费者面临着缺乏明确且权威标准的问题，难以准确判断哪些产品真正符合碳中和的要求，哪些只是虚假宣传。

---

①② 程婉莹，梁建芳，彭欣桐．社交媒体中消费者绿色服装购买意愿分析［J］．纺织高校基础科学学报，2020，33（1）：45 - 50.

③ 商道纵横中国可持续发展案例中心团队．2022 年中国可持续消费报告［R］．北京：北京商道纵横信息科技有限责任公司，2022：32.

信息的不透明性增加了消费者决策的难度和风险，这反映出碳中和产品认证标准、认证体系及标识仍待进一步完善和推广。例如，一些服装声称使用了环保面料，但实际上其生产过程中的碳排放并未得到有效控制；还有一些产品在宣传中强调低排放，却无法提供可靠的证据来证明其在资源利用、废弃物处理等方面的环保措施。

（3）价格因素影响碳中和衣着产品的普及。采用更环保的材料和生产工艺会导致衣着碳中和产品成本上升，价格也相对偏高。在一定程度上制约了消费者的购买意愿，使其在市场上的普及面临挑战。对于消费者来说，特别是对价格敏感的消费者，价格成为其购买决策的主要影响因素之一。当碳中和衣着产品的价格明显高于传统衣物时，即使消费者有一定的环保意识，也可能会因为经济因素而降低购买意愿。

（二）电力领域碳中和消费的现状剖析

1. 电力领域碳中和消费的现状

（1）绿色电力消费需求激增，新能源市场化交易量显著增长。在“碳中和”目标的约束下，能源结构正发生着巨大变革，电能逐渐成为主要的用能资源，绿色电力消费也逐渐成为能源绿色低碳转型的重要领域。据中国电力企业联合会的统计数据，在2023年，新能源市场化交易电量占新能源总发电量的47.3%。全国绿电（绿证）的交易总量达到1059亿千瓦时，大约等同于消费了1.059亿张绿证对应的电量。相较于2022年，同比增长281.4%。其中，绿色电力的交易电量达到695.3亿千瓦时，同比增幅达284.2%；绿证交易数量为3637万张，其对应电量为363.7亿千瓦时，同比增长275%，绿电（绿证）交易规模逐步扩大。[①] 这也表明，我国绿色电力消费的需求在全面增长，但绿色电力消费实践相对集中于一些行业领域，如新能源汽车、抽水蓄能、风力发电等储能行业领域。

（2）家庭全场景绿色电力逐渐成为消费主流。消费者对绿色电力（如风能、太阳能等可再生能源发电）的认知度和接受度不断提高，越来越多的家庭选择购买绿色电力。在提升认知度方面，新闻报道、专题节目以及新媒体平台等各类媒体发挥着关键作用，不断向消费者传播绿色电力的知识和优势。在接受度方面，对于家庭而言，随着分布式光伏发电设备技术的成熟，用电成本逐渐降低，不少家庭开始安装这些设备。

（3）消费者节约用电绿色习惯渐养成，但能源绿色化方面待改善。在节约水电方面，有79%的公众平常会注意节约用水和用电（如随手关灯、生活用水循环利用等）。公众对于节约水电等行为表现出较高的参与度，这得益于政府和环保组织长期以来的持

---

① 吴鑫摄，顾阳．绿电消费引领低碳转型［N］．经济日报，2024-06-17（6）．

续宣传和教育。此外，这些低碳环保的行动与个人利益紧密相连，如节省开支和生活便利性，进一步促进了公众的积极参与。然而，在能源绿色化方面，有65.2%的公众更倾向使用新能源产品（如太阳能热水器、新能源汽车等）。在推动能源的绿色转型等环保行为上，公众的参与度相对较低。[①]

总之，随着绿色电力消费增长，消费者对其认知度和接受度提高，更多家庭开始选择购买绿色电力。同时，消费者能源节约意识提升，80%的消费者注意节约用水用电，如随手关灯、水循环利用等，通过合理设置家电时间、关闭待机功能、调整室内温度等减少能源消耗。

2. 电力领域碳中和消费的挑战

（1）绿色电力消费的地区分布不平衡不充分。我国的城市和农村地区对于开展绿色电力消费的宣传及科普程度不同，导致二者在绿色电力消费水平和接受程度上存在差距，凸显了在推进绿色电力消费普及过程中城乡不均衡的现状。具体来说，农村地区对于绿色电力消费主要集中在第一产业，城镇地区则以第二产业、第三产业为主，且农村和城镇在绿色电力消费的使用标准和程度上也不均衡，相对而言，农村地区的绿色电力消费落后于城市。

（2）绿色电力消费的行业领域不平衡不充分。不同消费领域的商业化难易程度和规模不同，导致各领域对绿色电力消费的需求和配置也不尽相同。比如新能源电动车用户对绿色电力消费需求相对较大，相应地，面向该行业领域的支持和资源投入也相对较多。然而，资源和资金投入向部分行业聚集，会导致其他一些行业领域的绿色电力消费需求满足相对有限。

（3）绿色电力消费的市场支持不平衡不充分。由于火电的上网电价相对于风电、太阳能、潮汐能等清洁能源电价较低，对于同等供给而言，绿色电力供给所负担的成本更高。这使企业更偏向于价格低、输出稳定性好的传统能源，不利于绿色电力的市场流通，在一定程度上阻碍了绿色电力消费的普及与发展。

（4）绿色电力消费的政策支持不平衡不充分。无论是从新能源电力消费和传统化石能源电力消费来看，还是从绿色电力的使用和消费来看，现行的支持政策都未体现出明显差异，说明政策对于促进绿色电力消费的激励作用还需进一步激发。另外，资源综合利用、生态环境保护、低碳高效节能减排、科技研发创新、企业生产经营、居民生活、基础设施投入等多个方面的财政、税收等政策支持的力度不均问题，进一步加剧了

---

① 月狐研究院.2022低碳社会洞察报告（上篇）［R］. 深圳：深圳市和讯华谷信息技术有限公司，2022：18.

绿色电力消费的不均衡、不充分问题。

（5）绿色电力消费的技术支持不平衡不充分。我国在绿色电力深度开发利用和有效供给方面的技术支持还不够充足，比如支持可再生能源电力消费溯源的区块链技术、解决规模大且复杂的可再生能源电力消费系统运行与调度问题的人工智能技术等，技术支持的应用还相对有限。不同地区（经济发达地区和经济相对落后地区）、不同消费主体（大型工业企业、小型商业企业、居民）、不同类型的绿色电力消费等在技术支持上也存在不均衡问题。

（三）旧物回收领域碳中和消费的现状剖析

1. 旧物回收领域碳中和消费的现状

（1）旧物回收领域发展迅猛，碳中和效益显著且年轻群体引领消费潮流。旧物回收领域碳中和消费兼具碳减排和污染物减排的协同效益，是实现碳中和不可或缺的领域。随着我国居民消费水平不断提高和生活方式的绿色低碳化转变，二手市场的资源回收在我国的部分城市地区，特别是一、二线城市逐渐繁荣，同时也借助二手回收网站、闲置物品回收 App 等网络平台渠道在全国市场推广开来。据中国再生资源回收利用协会统计，2023 年我国汽车报废量新增至 756 万辆，同比增长 32%。废旧家具回收利用量已超过 2 亿件，废旧家电的回收总量达到了 450 万吨。此外，每年废弃手机数量高达 4 亿部以上。[①] 这些数据表明，在资源回收领域，包括二手车市场在内的多个细分市场具有广阔的发展潜力。尤其在年轻消费群体中，购买二手电子产品已经成为一种消费潮流。这种潮流趋势源于年轻消费者有限的消费预算和拒绝浪费并追求更高性价比的消费理念。

（2）二手电商行业市场规模不断增长，用户数量持续攀升。数字化技术的应用，使二手交易平台打破了时间和空间的限制，让消费者能够轻松地将闲置物品展示给潜在买家。消费者通过手机或电脑简单操作，即可发布闲置商品信息，与来自不同地区的买家进行交易。二手电商交易规模从 2017—2022 年交易规模和增速分别为 947.4 亿元（168.23%）、1695 亿元（78.91%）、2596.9 亿元（53.2%）、3095.5 亿元（19.19%）、4001.7 亿元（29.27%）、4802.04 亿元（20.00%）。2023 年二手电商交易规模达 5486.5 亿元，同比增长 14.25%。其中，2015—2022 年用户规模平缓增长。从增速来看，2015 年增长率高达 450%，2017—2022 年增速分别为 55.10%、40.78%、34.57%、75%、28.17%、43.34%。2023 年二手电商用户规模为 6.2 亿人，同比增长 33.9%。[②] 市场规

① 陈丽芬，魏琪嘉，依绍华，彭波．有序推动消费品以旧换新［N］．经济日报，2024-06-01（10）．

② 网经社电子商务研究中心．2023 年（上）中国二手电商市场数据报告［R］．杭州：浙江网经社信息科技公司，2023：1-6．

模和用户数量的增长表明了中国二手电商行业正处于快速发展阶段，消费者对二手交易有较高的接受度和参与度。

（3）消费者擅长资源循环利用，快递包装回收践行度有待提升。在资源循环利用领域（物尽其用 74.8%），消费者倾向于重复使用废旧或闲置物品以及包装袋，这一行为的普及度较高。紧随其后的是垃圾分类（64.5%）、产品以旧换新服务（59.7%）以及二手交易市场（52.5%），这些行为也得到了一定程度的推广和实施。然而，与此相比，消费者在快递包装的回收利用上尚未形成广泛的习惯，快递包装垃圾循环利用率相对较低（50.6%），总体上快递业的包装回收率未达两成，包装箱回收率尚未达到 50%，快递填充物、封装胶带等塑料品基本没有被回收。①

总之，我国民众的旧物回收和再利用意识不断增强，旧衣物回收市场壮大。约八成消费者倾向重复使用废旧物品等，约六成倾向以旧换新。消费者通过二手平台、线下回收点回收闲置衣物，延长使用寿命，减少资源浪费和碳排放。数字化技术让二手交易平台打破时空限制，消费者可轻松交易闲置商品。线下回收点布局更合理广泛，社区、商场等设回收箱，企业与政府合作建回收站点，方便消费者旧物回收。

2. 旧物回收领域碳中和消费的挑战

（1）旧物回收消费的市场供给存在技术与成本瓶颈。首先，部分旧物因回收技术问题利用不充分。虽然塑料瓶、废纸等纯度较高的回收物品的回收技术完备、回收市场较大，但还有一些旧物因回收技术问题无法得到充分利用。如旧衣物的纤维种类较多，目前尚未在纤维回收分类技术上取得重大突破。其次，旧物回收对人力物力管理要求较高。旧物回收属于劳动密集型产业，对企业人力、物力、管理水平有较高的要求。我国该行业的经营主体以中小企业为主，他们往往由于较高的经营成本而盈利微薄。最后，供需不匹配制约潜能释放。资源回收消费的供给与需求不相匹配，直接制约了资源回收消费潜能的充分释放。从供给端来看，用户一次捐赠的旧物数量通常较难达到企业上门服务的盈利点，对回收后的旧物进行分拣的利润空间也比较低。从需求端来说，消费者对于旧物回收的需求在逐渐增加，但现有的供给能力无法满足这种增长的需求。

（2）旧物回收的流程不透明与认识局限使消费者旧物回收意愿相对偏低。根据中国青年报社社会调查中心对 2018 名受访者的网络问卷调查结果，有一半的受访者会将家中旧物直接丢弃，不到三成的受访者将其投入再生渠道回收。《2022 低碳社会洞察报

① 月狐研究院. 2022 低碳社会洞察报告（上篇）［R］. 深圳：深圳市和讯华谷信息技术有限公司，2022：20.

告（下篇）》的调研数据显示，超过 70% 的受访者表达了将旧电子产品交由专业机构或途径回收的意愿，而超过 55% 的受访者也表示愿意选购二手电子产品。[①] 消费者对旧物回收积极性较低的原因主要有以下两点：第一，旧物处理流程不透明，无法实现流向追踪。作为旧物回收的潜在购买者，很多消费者对旧物的来源和安全卫生问题十分担忧，从而导致回收消费的兴趣不高。第二，有些消费者对旧物回收认识不够且出售积极性受损，部分消费者对旧物作为可再生资源的重要性认识不足，将“回收利用”的途径窄化为“公益捐赠”。同时，由于旧物回收交易对物品的功能、质量、洁净度等有一定要求，导致消费者选择旧物出售的积极性受损。

（3）旧物回收消费的市场秩序较为混乱。面对庞大的资源回收再利用市场，旧物回收行业“谁来收、如何收”等责任主体和操作标准尚未明确。由于缺乏统一规范管理，旧物回收市场鱼龙混杂，导致一些低质量、假冒伪劣产品充斥市场，影响了消费者的购物体验。例如，二手家具市场规范度不高，价格不透明，消费者在购买二手家具时往往面临较大的价格波动，容易引发消费纠纷；一些无相关资质的废旧物品回收公司打着“公益”旗号，将回收的旧物未经规范化处理便重新投入市场以变相牟利。这些违规违法行为使有较高运营成本的规范化企业被市场恶性竞争所驱逐。

（4）旧物回收缺乏专业的评估和鉴定机制。对于旧物的价值评估和质量鉴定缺乏统一、专业的标准和机构，这一现状带来了诸多问题。一方面，缺乏明确权威评估标准致旧物交易价格体系混乱。由于缺乏明确且权威的评估标准，不同的评估者会根据自身的经验和主观判断给出差异的价值评估结果。例如，在旧衣物回收市场，一些评估者主要依据品牌和款式来确定价格，而另一些评估者则可能更注重材质和新旧程度。这种价值评估的不确定性，使得旧物交易的价格体系较为混乱。另一方面，缺乏专业质量鉴定机构，旧物质量难判断且存在安全隐患。没有专业的质量鉴定机构，使得旧物的质量难以得到准确判断。一些表面看起来状况良好的旧物，可能存在内部的损坏或潜在的故障，而这些问题在交易时难以被发现。以旧电子产品为例，从外观上看可能完好无损，但内部电路可能存在老化、短路等问题，若没有专业的检测，在后续使用过程中可能会给消费者带来安全隐患。

（四）分享互动领域碳中和消费的现状剖析

1. 分享互动领域碳中和消费的现状

（1）基于社交媒体平台的分享互动日趋普遍。分享互动领域碳中和消费包括以微

---

① 月狐研究院 . 2022 低碳社会洞察报告（下篇）［R］. 深圳：深圳市和讯华谷信息技术有限公司，2022：12.

信、微博、B站（哔哩哔哩）等新型社交平台为媒介，消费者个体之间旨在环境改善的互动，包括绿色信息和情感的交流与分享。例如，豆瓣网的“可持续·极简主义小组”以可持续生活方式为主旨进行交流互动；Patagonia提出“修补旧衣”活动，鼓励消费者减少购买新衣，并尽量修补使用旧衣，通过社交媒体分享其修补的经历和成果。这种信息的传递不仅是双向的，还具有互动性和相互影响的特点。[①]《2022年中国可持续消费报告》指出，66.16%的消费者（其中家人亲戚占71.25%、朋友占70.35%和同事同学占64.46%）愿意通过分享低碳产品的使用体验来影响更多消费者参与碳中和消费。同时，90.23%的消费者在看到他人分享碳中和消费信息时，也会有尝试购买使用碳中和产品的意愿。[②] 即分享互动碳中和消费不仅能够提高消费者对碳中和消费的认知，还在一定程度上促进了碳中和消费。依托于社交媒体上的互动交流以及品牌的减碳/低碳/零碳消费活动，消费者的环保参与和分享得到了显著的提升。

（2）消费者分享的渠道多元化。消费者在碳中和消费方面的分享行为呈现多元化趋势，利用多种渠道进行信息交流。一方面，线上渠道不断拓展。线上聊天是消费者最常使用的分享渠道，占比为47.01%，显示了即时通信在碳中和消费信息传播中的核心作用。其他分享渠道包括QQ空间及微信朋友圈（44.90%）、短视频平台（39.93%）、电商平台评价（37.62%）。[③] 另一方面，线上线下渠道并存。除了丰富的线上渠道，线下聊天也占有33.79%的比例，这显示出线下交流在碳中和消费分享中依然具有不可忽视的地位。消费者在面对面交流中分享自己的碳中和消费体验，这种方式更具亲和力和互动性，与线上分享渠道相互补充，共同构建起一个多元化的分享网络格局。

（3）男女性消费者在碳中和产品偏好与分享动机方面差异明显。女性消费者在美妆个护和纸品清洁领域的碳中和产品上拥有更为深刻的认识，并倾向于购买这类产品。她们在低碳消费的实践中，常出于对地球和环境的关怀而选择尝试碳中和产品，同时，她们普遍对碳中和产品的价格和使用体验给予更多关注。消费之后，她们倾向于与他人分享自己的使用感受，以此激励更多的消费者加入碳中和消费的行列中。与此同时，男性消费者对电子电器、汽车及其配饰的低碳特性表现出更高的关注，并且在价格方面表现出较低的敏感性。相较于女性，男性消费者更偏好在短视频平台上分享他们的消费体验，这不仅是为了鼓励周围人参与碳中和消费，也是为了展示他们对环保价值的认同。

（4）发达地区消费者的碳中和消费意识和分享意愿相对较强。在一线和新一线城

---

① 王建明，赵婧．数字时代信息嵌入式监管工具对线上绿色消费行为的推进效应——绿色购买场景模拟和监管工具设计实验［J］．管理世界，2022，38（4）：142－162.

②③ 商道纵横中国可持续发展案例中心团队．2022年中国可持续消费报告［R］．北京：北京商道纵横信息科技有限责任公司，2022：6.

市中，消费者已经开始有意识地选购碳中和产品，并且他们对产品价格的溢价具有较高的接受能力，同时，他们也更容易受到碳中和消费信息的影响。与其他地区相比，这些城市的消费者在碳中和产品的选择上更偏爱电子和电器产品，并且更习惯于通过电商平台进行购物。他们还会对企业的环境保护、社会责任和公司治理表现以及资源回收体系进行关注。由于发达地区消费者更频繁地接触到有关气候变化和环保的信息，他们的碳中和消费意识和分享意愿也相对较强。他们在分享自己使用碳中和产品的体验时，也更有可能受到他人分享内容的影响。与此同时，二、三线城市的消费者在碳中和产品的选择上更偏向于服装类产品，而在三线及以下城市中，没有碳中和产品线上消费经历的消费者比例较高。这些地区的消费者更倾向于在传统的零售市场和超市进行低碳消费。

总之，主流社交媒体平台成传播碳中和理念和环保知识重要阵地，如微博、微信、小红书、抖音和快手等通过多种形式推送碳中和消费信息。平台互动交流功能促环保认知提升，分享互动碳中和消费改变行为，七成消费者分享产品使用经历，九成消费者受他人分享影响有购买意愿。

2. 分享互动领域碳中和消费的挑战

（1）碳中和消费分享互动的信息不对称问题。在数字化时代，消费者往往面临着海量的信息与数据，然而由于信息不对称问题，消费者往往难以获得关于碳中和产品环保属性的真实、具体信息，从而导致消费者产生困惑，影响消费者购买决策。此外，诸多平台上存在的各类分享信息可能存在差异。碎片化、多样化和差异化的碳中和消费信息使消费者难以判断信息的真实性和可靠性。具体来说，主要体现在以下两个方面。一方面，不同消费者的使用体验和认知角度不同，导致分享的信息存在差异。另一方面，一些企业或商家会故意发布夸大虚假信息，以误导消费者。使消费者在面对众多信息时，需要花费大量的时间和精力去辨别和筛选，增加了消费决策的难度。

（2）碳中和消费分享互动的信息茧房现象。在数字化背景下，各类社交媒体上的信息传播与推送往往依托于大数据，虽然实现了精准定向，却也催生了信息茧房的现象。具体而言，碳中和消费信息的分享与互动往往聚焦于已经对碳中和消费产生兴趣、做出行动的群体，从而形成了群体内的互动循环。然而，针对尚未形成碳中和消费意识、尚未进行减碳/低碳/零碳消费的群体，碳中和消费分享互动信息往往难以有效推送与普及。大数据的精准推送机制在面对这些群体时，由于其缺乏相关的搜索历史、浏览行为等数据依据，而无法准确识别并将碳中和消费信息推送给他们。同时，即使有部分信息偶然推送到这部分群体面前，由于他们缺乏对碳中和消费的基本了解，很有可能直接忽略或快速划过这些信息，进一步加剧了信息茧房现象。

（3）碳中和消费分享互动的数据可靠性问题。有效的碳中和产品推荐、分享与购买决策往往需要基于一定的客观数据支持，以避免消费者产生漂绿质疑。然而，在环保数据的收集与处理上仍然存在着一定的技术挑战，比如产品全周期的碳排放评估等。除此以外，有关碳足迹、碳标签的标准尚未统一与普及，导致低碳/零碳产品所宣传的效果无法得到有效的背书与认证。此外，一系列企业漂绿行为的曝光，也容易降低消费者对碳中和产品的好感与信任。

（4）碳中和消费分享互动的激励机制相对不足。推动信息的分享往往需要一定的激励机制，该机制可分为经济激励与非经济激励。对于购买低碳/零碳产品及分享碳中和消费的激励仍较为匮乏。在经济激励方面，碳中和产品往往具有一定程度的溢价，在不提供一定经济激励的情况下，消费者会更倾向于维持对传统产品的购买，造成“知易行难”的困境；此外，分享碳中和消费信息有时无法获得一定的经济优惠或奖励，也无法形成更广泛的传播与分享。从非经济激励角度看，进行碳中和消费信息的分享往往出于个人意愿与情怀，缺乏一定的仪式感、成就感，这阻碍了碳中和消费信息的进一步分享与传播。

三、碳中和消费的潜在问题

（一）碳中和消费的巨大潜力尚未充分释放

《中国消费市场绿色低碳可持续趋势调查报告（2023）》的调查数据显示，有78%的消费者希望知名品牌能够引领绿色低碳消费；另有83%的消费者希望能够与品牌有更多关于绿色低碳的互动。[①] 总之，2023年消费者更加关注环境问题，在购买产品或服务时，更加注重环保属性（如可回收、低碳排放等）。可见，碳中和消费仍有很大的潜力待挖掘。碳中和消费潜力的释放受到政策、技术、经济结构、消费者认知和行为等多方面因素的制约。消费者对低碳消费、低碳生活等概念普遍有一定了解，但“知”与“行”仍有一定差距。南都民调中心发布的《公众“减碳”生活方式调查报告（2022）》显示，受访者对垃圾分类的认知度为76.32%，但表示能做到“垃圾分类，定点投放”的受访者占比仅为67.71%，购买有机衣物的受访者比例为34.72%。这些数据表明低碳生活、低碳消费理念的践行程度并不理想。[②] 这反映了碳中和消费仍有很大的发展潜力。此外，相较于减少购买一次性用品和积极参与闲置物品改造来说，消费者购买低碳产品的行动相对较少，且低碳购买往往集中在选购节能家电、绿色有机食品、环保

① 上海市消费权益保护委员会，每日经济新闻．《中国消费市场绿色低碳可持续趋势调查报告（2023）》[R]．上海：上海市消费权益保护委员会，2023：10-19.

② 南都民调中心．你今天减碳了吗？五成半受访者表示日常能践行低碳生活［EB/OL］．南方都市报官网，https：//static. nfapp. southcn. com/content/202207/29/c6737316. html，2022-07-29.

儿童用品、新能源汽车等主要产品，这表明更广领域的碳中和消费潜力尚未被充分激发。

（二）碳中和消费的领域分布不平衡

一方面，碳中和消费的产品领域分布不平衡。根据本书的大数据分析，极少数品类（如冰箱、空调、有机食品、一次性杯子等）的绿色产品购买量比例较高，少数品类（如洗衣机、一次性打包袋、T 恤、尿布等）的绿色产品购买量比例一般，一些品类（如微波炉、涂料、地板、衬衫、针织衫、杂粮、洗发水、一次性餐盒等）的绿色产品购买量比例较低，很多品类（如床、沙发、衣柜、牛仔裤、电脑主机、电视、香水、口红、婴儿湿巾、沐浴露等）的绿色产品购买量比例低。[①] 总的来说，碳中和消费集中在绿色家电、绿色食品、绿色衣着、绿色用品等少数细分品类，更广泛领域的碳中和消费有待拓展。另一方面，碳中和消费的群体和地区分布不平衡。调查显示，相比学历和收入较低群体，较高学历、较高收入群体通常碳中和消费比例更高，如月收入 6001 ~ 10000 元的中等收入群体比例最高，大专及以上学历的群体最积极。[②] 从地区层面看，中国人民大学重阳金融研究院、生态金融研究中心发布的《“碳中和”中国城市进展报告 2021》显示，从全国城市“绿色 60”指数排序看，高分城市大多为东部发达城市，如北京、深圳、杭州、上海、广州等发达城市的绿色政务、预约挂号、绿色办公、共享单车等碳中和消费比较领先。而低分城市几乎全部为中西部小城市，碳中和消费相对滞后。[③]

（三）碳中和消费的产品供给有待扩大和优化

首先，绿色低碳的产品供给覆盖面不够广。国家市场监督管理总局陆续印发了 3 批绿色产品评价标准清单及认证目录，将 19 类产品纳入认证范围。2023 年 6 月 20 日公布的绿色产品评价标准清单及认证目录（第四批），认证范围已扩展至家用燃气用具和厨卫五金产品，但人们生活所涉及的衣食住行用游等各领域的绿色产品远不止于此。数智时代下社交、服务和游戏等影响广泛的互联网产品或服务、国潮、养生等新型消费场景，还尚未纳入绿色低碳产品供给覆盖范围。其次，绿色低碳产品“绿色程度”“减碳成色”不足。以绿色家电为例，根据本书的大数据分析，一级能效洗衣机销量不及二级、三级能效洗衣机销量，冰箱和空调的一级能效产品销量占比较少，非一级能效产品的销量占比较多，一级能效电视和一级能效微波炉的占比则更少。[④] 可见，虽然绿色低碳产品已经进入许多消费者视野，但消费的“绿色程度”“减碳成色”实际上远远不

---

①④ 具体大数据分析结果详见本书第五章。

② 朱迪．中等收入群体和青年群体的绿色低碳消费研究——基于不同消费环节和消费领域的实证分析［J］．社会科学辑刊，2024（3）：130 - 141 + 239.

③ “碳中和”中国城市进展报告 2021（春季）［J］．今日国土，2021（1）：19 - 28.

够，很多碳中和消费实际上属于“浅绿”而非“深绿”，一些消费甚至存在“漂绿”“伪绿”“炒作绿色概念”现象，碳中和消费的质亟待提升。最后，碳中和消费的产品标准、认证、标识存在短板。根据商道纵横在第七届“界面臻善年会”发布的《2022中国可持续消费报告》，除“中国能效标识”外，其他绿色可持续相关认证标准及标识的消费者认知度均不超过50%，听说过绿色产品认证的受访者比例仅为35.9%。对于阻碍消费者购买低碳产品的因素，前三大因素分别是“难以辨别是不是低碳产品”（占50.75%）、“价格高太多”（占44.94%）、“低碳产品选择有限”（39.24%）。[①] 在绿色低碳产品标准、认证、标识不健全的情况下，低碳交通、贴有能耗标签的节能空调、竹炭产品等绿色低碳产品相对容易识别，但更多的绿色低碳产品识别度不高，甚至不少“伪低碳”产品盛行市场，这制约了碳中和消费的拓展。

（四）碳中和消费的产品供给和消费需求存在错位

碳中和消费的产品价格与支付意愿不匹配是供需错位的一个重要方面。根据我们的大数据分析（详见本书第五章），一级能效冰箱价格平均为4299元，三级能效冰箱价格为1040元，普通冰箱价格为2899元，一级能效冰箱价格比三级能效价格高313.37%，比普通冰箱价格高48.29%。电视、空调、微波炉、洗衣机等家电的一级能效价格比三级能效价格也分别高366.79%、31.91%、116.86%、325.41%。一级能效冰箱、电视、空调、微波炉、洗衣机等家电的一级能效价格都普遍高于三级能效价格。且能效等级越高，与普通产品的价差越大。在其他很多产品领域，这种价差也是普遍存在。根据普华永道2024年发布的《消费者之声调查》报告，消费者愿为绿色低碳产品支付的平均溢价只有9.7%。根据贝恩公司2023年底的发布《全球可持续发展报告》，消费者愿为绿色低碳产品支付的平均溢价为12%。德勤发布的《2023中国消费者洞察与市场展望白皮书》显示，虽然超过六成消费者愿为绿色低碳消费支付溢价，但多数消费者的支付溢价不到10%。鉴于多数消费者消费过程中更注重绿色低碳产品的价值和性价比，不愿为环保而“高价买单”，由此高溢价导致很多绿色低碳产品消费“绿”不起来、“绿”不长久。另外，对很多消费者来说，绿色低碳属性尚未成为吸引其核心诉求点，大多数消费者往往只是兼顾产品的绿色低碳属性，其主要诉求点还是功效、价值、价格、质量、个性等非绿色因素。

（五）碳中和消费的宣传推广效果和数字化应用有限

一是政策对碳中和消费宣传的支持和引导力度不足。对从事碳中和消费宣传推广的

---

① 商道纵横中国可持续发展案例中心团队.2022年中国可持续消费报告［R］. 北京：北京商道纵横信息科技有限责任公司，2022：29－32.

媒体、企业和社会组织等缺乏足够的政策支持和激励措施，且尚未制定专门针对碳中和消费宣传推广的系统性政策规划。二是我国碳中和消费的环境氛围不够浓厚，且数字化技术应用不足。碳中和消费宣传以发放主题宣传册、张贴宣传标语、反复播放公益广告等传统方式为主，通常集中在环境日等节日主题宣传，性质上更多为碳中和产品的活动性推广，活动结束之后没有得到持续性推广。而且传统的宣传手段已不能适应数智时代的需求，虽然借助了短视频、直播等新媒体传播手段推广，但个性化、定制化、精准化的宣传推广仍未普及。三是数字化的碳中和消费体验建设不平衡不充分。全国各地积极探索碳中和消费体验建设，但从地域分布来看，主要集中在一、二线城市；从性质来看，缺乏公益性和市场化相互补充的数智化碳中和消费体验建设；从技术应用来看，VR、AR 技术等数字化元素的融入并不十分充分。

（六）碳中和消费的应用场景创新不足

在数智技术推动下，碳中和消费场景应用不断扩充并融入居民日常生活，但循环包裹、二手回收等场景应用的深度和广度还不够。据调研，很多消费者愿意参与快递包装的循环回收，但回收途径和渠道尚不十分畅通，且缺乏有效管理。就全国范围而言，快递网点循环回收箱覆盖仍存在很大盲区。电商行业中，大量个体电商发出的循环袋并没有再流回电商的逆向物流支撑，导致循环利用无法形成闭环。此外，我国还未实现以碳中和消费为核心的低碳生活全场景应用与创新，以数字化手段为依托的衣、食、住、行、购、健、娱等碳中和消费场景应用还不够丰富。例如，智能碳足迹追踪系统可以通过数字化手段，自动追踪消费者在日常生活中的碳排放情况，覆盖衣、食、住、行、购、健、娱等各类消费场景。尽管已有部分移动应用提供碳足迹计算功能，但该技术尚未在全国范围内广泛应用，且各个消费场景之间的互联互通不足，难以实现真正的全场景碳中和管理。

第二节　碳中和消费的政策实践

一、碳中和消费的政策历史沿革

梳理碳中和消费政策的发展历史和演变过程，有助于更清晰地掌握碳中和消费的发展轨迹和政策变迁的规律，为碳中和消费及其政策的后续研究提供历史参考。本节系统全面地梳理碳中和消费政策历史发展脉络，不仅从中归纳政策变迁的过程，也从更深层次上发掘政策变迁的原因、主要方面和主要方向。20 世纪 90 年代以来，我国推进碳中和消费的政策实践一直在不断摸索与发展。中共中央、国务院及各部委就推进碳中和消费或绿色低碳消费相继出台了多项政策，包括《关于加快推动生活方式绿色化的实施意见》《关于加快建立绿色生产和消费法规政策体系的意见》《促进绿色消费实施方案》等，国家“双碳”目标明确提出“扩大绿色低碳产品供给和消费”。党的十八大以来，特别是党的二十届三中全会“健全绿色低碳发展机制”“健全绿色消费激励机制”的提出，进一步推动了我国碳中和消费政策的实践。相关政策涵盖法律法规、制度政策、技术标准、实施方案等多个方面。鉴于绿色消费或碳中和消费的涉及领域十分宽泛，包括绿色购买、节能、节水、绿色出行、绿色建筑、垃圾分类回收等众多领域，相应的政策也涉及环保、发改、工商、工信、商务、财政、教育等众多政府部门，由此早期推进碳中和消费的政策相对零散，往往隐含在其他政策文件中，且与绿色消费的界限还不是十分清晰明确，有时以“绿色”等字眼出现于政策中。随着时间的推移，我国碳中和消费的整体政策框架已逐步构建并日趋完善，逐渐由点到面、由浅入深，致力于构建一个多维度、多层次、多领域的政策体系。总体而言，碳中和消费的政策沿革大致经历了三个阶段。

第一阶段，碳中和消费政策的萌芽起步阶段（20 世纪 90 年代至 2015 年）：政策体系雏形显现。

在这一阶段，全球各国开始意识到气候变化问题的严重性，并逐步将消费端减排纳入政策议程。在该阶段，碳中和消费政策的关注点主要集中在减少温室气体排放、提高能源效率和推广可再生能源等方面。早在 1992 年，中国政府就率先制定了《中国二十一世纪议程——中国二十一世纪人口、环境与发展白皮书》，其中特别提出要加强可持续发展的宣传教育，提高全民族的可持续发展意识。随后，在节能环保、循环经济等相关法律法规中，也逐渐纳入了推动碳中和消费的政策条款，如《循环经济促进法》《节约能源法》《政府采购法》《公共机构节能条例》《废弃电器电子产品回收处理管理条例》《能源效率标识管理办法》等。2013 年国务院印发《循环经济发展战略及近期行动计划》，倡导从消费端的回收利用促进循环经济发展，减少二氧化碳排放。随后我国相继出台了《关于加快推动生活方式绿色化的实施意见（环发〔2015〕135 号）》《绿色生活创建行动总体方案（发改环资〔2019〕1696 号）》等一系列政策措施，以引导消费者转变生活方式促进消费观念的绿色化和低碳化。2014 年，国务院办公厅印发《2014—2015 年节能减排低碳发展行动方案》，要求整合节能和低碳产品认证制度，制定节能低碳产品认证管理办法。这一系列政策组合拳从供给端为碳中和消费的推进奠定了重要的制度基础。

第二阶段，碳中和消费政策的发展变革阶段（2016—2021 年）：政策体系逐渐形成与完善。

在这个阶段，多个国家、地区、组织发布了一系列推动碳中和消费的政策文件，旨在从消费侧减少碳排放。2016 年，国家发展改革委等十部门联合印发《关于促进绿色消费的指导意见》，这是我国出台的首个推动绿色消费的专项文件，将绿色消费提上国家议程，推动了绿色低碳、文明健康的生活方式和消费模式的构建，使碳中和消费有了更加明确的指引。同年，国务院办公厅印发了《关于深入实施“互联网 + 流通”行动计划的意见》，倡导积极推进绿色物流和消费，促进“互联网 + 回收”模式创新发展。利用大数据、云计算等数智技术优化逆向物流网络的布局，推动了消费端回收环节的减碳，也推动消费端政策体系的形成。党的十九届四中全会提出完善绿色生产和消费的法律制度和政策导向。2018 年 9 月，中共中央、国务院印发《关于完善促进消费体制机制，进一步激发居民消费潜力的若干意见》，进一步提出了有关促进消费侧绿色低碳化的政策举措。同年 9 月，国务院办公厅印发的《关于完善促进消费体制机制实施方案（2018—2020 年）》，提出发展壮大绿色消费，在促进汽车消费升级方面，涉及汽车流通、二手车、报废汽车回收等相关政策，提出研究建立碳配额交易制度。政府部门发布的一系列文件，有力推动了碳中和消费政策体系的逐步构建。2020 年 3 月 11 日，国家发展改革委和司法部联合印发了《关于加快建立绿色生产和消费法规政策体系的意见》，提出加快建立绿色生产和消费的法规政策体系，进一步扩大绿色产品消费市场，为碳中和消费政策体系的逐步完善注入了新的动力。2020 年 9 月 22 日，习近平主席在第七十五届联合国大会一般性辩论上郑重宣布：“中国将提高国家自主贡献力度，采取更加有力的政策和措施，二氧化碳排放力争于 2030 年前达到峰值，努力争取 2060 年前实现碳中和”。这为消费端的绿色低碳发展指明了方向。2021 年 2 月，国务院印发《关于加快建立健全绿色低碳循环发展经济体系的指导意见》，提出到 2025 年，绿色低碳循环发展的生产体系、流通体系、消费体系初步形成。同年国务院关于印发《“十四五”节能减排综合工作方案》的通知，强调组织开展全国节能宣传周、世界环境日等主题宣传活动，通过多种传播渠道和方式广泛宣传节能减排法规、标准和知识，旨在促进全社会对碳中和消费的认知和理解，形成良好的互动氛围。2021 年国家发展改革委等部门发布《关于开展 2021 年全国节能宣传周和全国低碳日活动的通知》，指出需创新宣传方式与加大力度，以活泼新颖、群众喜闻乐见的形式，发挥传统和新兴媒体优势，结合实际开展具行业与地方特色的宣传活动，提升宣传效果，推动相关工作更好开展。中国政府部门相继出台一系列推动绿色、低碳消费的政策，逐步构建并完善了碳中和消费的政策体系。

第三阶段，碳中和消费政策的深化拓展阶段（2022 年至今）：碳中和消费政策持续加强。

2022 年 1 月，国家发展改革委等部门印发《促进绿色消费实施方案》，对全面促进消费绿色低碳转型升级、落实新发展理念、构建新发展格局、推动高质量发展、实现碳达峰碳中和目标具有重大意义。2022 年 5 月，国家发展改革委等部门发布《关于开展 2022 年全国节能宣传周和全国低碳日活动的通知》，指出通过开展“线上 + 线下”宣传活动，深入宣传低碳发展理念，普及应对气候变化知识，提升公众低碳意识，倡导公众选择简约适度、绿色低碳的生活方式。同年，广东省生态环境厅印发《广东省碳普惠交易管理办法》，量化社会公众节能降碳等生活消费行为产生的减碳量，以碳普惠形式进行奖励，鼓励更多的社会公众参与到碳中和消费的行动中。同年《公民绿色低碳行为温室气体减排量化导则》团体标准出台，明确了涉及衣、食、住、行、用、办公等七大类别的 40 项绿色低碳行为，规定了公民绿色行为碳减排量化基本原则、要求和方法，适用于公民绿色行为碳减排量化评估。该团体标准成为了衡量消费领域碳减排量的一把“标尺”。2023 年 4 月，武汉市政府印发《武汉市碳普惠体系建设实施方案（2023—2025 年）》指出，打造个人低碳生活平台，建立个人碳减排场景。逐步制定和建立涵盖个人生活领域（衣、食、住、行、用等）的碳减排评价规范和场景，积极推动绿色低碳的生活方式普及，为消费者参与碳减排提供多样化选择。我国生态环境部和市场监管总局于 2023 年 10 月 19 日联合发布《温室气体自愿减排交易管理办法（试行）》，明确规定了个人有权申请温室气体自愿减排的登记，激励个人采取减少碳排放的消费行为，提升了消费者对碳中和消费理念的认同与参与程度。2024 年 8 月 22 日，上海市人民政府印发《上海市加快推进绿色低碳转型行动方案（2024—2027 年）》通知，指出通过宣传教育，提高市民的绿色消费意识，鼓励绿色出行、绿色消费。2024 年 8 月 27 日中国人民银行等八部门联合发布《关于进一步做好金融支持长江经济带绿色低碳高质量发展的指导意见》提出探索建立长江经济带重点行业企业和个人碳账户，进一步推动了个人碳账户的发展。中国推进碳中和消费的相关政策演进汇总如表 3 - 1 所示。

表 3 - 1　中国推进碳中和消费的相关政策演进汇总

领域	年份	颁布部门	文号	政策名称
购买购置领域	2006	国家旅游局（已撤销）	国家旅游局公告〔2006〕第 10 号	公告《绿色旅游饭店》标准
	2009	国务院办公厅	国办发〔2009〕44 号	促进扩大内需鼓励汽车家电以旧换新实施方案的通知
	2010	财政部、商务部、环境保护部（已撤销）	财建函〔2010〕6 号	关于家电以旧换新推广实施申报工作的通知

续表

领域	年份	颁布部门	文号	政策名称
购买购置领域	2012	财政部、住房和城乡建设部	财建〔2012〕167号	关于加快推动我国绿色建筑发展的实施意见
	2014	商务部办公厅、中宣部办公厅、发展改革委办公厅	商办流通函〔2014〕803号	关于组织开展低碳节能绿色流通行动的通知
	2014	国家质量监督检验检疫总局、国家发展改革委	国家质量监督检验检疫总局、国家发展改革委令第168号	节能低碳产品认证管理办法
	2014	国务院办公厅	国办发〔2014〕23号	2014—2015年节能减排低碳发展行动方案
	2015	环境保护部（已撤销）	环发〔2015〕135号	关于加快推动生活方式绿色化的实施意见
	2015	中国共产党中央委员会、国务院		生态文明体制改革总体方案
	2015	中国共产党中央委员会、国务院	国发〔2015〕66号	关于积极发挥新消费引领作用加快培育形成新供给新动力的指导意见
	2016	国家发展改革委、中宣部、科技部等	发改环资〔2016〕353号	关于促进绿色消费的指导意见的通知
	2016	国务院办公厅	国办发〔2016〕86号	关于建立统一的绿色产品标准、认证、标识体系的意见
	2018	国家发展改革委	发改价格规〔2018〕943号	关于创新和完善促进绿色发展价格机制的意见
	2018	商务部办公厅	商办流通函〔2018〕137号	关于做好2018年绿色循环消费有关工作的通知
	2018	国务院办公厅	国办发〔2018〕93号	关于印发完善促进消费体制机制实施方案（2018—2020年）的通知
	2018	中国国家认证认可监督管理委员会	2018年第13号	关于发布绿色产品认证标识的公告
	2018	中国共产党中央委员会、国务院		关于完善促进消费体制机制 进一步激发居民消费潜力的若干意见
	2019	国家发展改革委、工业和信息化部、财政部等	发改环资〔2019〕1054号	关于印发《绿色高效制冷行动方案》的通知

续表

领域	年份	颁布部门	文号	政策名称
购买购置领域	2019	国家市场监督管理总局、国家标准化管理委员会	国家标准公告 2019 年第 6 号	关于批准发布《绿色包装评价方法与准则》等国家标准和国家标准修改单的公告
	2019	市场监管总局	国家市场监督管理总局公告 2019 年第 20 号	关于发布《绿色产品标识使用管理办法》的公告
	2019	国家发展改革委、生态环境部、商务部	发改产业〔2019〕967 号	关于印发推动重点消费品更新升级 畅通资源循环利用实施方案（2019—2020 年）的通知
	2019	国务院办公厅	国办发〔2019〕42 号	关于加快发展流通促进商业消费的意见
	2020	国家市场监督管理总局、国家邮政局	2020 年第 47 号	发布《快递包装绿色产品认证目录（第一批）》《快递包装绿色产品认证规则》的公告
	2021	国务院	国发〔2021〕4 号	关于加快建立健全绿色低碳循环发展经济体系的指导意见
使用消费领域	2003	建设部（已撤销）、公安部	建城〔2003〕169 号	关于开展创建“绿色交通示范城市”活动的通知
	2007	国务院办公厅	国办发〔2007〕72 号	关于限制生产销售使用塑料购物袋的通知
	2008	商务部、国家发展改革委、国家工商行政管理总局（已撤销）	商务部、发展改革委、工商总局令 2008 年第 8 号	商品零售场所塑料购物袋有偿使用管理办法
	2008	国务院办公厅	国办发〔2018〕106 号	关于深入开展全民节能行动的通知
	2010	商务部、国家发展改革委员会、环境保护部等	商商贸发〔2010〕220 号	关于在餐饮与饭店业开展减少使用一次性筷子工作的通知
	2011	国家发展改革委	发改价格〔2011〕2617 号	关于居民生活用电试行阶梯电价的指导意见的通知
	2013	交通运输部	交政法发〔2013〕323 号	关于印发《加快推进绿色循环低碳交通运输发展指导意见》的通知
	2013	国务院	国发〔2013〕5 号	关于印发循环经济发展战略及近期行动计划的通知
	2013	国家发展改革委、住房和城乡建设部	发改价格〔2013〕2676 号	关于加快建立完善城镇居民用水阶梯价格制度的指导意见

续表

领域	年份	颁布部门	文号	政策名称
使用消费领域	2014	国家发展改革委	发改价格〔2014〕467 号	关于建立健全居民生活用气阶梯价格制度的指导意见
	2016	国家发展改革委、科技部、工业和信息化部等	发改环资〔2016〕2705 号	关于印发《“十三五”全民节能行动计划》的通知
	2016	国家发展改革委、国家能源局	发改基础〔2016〕2795 号	关于印发《能源生产和消费革命战略（2016—2030）》的通知
	2017	交通运输部	交政研发〔2017〕186 号	关于全面深入推进绿色交通发展的意见
	2019	交通运输部等十二部门和单位	交运发〔2019〕70 号	关于印发绿色出行行动计划（2019—2022 年）的通知
	2019	国家发展改革委	发改环资〔2019〕1696 号	绿色生活创建行动总体方案
	2020	市场监管总局、国家发展改革委、科技部、工业和信息化部、生态环境部、住房城乡建设部、商务部、邮政局	国市监标技〔2020〕126 号	关于加强快递绿色包装标准化工作的指导意见
	2020	国家发展改革委、生态环境部	发改环资〔2020〕80 号	关于进一步加强塑料污染治理的意见
	2020	财政部、工业和信息化部、科技部、国家发展改革委	财建〔2020〕593 号	关于进一步完善新能源汽车推广应用财政补贴政策的通知
	2020	国家发展改革委、司法部	发改环资〔2020〕379 号	关于加快建立绿色生产和消费法规政策体系的意见
	2022	国家发展改革委、住房和城乡建设部、商务部等	发改就业〔2022〕107 号	促进绿色消费实施方案
	2022	中华环保联合会		公民绿色低碳行为温室气体减排量化导则
	2023	生态环境部、市场监管总局	生态环境部 市场监管总局令第 31 号	温室气体自愿减排交易管理办法（试行）

续表

领域	年份	颁布部门	文号	政策名称
废弃回收领域	2002	国家发展计划委员会、财政部、建设部、国家环境保护总局	计价格〔2002〕872 号	关于实行城市生活垃圾处理收费制度促进垃圾处理产业化的通知
	2004	建设部（已撤销）	建设部公告第 262 号	关于发布行业标准《城市生活垃圾分类及其评价标准》的公告
	2011	国务院	国发〔2011〕9 号	关于进一步加强城市生活垃圾处理工作意见的通知
	2016	国务院办公厅	国办发〔2016〕24 号	关于深入实施“互联网 + 流通”行动计划的意见
	2017	国务院办公厅	国办发〔2017〕26 号	关于转发国家发展改革委住房城乡建设部生活垃圾分类制度实施方案的通知
	2018	工业和信息化部、科技部、环境保护部等	工信部联节函〔2018〕68 号	关于组织开展新能源汽车动力蓄电池回收利用试点工作的通知
	2018	中共中央、国务院		《关于完善促进消费体制机制进一步激发居民消费潜力的若干意见》
	2018	国务院办公厅	国办发〔2018〕93 号	关于印发完善促进消费体制机制实施方案（2018—2020 年）的通知
	2019	住房和城乡建设部等部门	建城〔2019〕56 号	关于在全国地级及以上城市全面开展生活垃圾分类工作的通知
	2019	国家发展改革委、生态环境部、商务部	发改产业〔2019〕967 号	推动重点消费品更新升级 畅通资源循环利用实施方案（2019 — 2020 年）
	2020	商务部	2020 年第 61 号公告	关于发布《商务领域一次性塑料制品使用、回收报告办法（试行）》的公告
	2020	住房和城乡建设部等	建城〔2020〕93 号	关于进一步推进生活垃圾分类工作的若干意见
	2021	国家发展改革委、住房城乡建设部	发改环资〔2021〕642 号	《“十四五”城镇生活垃圾分类和处理设施发展规划》的通知

续表

领域	年份	颁布部门	文号	政策名称
分享互动领域	2010	全国妇女联合会、中央精神文明建设指导委员会办公室等	妇字〔2010〕5号	关于深化节能减排家庭社区行动开展“低碳家庭·时尚生活”主题活动的通知
	2016	国家发展改革委办公厅	发改办环资〔2016〕70号	关于印发《“互联网+”绿色生态三年行动实施方案》的通知
	2021	国务院	国发〔2021〕33号	国务院关于印发《“十四五”节能减排综合工作方案》的通知
	2021	国家发展改革委等部门	发改环资〔2021〕1157号	关于开展2021年全国节能宣传周和全国低碳日活动的通知
	2022	国家发展改革委等部门	发改环资〔2022〕758号	国家发展改革委等部门《关于开展2022年全国节能宣传周和全国低碳日活动的通知》
	2024	上海市人民政府	沪府发〔2024〕8号	印发《上海市加快推进绿色低碳转型行动方案（2024—2027年）》的通知
	2024	中国人民银行等八部门		关于进一步做好金融支持长江经济带绿色低碳高质量发展的指导意见

资料来源：作者根据相关资料整理。

二、碳中和消费的政策重点演变

通过对我国国家层面出台的有关推进碳中和消费政策进行梳理，包括收集整理中国的法律法规政策、政府工作报告、行业研究报告等，可以总结出中国碳中和消费的政策重点领域的时代背景、行业（项目）特征以及推进政策演进规律及其影响（碳中和消费的政策重点领域的年度分布如图3-1所示）。

碳中和消费的政策重点领域的年度分布在一定程度上反映了不同时间段推进碳中和消费的重点及其发展特征。主要分为：（1）萌芽起步阶段（1990—2000年）：随着节能减污成为我国环境保护工作的重点，一部分消费者开始关注和购买绿色用品（节能家电）、绿色食品等，但主要停留在响应资源节约和减少污染等基本消费行为，碳中和消费规模相对较小。（2）探索成长阶段（2001—2006年）：随着消费者环保意识提升，绿色用品（节能家电）、绿色食品领域的消费不断增长，并向生活垃圾分类、绿色旅游和绿色出行领域扩散蔓延。这一时期碳中和消费的规模依然相对有限，主要集中在少数地区和少数群体。（3）快速发展阶段（2007—2011年）：随着人民生活水平不断提高和市

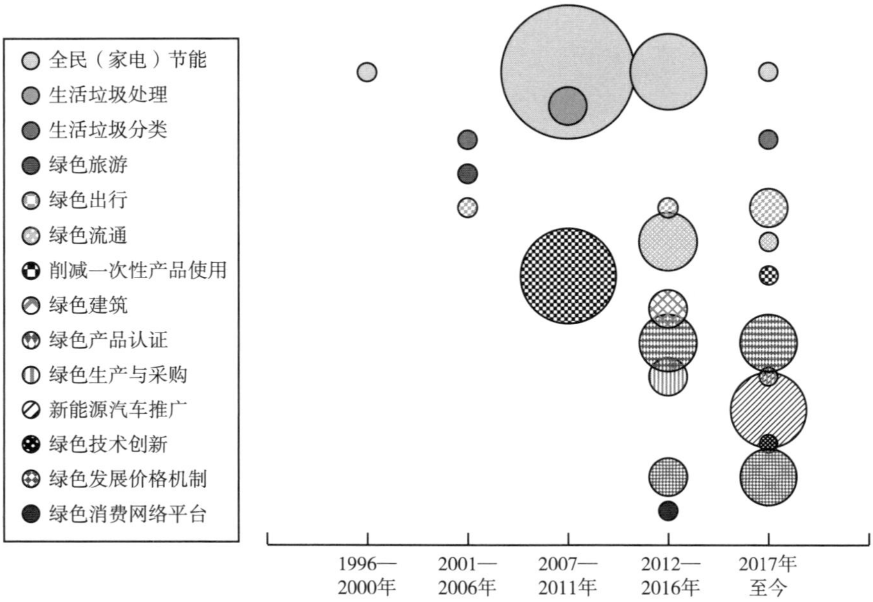

图 3－1 碳中和消费的政策重点领域

资料来源：作者根据相关资料整理。

场供给的长足进步，碳中和消费从上述领域继续向更广更细分的领域快速发展，如绿色包装、家电以旧换新、新能源汽车、绿色低碳建筑、削减一次性产品支出等领域也进入消费者视野，碳中和消费规模和质量不断提升。（4）深化革新阶段（2012—2016 年）：我国迎来消费创新升级蓬勃发展阶段，碳中和消费在内的消费品质明显提升，消费种类和数量显著增加，除了基础领域在不断壮大，绿色服饰、绿色流通、绿色产品认证、绿色发展价格机制、绿色消费网络平台等领域呈多元化发展趋势。（5）稳步提升阶段（2017 年至今）：以衣着、食品、居住、出行、用品等为代表的碳中和消费重点领域正在辐射带动消费各领域规模和质量的提升，成为经济高质量发展的重要一环。中国碳中和消费的政策重点演变如表 3－2 所示。

表 3－2 中国碳中和消费的政策重点演变

政策	具体政策工具	1996—2000 年	2001—2006 年	2007—2011 年	2012—2016 年	2017—2023 年
引导类政策	表彰	◆	◆			◆
	试点示范	◆	◆	◆	◆	◆
	节能意识培养		◆	◆	◆	◆
	家庭低碳计划			◆	◆	◆

续表

政策	具体政策工具	1996—2000 年	2001—2006 年	2007—2011 年	2012—2016 年	2017—2023 年
引导类政策	倡导绿色时尚生活				◆	◆
	气候变化意识培养				◆	◆
	全民节约行动				◆	◆
	绿色消费需求培养					◆
	绿色公民行动					◆
	互联网 + 社区互动					◆
	定制化信息推送					◆
激励类政策	绿色财政税收政策		●	●	●	●
	绿色产品购买补贴			●	●	●
	节能价格激励			●	●	●
	绿色产品金融支持				●	●
	碳排放交易机制				●	●
	绿色供应链培育				●	●
	绿色消费积分制度				●	●
	绿色信用体系建设				●	●
	网上分享积分兑换				●	●
	绿色发展价格机制					●
约束类政策	收费制度	★	★	★	★	★
	法规和标准体系		★	★	★	★
	节能技术改造			★	★	★
	产业调整与优化升级			★	★	★
	低碳产品认证				★	★
	绿色产品认证				★	★
	绿色标识认证体系				★	★
	绿色采购制度				★	★
	黑名单制度				★	★
	红名单制度					★

资料来源：作者根据相关资料整理。

整体而言，中国推进碳中和消费的政策种类不断丰富，政策数量不断扩大，政策工具的形式也呈现多样化发展的特征。早期的碳中和消费政策主要以引导类和强制类为主，如通过表彰、试点示范和收费制度等方式来推动绿色、低碳消费的发展。2006 年以前的十年期间，推进碳中和消费的政策主要是引导类政策和约束类政策，且政策工具形式主要是表彰、试点示范和收费制度等；随着政策的探索演进，消费端的减碳政策逐渐趋于专门化、明确化和具体化，政府也更加注重通过市场化手段来引导消费者自愿参与碳中和消费。2006 年以后，激励类政策逐渐被政府应用到碳中和消费领域，且形式越来越丰富。2017 年以来，引导类政策增加了碳中和消费需求培养、绿色公民行动、互联网 + 社区互动、定制化信息推送等更具亲民性和个性化的内容。

从中国碳中和消费的政策演变可以发现从生产端到消费端转变的基本趋势，即中国推进碳中和消费政策从规范企业绿色生产行为，逐渐过渡到注重以政策引领居民绿色低碳生活和消费。早期的碳中和消费政策更倾向生产端，即通过政策激励企业采取绿色生产方式和技术创新等，以生产符合绿色、低碳标准的产品或服务。这一时期的政策设计主要围绕企业的低碳转型，通过一系列法规、标准和激励措施来规范企业的生产行为，推动其向绿色、低碳方向转变。但随着形势发展和政策演变，碳中和消费政策开始更多地关注消费端，注重政策对消费者碳中和消费行为的约束、引导。从早期的约束类政策为主，到如今的激励类和引导类政策逐渐丰富，政策种类不断增多，政策数量不断扩大。同时，注重市场化手段的运用，注重政策的亲民性，强调全民参与，以及运用数智化手段完善碳中和消费政策体系。这一转变体现在一系列针对消费者的政策工具上，如绿色消费宣传教育、碳中和消费补贴、个人碳账户、碳积分机制、碳普惠制度等，旨在通过政策引导消费者形成碳中和消费的理念和行为习惯。

三、碳中和消费的政策现状总结

（一）碳中和消费的政策进展

第一，碳中和政策体系雏形显现到逐渐深化拓展。我国政府在推动消费端降碳减排方面，逐步构建了一套较为完善的政策体系。政府在购买购置、使用消费、废弃回收和分享互动等领域都出台了一系列与碳中和消费相关的政策，推动消费行为绿色化/低碳化/零碳化。这些政策重点关注消费环节的降碳减排，旨在通过政策引导，鼓励消费者积极参与碳中和消费。

第二，运用市场化手段引导消费行为绿色化/低碳化/零碳化。在推动碳中和消费的过程中，政府注重运用市场化手段，通过确立绿色产品标准认证标识体系等推动消费者购买绿色、低碳、零碳产品。同时，实施绿色产品认证和标识使用管理等，加强对碳中和产品的监管和推广力度。这些市场化手段的运用，进一步推动了消费端降碳减排的发展。另外，政府还通过实施碳账户、碳普惠、碳平台等市场化机制，推动消费者积极参与碳中和消费行动。

第三，强调全民参与，注重政策的人民性和个性化。在推动碳中和消费的过程中，政府强调全民参与的重要性，通过开展各种碳中和消费主题活动和宣传教育，提高消费者碳中和消费的意识和参与度。同时，注重政策的亲民性和个性化，推出一系列符合消费者需要的政策工具形式，如试点示范、家庭低碳计划、绿色产品购买补贴、以旧换新等。这些具体的政策工具的运用，使得碳中和消费更加贴近消费者生活，进一步提高了消费者的积极性。

第四，推进政策的数智化技术应用，提升政策科学性和消费者体验。随着数智技术的不断发展和应用，政府也开始重视数智技术在碳中和消费政策制定和实施环节的应用。比如通过数智化技术辅助制定更加精准、有效的政策；借助大数据采集与分析平台，进一步完善碳中和消费政策体系；通过互联网 + 社区互动等方式，推动定制化信息的精准送达，提高政策工具的创新性和实效性。这些数智化手段的运用不仅提升政策制定的科学性和精准性，也为消费者提供了更加便捷、高效的政策服务和体验。

（二）碳中和消费的政策挑战

中国推进碳中和消费的政策实践取得了很大进展，但碳中和消费的政策制定和政策实施还存在不少挑战。

第一，政策工具的选择相对单一且未覆盖消费全过程。目前，碳中和消费的政策工具主要依赖于经济激励类政策，如购置补贴，侧重于促进绿色产品的购买。这类政策虽然能在短期内刺激消费者的购买行为，但忽视了与其他政策工具的组合运用，如在使用、维护和废弃处理等环节的配套政策。这种局限性导致政策只在消费的某个阶段发挥作用，未能贯穿整个消费生命周期，从而限制了碳中和消费的全局性推进。要实现更大合力，未来需要在整个消费过程中引入多样化的工具，涵盖产品的使用、回收和再利用等环节，以形成全面有效的政策体系。

第二，政策工具与数字化消费情境的匹配度有待提升。随着数字技术的迅速发展，消费者的生活方式和消费模式正在发生巨大变化，许多消费行为已经逐渐转移到线上或通过智能设备完成。然而，在碳中和消费领域，政策工具仍然更多依赖传统的信息宣导和线下宣传手段，未能充分利用数字平台和智能化工具。这使得政策工具滞后于数字生活的快速演变，无法有效适应新兴的消费情境。此外，数字化的消费趋势带来了更多的数据和信息，政府可以借助这些数据和信息对政策工具进行调整和优化，以提高政策的有效性和精准度。

第三，政策工具与消费者特征待匹配衔接。在推动碳中和消费的过程中，政策工具尚未充分利用大数据和人工智能等技术深入洞察不同消费群体的特征，尤其是数智时代消费者对于绿色消费的多样化需求。由于缺乏对消费者行为、偏好及绿色诉求的精细化分析，现行的政策工具在设计上显得较为笼统，缺乏针对性。这导致了政策工具在实施过程中未能充分调动消费者的积极性，特别是在年轻消费者群体和高碳排放行业的消费场景中。更精准的政策设计和差异化的策略将有助于增强政策对不同群体的吸引力和实际效果。

第四，供需两端的政策工具协同推进不足。当前绿色产品的设计标准主要集中在工业制造领域，而消费端的普及度和认知度相对较低，这导致供需两端在碳中和产品上的认同存在差距，导致需求端对碳中和产品的认可度不高。同时，供应端也未能提供足够的绿色产品或服务来满足市场需求。这种供需错配影响了政策工具的有效性，削弱了政策在消费端的推动作用。要实现供需两端的良性互动，政府需要加强对绿色消费产品的推广，提高消费者对碳中和产品的认知度，同时鼓励企业提供更多低碳、环保的产品或服务。

第五，政策工具的数字化支撑尚不充分。尽管我国的数字经济发展迅速，但在碳中和消费政策工具应用方面，仍然较为缺乏对绿色低碳消费行为、绿色产品市场等情况全面系统的数据收集和分析，绿色消费市场的动态尚未完全准确掌握，导致政策工具实施的针对性不足。我国在这一领域需要加大数字技术的应用力度，利用大数据、人工智能等技术手段推动政策工具的优化，从而实现更加精准的管理和更高效的资源分配，推动碳中和消费政策工具的智能化应用。

第三节　碳中和消费的政策理论

一、碳中和消费的政策基础理论

亚伯拉罕斯（Abrahamse）等人将政策分为前置战略（Antecedent strategies）（如目标设置、诱发承诺等）和后继战略（Consequent strategies）（如反馈、奖惩等）。[①] 科拉桑特（Colasante）等人在 2021 年通过一项在线调查发现，受访者的能源消费，主要受经济激励的驱动。[②] 因此，补贴可能会提高政策的吸引力，但鉴于补贴的来源是公共资金，因此必须仔细管理和考虑补贴的申请与发放。斯蒂格（Steg）将推进绿色消费的干

---

① Abrahamse W, Steg L, Vlek C, Rothengatter T. A Review of Intervention Studies Aimed at Household Energy Conservation [J]. Journal of Environmental Psychology, 2005, 25 (3): 273 - 291.

② Colasante A, D'Adamo I, Morone P. Nudging for the Increased Adoption of Solar Energy? Evidence from a Survey in Italy [J]. Energy Research & Social Science, 2021, 74: 101978.

预策略分为两大类：一是信息策略（心理战略），包括提供信息、教育和榜样等。[①] 里齐（Rizz）等人在2020年基于计划行为理论研究了消费者暴露于普通信息和自我利益诉求信息之间的绿色消费行为的差异性，分析了自利广告诉求和之前接触到的有关节能的一般信息如何影响节能行为。[②] 结果表明，基于自利诉求的信息，能够有效地促进消费者节能。尼亚米尔（Niamir）、伊万诺娃（Ivanova）和菲拉托娃（Filatova）等通过对家庭能源的可持续研究发现，意识、个人和社会规范与货币经济因素同样重要。[③] 这些旨在减少居民二氧化碳足迹和促进低碳经济转型的政府政策具有重要的参照意义。二是结构型策略，包括提供节能产品或服务、改变基础设施、改变产品定价、制定法规措施等。可以看出，虽然以上分类方式略微不同，但没有实质性差异。也有学者将推进绿色消费的政策工具划分为命令控制型、经济激励型和信息引导型三类。[④⑤] “双碳”导向下，政府可以借助设立激励/约束机制、增加绿色产品供应、组织政府采购和做出率先垂范等政策措施减少消费对资源环境和二氧化碳排放的影响。[⑥] 一些学者指出，经济激励型政策工具将个体的感知控制点转移到激励行为的外部因素，可能会“挤出”绿色消费行为的内在动机；[⑦] 命令控制型政策工具的使用可能会降低消费者未来合作的可能性，[⑧] 所以学者们提出将不同的政策工具进行组合以提升政策效果。[⑨⑩]

在行为干预领域，政策研究者开始关注助推（Nudge）策略对消费者碳中和消费的影响。有学者通过粮食可持续消费的研究发现，虽然经济激励、法律、教育和宣传运动鼓励了更可持续的消费模式，[⑪] 但是消费者仍然难以改变他们的饮食习惯。他们采用行

---

① Steg L. Promoting Household Energy Conservation [J]. Energy Policy, 2008, 36 (12): 4449 - 4453.

② Rizzi F, Annunziata E, Contini M, et al. On The Effect of Exposure to Information and Self - Benefit Appeals on Consumer' S Intention to Perform Pro - Environmental Behaviours: A Focus on Energy Conservation Behaviours [J]. Journal of Cleaner Production, 2020, 270.

③ Niamir L, Ivanova O, Filatova T, et al. Demand - side Solutions for Climate Mitigation: Bottom - up Drivers of Household Energy Behavior Change in the Netherlands and Spain, Energy [J]. Research & Social Science, 2020, 62.

④ 陈凯，高歌．绿色生活方式内涵及其促进机制研究［J］．中国特色社会主义研究，2019（6）：92 - 98.

⑤ 安岩，顾佰和，王毅，等．基于自然的解决方案：中国应对气候变化领域的政策进展、问题与对策［J］．气候变化研究进展，2021，17（2）：184 - 194.

⑥ 周宏春，史作廷．双碳导向下的绿色消费：内涵、传导机制和对策建议［J］．中国科学院院刊，2022，37（2）：188 - 196.

⑦ Frey B S, Jegen R. Motivation Crowding Theory [J]. Journal of Economic Surveys, 2001, 15 (5): 589 - 611.

⑧ Rosa da Conceição H, Börner J, Wunder S. REDD + as a Public Policy Dilemma: Understanding Conflict and Co-operation in the Design of Conservation Incentives [J]. Forests, 2018, 9 (11): 725.

⑨ Perino G, Panzone L A, Swanson T. Motivation Crowding in Real Consumption Decisions: Who is Messing with My Groceries? [J]. Economic Inquiry, 2014, 52 (2): 592 - 607.

⑩ 彭建军，段春梅．打好“组合拳”：低碳政策工具协同对绿色技术创新的影响及机理研究［J］．技术经济，2023，42（8）：26 - 38.

⑪ Vandenbroele J, Vermeir I, Geuens M, et al. Nudging to Get Our Food Choices on A Sustainable Track [J]. Proceedings of the Nutrition Society, 2020, 79 (1): 133 - 146.

为干预方法，通过使用标签或提高可见性、借助感官和社会影响线索、调整便利性和产品尺寸，以微妙的提示或改变环境引导消费者购买绿色低碳食品，促进消费者行为转变。决策者与目标类助推策略通过正面激发和替代补偿两种不同的路径作用于消费者，改变其对绿色低碳食品的消费；而产品信息类的助推策略则主要通过启动效应、凸显效应以及提升信息处理的流畅性三种心理机制来影响消费者对健康食品的消费。① 作为重要的辅助方法，信息型助推策略往往是不可或缺的。② 与传统政策工具相比，助推策略具有明显的低成本优势，③④ 它主要通过对内改变消费者行为和对外改变消费情境促进低碳消费。⑤

推动社会低碳转型、实行碳中和消费，通常被认为要么是“自上而下”（如中央或地方一级的决策者）引起的，要么是“自下而上”（如消费者和草根阶层）引起的。佐哈尔（Zohar）、帕拉格（Parag）和阿亚隆（Ayalon）在2020年对于低碳消费干预提供了另一个思路，通过构建MO框架证实了有影响力的中间行动者（既不在顶层也不在底层）可以通过其机构、渠道和网络在三个方向上对碳中和消费施加影响，从而成为社会碳中和消费变革的推动者。⑥ 即中间参与者（不属于能源环境的一部分）和中间平台有能力引发超越技术或金融激励本身的变化。同时，其还强调了中间行动者和中间平台在调节知识和信息、支持新的消费规范和引导社区内外变革方面的重要作用。

表3-3列出了推进碳中和消费的26种政策（或干预、策略）及其理论总结。

表3-3　推进碳中和消费的政策理论总结

干预政策（理论框架）	详细解释
1. 提供与碳中和消费相关的信息（IMB）	碳中和消费的必要性、道德评判和价值等信息
2. 提供与碳中和消费结果相关的信息（TRA，TPB，SCogT，IMB）	实施或不实施碳中和消费会带来的结果

① 李先国，宋明蕊，黄元豪，等. 健康食品消费的助推策略研究述评与展望——决策系统视角［J］. 科学决策，2021（2）：67-91.

② Ölander F，Thøgersen J. Informing versus nudging in environmental policy［J］. Journal of Consumer Policy，2014，37：341-356.

③ Benartzi S，Beshears J，Milkman K L，et al. Should Governments Invest more in Nudging?［J］. Psychological Science，2017，28（8）：1-15.

④ Carlsson F，Gravert C，Johansson-stenman O. et al. The Use of Green Nudges as an Environmental Policy Instrument［J］. Review of Environmental Economics and Policy，2021，15（2）：216-237.

⑤ 王建明，赵婧. 数字时代信息嵌入式监管工具对线上绿色消费行为的推进效应——绿色购买场景模拟和监管工具设计实验［J］. 管理世界，2022，38（4）：142-162.

⑥ Zohar T，Parag Y，Ayalon O. Strategizing Demand Management from the Middle Out：Harnessing Middle Actors to Reduce Peak Electricity Consumption［J］. Energy Research & Social Science，2020，61：101360.

续表

干预政策（理论框架）	详细解释
3. 提供他人的意见（TRA，TPB，IMB）	其他人对碳中和消费的观点以及支持态度
4. 促使行为意向的形成（TRA，TPB，SCogT，IMB）	鼓励人们实施碳中和消费或设置碳中和消费目标
5. 促使行为障碍的发现（SCogT）	帮助人们找到阻碍碳中和消费的障碍以及克服这些障碍的方法
6. 进行一般的奖励（SCogT）	夸奖或奖励为碳中和消费做出努力的人们
7. 设置阶梯式目标（SCogT）	先设置较为容易的任务，再逐步提高任务的难度
8. 进行行为教育（SCogT）	告诉人们如何实施碳中和消费
9. 提供行为演示（SCogT）	专家通过现场教学或视频传授如何实行碳中和消费
10. 设置具体计划（CT）	帮助人们制订具体的碳中和消费计划，包括时间、地点、方式（频率、强度和时长）等
11. 促使行为目标的检查（CT）	对此前的碳中和消费目标进行检查和再思考
12. 促使自我监督行为（CT）	督促人们对自己的碳中和消费进行自我监督
13. 提供反馈（CT）	提供与碳中和消费相关的行为记录和好坏信息
14. 提供稳定的奖励（OC）	当人们达到碳中和消费预设目标时，进行夸奖、鼓励和物质奖励
15. 传授如何使用提示信息（OC）	教育人们如何利用环境暗示来提醒自己实施碳中和消费
16. 签署行为契约（OC）	督促人们签署碳中和消费的契约，从而表征当事人的决心并引入他人的见证
17. 促进行为的实施（OC）	激励人们准备、演练或重复碳中和消费
18. 后续促进措施（Succeeding promotion measures）	在主要的行为干预措施完成之后再联系目标人群
19. 提供社会比较的机会（SCompT）	为当事人与其他非专家人群的碳中和消费进行比较提供便利
20. 为个人提供社会支持/社会改变的方案（Social support theories）	鼓励人们思考他人如何能够为自身的碳中和消费提供社会支持
21. 树立榜样（Set an example）	提供榜样人物如何实施碳中和消费的信息
22. 促进自我的内心交流（Promote self - inner communication）	鼓励人们自我教育、自我激励自身的碳中和消费
23. 预防行为倒退（Relapse prevention therapy）	发现可能导致原来消费行为模式或放弃碳中和消费的因素，帮助人们避免这些不利因素

续表

干预政策（理论框架）	详细解释
24. 压力管理（Stress theories）	引入一系列的记录降低当事人改变消费行为习惯时的不适感
25. 促使自我反馈（Promote self - feedback）	鼓励人们对自身的碳中和消费进行评估，以削弱消费行为改变所带来的不适
26. 时间管理（Time management）	帮助人们将碳中和消费嵌入日常生活中

资料来源：作者根据相关资料整理。

二、碳中和消费的政策主体机构

碳中和消费的政策主体机构有国家发展改革委、生态环境部、工业和信息化部、财政部、商务部等，这些主体履行的职能不同，职能定位和政策目标也不相同。例如，生态环境部在推进碳中和消费方面的主要职能是建立健全碳中和消费、绿色生活方式基本制度和政策体系。生态环境部定位综合监管，负责组织指导和协调碳中和消费宣传教育工作，提升消费者对碳中和消费的认知，旨在会同各专业监管机构，推动社会组织和消费者实现碳中和消费。又如，中宣部在推进碳中和消费方面的主要监管职能是策划、组织、实施多种形式的碳中和消费理念的引导作用，如新闻出版、文艺活动、道德建设、志愿服务等多种形式，策划、组织和实施对碳中和消费理念的引导。中宣部以支撑监管为职能定位，以居民碳中和消费意识的提升、消费信念的培育、伦理约束、观念转变为政策目标。

从职能结构来看，结合碳中和消费的重点领域（包括购买购置领域、使用消费领域、废弃回收领域和分享互动领域，这四个领域是碳中和消费的不同阶段），碳中和消费政策机构职能主要包含三个层面：发展改革委和生态环境部对碳中和消费四个重点领域的推进进行综合监管；商务部、财政部、交通部、住建部等对碳中和消费四个重点领域的推进进行专业监管；财政部、工信部、科技部、教育部等对碳中和消费四个重点领域的推进进行支撑监管。其中在专业监管层次中，商务部和财政部对购买购置领域进行专业监管，交通运输部和住建部对使用消费、废弃处理领域进行交叉的专业监管，工信部和文化和旅游部对分享互动领域进行专业监管。这种分工明确的监督机制，有助于确保碳中和消费政策在各领域的有效实施和全面推进。推进碳中和消费的重点领域与政策机构职能如图 3 - 2 所示。

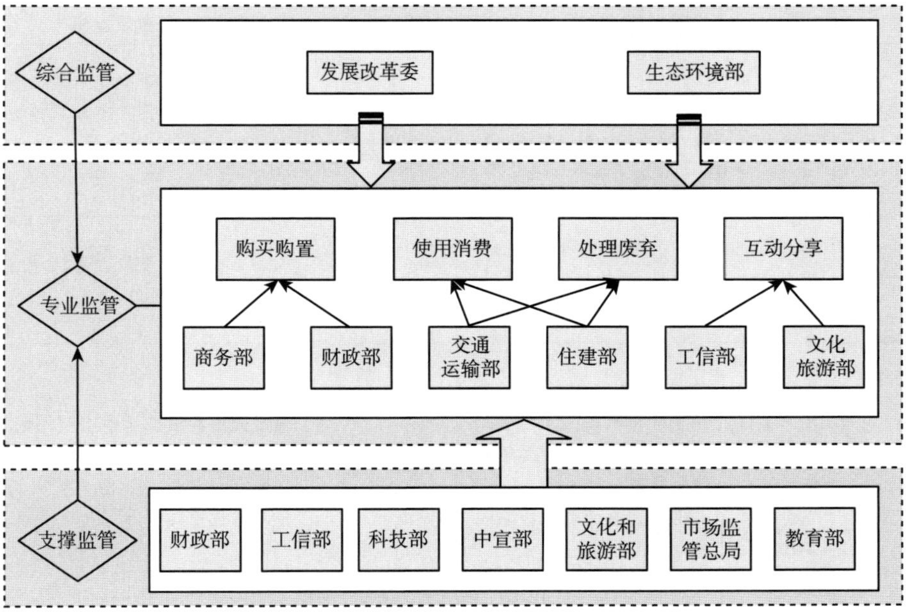

图 3－2　推进碳中和消费的重点领域与政策机构职能

资料来源：作者根据相关资料整理。

从职能内容而言，不同政策主体在推进碳中和消费的过程中具有不同的职能。推进碳中和消费的各政府机构职能具体如表 3－4 所示。

表 3－4　推进碳中和消费的各政府机构职能

政府机构	主要职能	职能定位	政策目标
国家发展改革委	拟订和组织实施绿色发展相关战略、规划和政策，推进实施可持续发展战略，提出并协调实施促进碳中和消费体制机制及扩大居民碳中和消费的相关政策措施。组织起草有关绿色产品价格和收费法规草案和政策	综合监管	对碳中和消费领域的主体行为、产品质量、产品价格等进行全面监管，促进形成全方位、多主体、全过程的综合政策
生态环境部	负责建立健全碳中和消费、绿色生活方式基本制度、政策体系，组织指导和协调碳中和消费宣传教育工作	综合监管	会同各专业监管机构，推动社会组织和公众实现碳中和消费
财政部	应用财税政策对绿色产业进行扶持，负责制定政府采购制度并监督管理	专业监管、支撑监管	做好政府绿色采购专业领域监管，配合其他领域专业监管的激励约束机制的协同

续表

政府机构	主要职能	职能定位	政策目标
工业和信息化部	承担互联网行业管理；拟订市场准入、政策、标准并组织实施，拟订移动互联网、物联网、新一代移动通信等网络技术发展政策并组织实施	专业监管、支撑监管	做好互联网 + 碳中和消费专业（分享互动）领域监管，配合其他领域监管的互联网数据协同及市场准入制度制定
商务部	负责推进碳中和消费在流通产业的发展、结构调整，拟订规范市场运行、流通秩序的政策	专业监管	做好碳中和消费在流通领域（消费者购买购置）的全面升级
住房和城乡建设部	承担推进建筑节能、城镇减排的责任，拟订城市建设和市政公用事业绿色发展战略、中长期规划、改革措施、规章；指导城市供水、节水、燃气、热力、市政设施方面的节能减排工作	专业监管	做好碳中和消费过程中使用消费环节、废弃回收环节的节能减排、回收利用的监管，并会同其他监管机构形成节能减排政策
交通运输部	指导交通运输信息化建设，监测分析运行情况，指导公路、水路行业环境保护和节能减排工作	专业监管	做好交通运输领域的全面碳中和消费，促进居民绿色出行行为
科学技术部	承担推进国家创新体系建设和科技体制改革工作，拟订绿色科技创新政策措施，提出激励企业绿色技术创新的政策建议	支撑监管	拟定绿色技术创新激励政策及约束指标管理，配合其他领域监管机构在各自领域内的绿色产品技术创新
中宣部	策划、组织、实施多种形式的碳中和消费理念的引导作用，如新闻出版、文艺活动、道德建设、志愿服务等形式	支撑监管	居民碳中和消费意识的提升、消费信念的培育、伦理约束、观念转变
文化和旅游部	组织全国性绿色主题的重大文化活动，促进文化产业和旅游产业绿色融合发展，制定绿色旅游市场开发战略并组织实施，指导、推进全域绿色旅游	专业监管、支撑监管	做好旅游业的全面碳中和消费，以及配合其他监管领域的绿色文化宣导
市场监管总局	负责绿色产品市场综合监督管理。制定有关绿色生产、消费的规章、政策、标准，其下属的网络交易监督管理司，组织实施网络市场监测工作，组织指导网络交易平台和网络经营主体规范管理工作	支撑监管	监管领域覆盖线上、线下交易，以及碳中和消费的四大环节，做好监管领域内市场的有效运作，产品质量的安全、市场主体信用体系的建设

续表

政府机构	主要职能	职能定位	政策目标
教育部	负责碳中和消费的教育和引导。推进碳中和消费的引导工作，制定与碳中和消费相关的教育政策，将碳中和知识纳入学校课程体系；组织各类碳中和消费宣传教育活动	支撑监管	各级教育机构和学校积极推进碳中和消费方面的教育和引导，开展宣传教育，培养学生碳中和消费理念

资料来源：作者根据相关资料整理。

随着时代发展，数智时代下推进碳中和消费的政策机构职能不同于传统时代，其目标理念、机制模式、手段工具、实施对象等方面都不同于传统时代。以手段工具为例，数智时代下各政策机构需要更多地运用信息型手段（而不是强制型手段），且需要更多的精准化信息、定制化信息、实时化信息、智能化信息，形成柔性、高效的现代化政策手段。值得一提的是，碳账户、碳普惠、碳平台等数字化工具发挥着至关重要的作用，为各政策主体机构的监管提供了数据支持。具体而言，传统时代与数智时代推进碳中和消费的各机构职能差异如表 3 – 5 所示。

表 3 – 5　　传统时代与数智时代推进碳中和消费的各机构职能差异

监管逻辑	监管维度	传统时代	数智时代
谁来监管	监管职能部门	监管主体为政府机构，政府内部多头监管，社会力量参与不足	探索政府与社会协同监管模式，重视政府与被监管方、第三方的共同促进、双向监管
	监管机构体制	法律法规呈条块化、零散化特征；监管机构之间职能交叉、边界模糊	依托大数据信息共享和服务平台，整合监管信息资源，形成去中心化、多元化、专业化的监管组织形态；对消费各个环节进行全过程监管
如何监管	监管目标理念	审慎监管，对碳中和消费领域主要进行分散的一刀切式的强制性监管，抑制碳中和消费不“向恶”	包容审慎监管，数字经济与碳中和消费相互渗透融合，依靠大数据技术辅助监管决策，实施智慧、精准监管，促进碳中和消费“向善”
	监管机制模式	条块化、碎片化的静态监管，缺乏内在的互动、协同机制，政府企业公众共治体系、社会行动体系建设不足	关注互动机制，长效发展机制。多元协同监管机制（主体协同、数据协同、机制协同、制度协同、职责协同、目标协同等）形成监管合力

续表

监管逻辑	监管维度	传统时代	数智时代
如何监管	政策手段	碳中和消费的驱动机制认识碎片化、碳中和消费已达到的阶段认识不足，故而政策工具无法精准“对症”，对碳中和消费的推进手段相对单一	大数据辅助决策成为常态，多元手段协同，时空关、多维监管，全面推进。利用大数据等新技术开展形势分析和政策辅助决策机制，对政策工具的属性进行评估，应用智慧化、定制化、实时化、精准化、互动化的监管手段
	监管绩效评价	缺乏有效的绩效评价体系，使监管效果模糊、不明确，而且已经取得的监管成效无法固化和呈现；多以监督检查形式——一种监管手段的角色存在，没有上升到对整体政策的评价	创新监管手段的同时融合诊断控制、边界控制、甄选控制等控制维度对政策进行评估，且搭建基于结果—过程评价的绩效评价指标体系，既包含政策个性，又涵盖政策共性，并且有明确的政策优化路径
监管什么	监管客体	传统消费模式下发生采购行为的政府，生产、采购的企业以及消费的居民	基于数智时代背景下的多元客体，除政府、企业、居民外还包含网络平台等数字生态系统下的客体
	监管对象	仅个体独享型碳中和消费，主要覆盖购买购置、使用消费、废弃回收三环节	包括个体独享型、群体分享型和社会集约共享型碳中和消费，覆盖购买购置、使用消费、废弃回收、分享互动的消费全过程

资料来源：作者根据相关资料整理。

传统时代与数智时代推进碳中和消费的政策机构职能差异主要体现在谁来监管、如何监管和监管什么三个方面（见表3-5）。从以上三个方面的比较可以发现，（1）监管主体多元化。数智时代强调政府与社会力量的协同监管，不再局限于政府机构单一监管，而是鼓励第三方机构和被监管方积极参与到监管过程中，形成双向监管机制。（2）监管方式现代化。数智时代采用包容审慎的监管方式，利用数字经济的特点，如碳账户、碳积分和碳普惠等，结合大数据技术，实现监管的智能化和精准化。（3）政策工具协同化。数智时代各政策主体机构推进碳中和消费的职能发挥有一个共同点，就是越来越趋于合作、融合、多元方式下的协同监管。这有助于有效应对数智时代推进碳中和消费的多方面挑战与考验。

三、碳中和消费的政策协同机制

鉴于推进碳中和消费的政策机构涉及发展改革委、环境部、住建部等众多政府部门，还涉及众多非政府部门和社会组织，统筹协调形成合力对提高政策效能异常重要。例如，国家发展改革委制定宏观政策和规划，环保部门负责监管和评估，而教育部门和宣传部门则可以在普及碳中和知识和提高消费者意识方面发挥作用。非政府组织和社会企业可以在技术创新、市场引导等方面提供有力支持。这种跨部门、跨领域的协同合作是确保政策高效执行的关键。对于特定政策的实施，既需要不同的政策主体、政策客体、政策对象、政策依据、政策手段等各要素进行清晰合理的角色定位，也需要不同政策机构之间进行目标协同、制度协同、职责协同、数据协同、手段协同，以达到最优的政策实施效果。碳中和消费政策的结构模式和协同机制如图 3－3 所示。它揭示了政策机构之间的职责整合和多元协同的基本思路，探讨了不同机构之间目标协同、制度协同、职责协同、数据协同、手段协同等具体运行机制。

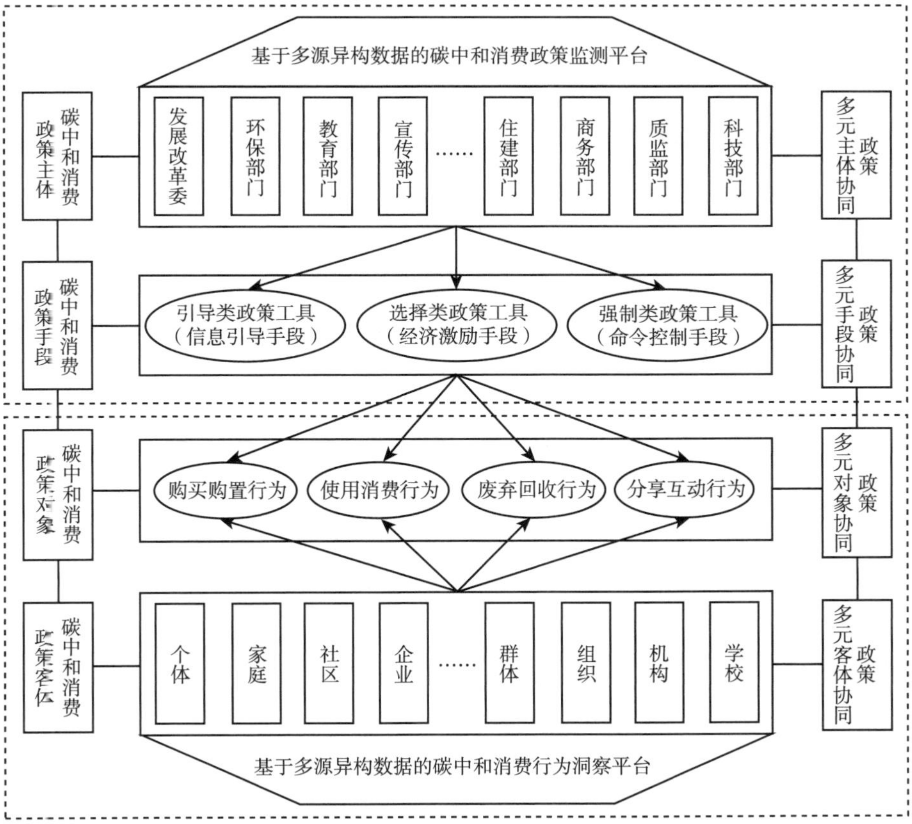

图 3－3 碳中和消费政策的结构模式和协同机制

资料来源：作者根据相关资料整理。

为适应数智时代碳中和消费的发展要求，碳中和消费政策的结构模式和协同机制应以多元化主体协同和多元化手段为核心，旨在构建基于异构数据的碳中和消费政策监测平台。该平台可以整合来自不同部门和组织的异构数据，实现对碳中和消费全过程的实时监测和评估。碳中和消费政策的协同机制强调从碳中和消费政策的主体、手段、对象、客体四个方面进行。碳中和消费政策的主体主要包含发展改革委、环保部门、教育部门、宣传部门、住建部门等多元主体，应相应制定和实施多元主体协同的模式和机制；碳中和消费政策的手段主要有引导类政策工具体系（信息引导手段）、激励类政策工具体系（经济激励类手段）和约束类政策工具体系（命令控制手段）三种，对此，应制定并实施多元手段协同的模式和机制；碳中和消费政策的对象主要有购买购置行为、使用消费行为、废弃回收行为和分享互动行为，应相应制定和实施多元对象协同的模式和机制；碳中和消费政策的客体主要有个体、家庭、社区、企业、群体等，因此，也应相应制定和实施多元客体协同的模式和机制，以满足不同客体的需求和特点。

从碳中和消费全过程（购买购置、使用消费、废弃回收和分享互动四个环节）来看，各环节政策框架必然存在差异（包括其政策主体、手段等不尽相同）。政策制定者需要针对各个环节的特点，制定相应的政策协同机制。在政策框架中各主体的角色定位与整合协调至关重要，推进碳中和消费的政策体系需从“条块化政策”“碎片化政策”向“多元协同政策”转型。摒弃传统的政府单一管控模式，充分利用市场和社会力量，鼓励非政府组织参与，实现多元主体在目标协同、制度协同、职责协同、数据协同、手段协同等各方面要素的整合协调，构建齐抓共管、综合施策的协同机制格局。这也证实了碳中和消费政策应从政府主体向多元主体过渡，倡导协同推进的观点。[①] 碳中和消费的政策协同机制如表 3-6 所示。

表 3-6　碳中和消费的政策协同机制

消费环节	重点领域	政策主体	政策客体	政策对象	政策类型	政策工具	政策目标
购买购置	新能源汽车领域	国务院办公厅、商务部、市场监管总局、海关署、商务部等	个体、企业	新能源汽车消费行为	引导类、激励类、约束类	标准体系建设、财政税收政策	加快推进新能源汽车的购置与应用，以绿色能源消费带动汽车产业转型升级
	高效节能产品领域	国家发展改革委、住房和城乡建设部、科技部、工业和信息化部	个体、生产企业、用能单位	居民用能行为、工业用能行为、低碳采购行为	引导类、激励类、约束类	碳账户、消费碳积分制度、强制性国家标准、能效标识管理、绿色招投标制度、自愿承诺活动	从供需两侧推动能源生产和碳中和消费革命，把碳中和消费贯穿于经济社会发展全过程和各领域

① 张雅静，胡春立．消费模式绿色化的协同推进机制研究［J］．科学技术哲学研究，2016，33（3）：100-104．

续表

消费环节	重点领域	政策主体	政策客体	政策对象	政策类型	政策工具	政策目标
使用消费	绿色低碳出行	交通运输部、中央宣传部、国家发展改革委、工业和信息化部、公安部、财政部、生态环境部等	个体、平台	低碳出行行为、网约车消费使用行为	引导类、激励类、约束类	信息互联共享建设、交通导向标识标准化、价格优惠政策、宣传教育	增加低碳出行方式吸引力、增强公众低碳出行意识，建立集约高效的低碳出行服务体系
	削减一次性产品使用	国务院办公厅、商务部、国家发展改革委、生态环境部	个体、企业	居民购买、使用行为，企业生产行为	引导类、激励类、约束类	一次性产品标准、税费支持政策、建立回收利用机制	引导消费者减少使用一次性产品、低碳消费、适度消费
废弃回收	闲置物品交易	国家工商总局、工业和信息化部、科技部、生态环境部、质检总局	个体、平台、企业	交易行为	引导类、激励类、约束类	法律法规、市场准入制度、消费积分制度	鼓励新型闲置物品交易模式，以及多元化的回收利用模式，推动回收利用体系建设
	垃圾分类回收	住房和城乡建设部、国家发展改革委、生态环境部、教育部、商务部	个体、企业、公共机构	垃圾分类行为	引导类、激励类、约束类	试点强制分类、收费制度、税收优惠政策、市场准入制度	促进前端减量化消费、提高资源回收利用水平，打造全过程化的垃圾处理体系
分享互动	碳中和消费相关的游戏娱乐领域	国务院、文化和旅游部、生态环境部、市场监督管理总局、工业和信息化部	个体、平台	网络公益参与行为、运营行为、线上到线下的转化行为	引导类、激励类、约束类	法律法规、信用评价体系建设、市场准入	促进互联网创新性元素应用于碳中和消费领域，扩大碳中和消费场景与模式，增加平台持续吸引力与绿色转化率
	碳中和消费相关的社交领域	国家互联网信息办公室、工业和信息化部	个体、平台	网络分享行为、网络平台运营行为	引导类、激励类、约束类	政策规范、舆论宣导、信用评价体系建设等	以网络平台为依托，扩大碳中和消费的影响，促进社会集约共享型碳中和消费模式

资料来源：作者根据相关资料整理。

四、碳中和消费的政策体系框架

（一）数智时代碳中和消费的政策体系需求

人工智能、云计算、大数据等新一代数智技术应用正在推动碳中和消费的变革与发展。这些技术的广泛应用不仅为消费者提供更加便捷、高效的服务和体验，也为政府制定更加精准、有效的政策提供了有力支持。然而，目前推进碳中和消费的政策工具还落后于数智时代新消费模式、新消费业态、新消费技术的革新，尚未充分利用“数智化”进一步推进碳中和消费向纵深发展，致使共享型、数字化、智能化的碳中和消费模式尚处于初级发展阶段，数智技术与碳中和消费的融合应用线上消费场景也尚未得到广泛推广。这在一定程度上制约了碳中和消费在全社会范围内的推广和实践。一方面，数智时代碳中和消费政策工具落后于消费行为模式的变革。数智时代背景下，碳中和消费内涵外延、特征表现和行为模式已经发生了很大变化，不断在向更高阶方向转型（如从碳中和消费 1.0 到 2.0 再到 3.0）。而我国并未充分利用“数智化”手段进一步推进碳中和消费向纵深发展，这也使推进碳中和消费的政策工具落后于消费理念、消费模式的更新。另一方面，碳中和消费的问题在很大程度上源于政策的不够完善（特别是政策的“包容”和“审慎”之间的失衡）。碳中和消费不能短期性、运动式、随机地进行，而要从机制上建立系统、完整、立体的政策体系框架。由此，形成一个系统完整、逻辑严密、内在关联、动态适配的政策体系框架，这是有效推进碳中和消费的前提基础。

（二）数智时代碳中和消费的政策体系框架

在数智时代背景下，碳中和消费政策体系的构建需要以现实问题为导向，立足于中国文化的独特情境和居民独特的社会心理和行为特征，基于购买、使用、处置、分享不同阶段及不同消费场景的碳中和消费行为洞察，构建与数智时代相匹配的系统、完整、立体的政策架构。这一政策架构不但要能有效保护数智时代“向善”的碳中和消费模式创新，还要能有效抑制数智时代“向恶”的高碳消费模式滋生。建立碳中和消费的政策架构，既能够对碳中和消费发展留出充足的空间，避免错失数智时代的机遇，又能实现稳妥审慎的政策调控，避免政策过于严格从而阻碍碳中和消费的推进，实现了政策“包容”和“审慎”的动态均衡。本章总结的政策体系包括正式政策（结构类政策，包括激励类政策和约束类政策）和非正式政策（引导类政策，或者说信息类政策，包括通过智慧化监管信息引导的四个子框架）两大类。碳中和消费的政策体系框架如图 3－4

所示。相应地，推进碳中和消费的政策工具体系（或者说政策工具箱）包括激励类政策工具（即经济激励型政策工具）、约束类政策工具（即命令控制型政策工具）和引导类政策工具（即信息引导型政策工具）三大类。后面第六章我们会专门分析碳中和消费的政策体系。

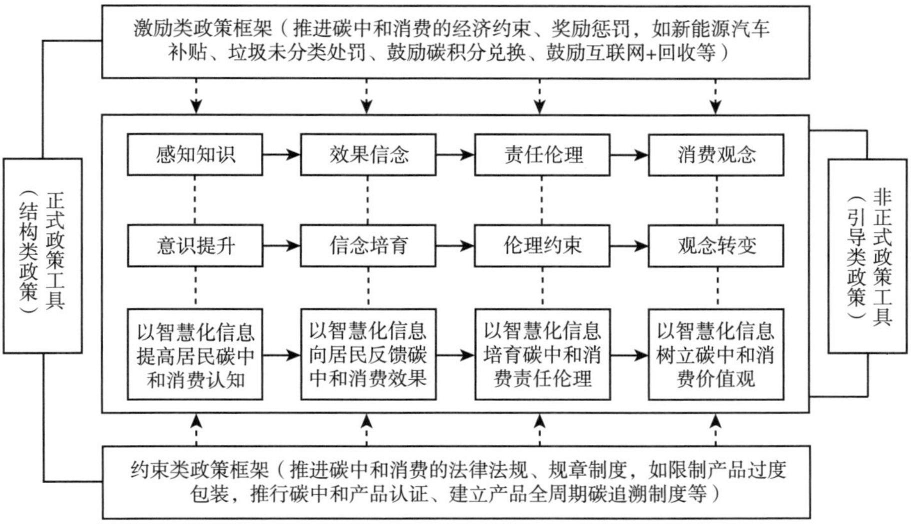

图 3-4　碳中和消费的政策体系框架

资料来源：作者根据相关资料整理。

具体来说，正式政策即结构类政策，包括激励类政策和约束类政策。激励类政策（选择类政策工具）一般通过经济约束或奖励惩罚等推进碳中和消费，侧重于消费的减碳/低碳/零碳补贴、奖励、惩罚等经济手段，它是碳中和消费的关键性工具。例如，新能源汽车补贴、垃圾未分类处罚、鼓励碳积分兑换、鼓励互联网+回收等都是常见的碳中和消费经济激励类政策。其中，激励类政策包括正激励（奖励）和负激励（惩罚）两类。正激励（奖励）主要是通过给予积极参与碳中和消费的消费者一定的经济利益或其他形式的回报，以鼓励其继续保持和增加碳中和消费；负激励（惩罚）则是对违反碳中和消费规定的消费者进行经济处罚或其他形式的惩罚，以促使其改变违规行为。约束类政策（强制性政策工具）主要侧重于通过法规、规章、政策等行政手段推进消费领域的减碳，它是碳中和消费的基础性工具。例如，限制产品过度包装、推行碳积分产品认证、建立产品全周期碳追溯制度等政策。

非正式政策即引导类政策或信息类政策。侧重于提高消费者的减碳知识、意识、情感、信念，改变消费者伦理观念等，它是碳中和消费的支撑性工具。具体包括感知知识层面、效果信念层面、责任伦理层面和消费观念层面。相应地，意识提升、信念培育、伦理约束和观念转变是碳中和消费非正式政策的核心。包括通过智慧化信息提高居民的碳中和消费认知和知识、通过信息化手段向居民反馈碳中和消费行为效果、通过智慧化手段培育居民在消费方面的减碳责任意识和伦理观念、利用智慧化信息树立碳中和消费价值观。意识提升型工具、信念培育型工具、伦理约束型工具、观念引导型工具四者环环相扣、逐层推进、缺一不可。数智时代下，引导类政策工具将碳账户、碳普惠和碳平台等创新机制融入政策工具中，通过构建碳账户体系，精准记录和管理消费者的碳足迹，为消费者提供个性化的碳中和解决方案；借助碳普惠机制，激励消费者积极参与低碳行动，共享绿色发展成果；利用碳平台，推动线上消费与碳中和的深度融合，为消费者打造便捷、绿色的购物新体验。

正式政策主要依赖于后继政策（结构战略）的推进，非正式政策则主要依赖于信息传播政策（心理战略）的推进。需要指出的是，正式政策和非正式政策是相互依存、不可分割的。任何一种正式政策都需要相关非正式政策的协调、配合，非正式政策也需要正式政策的支持、配套。

（三）碳中和消费的具体政策工具

1. 命令控制型工具

命令控制型工具，也称行政手段、强制性制度等，它通过法律法规、政策规范和行政命令等方式约束微观消费主体的行为。命令控制型工具有助于进一步明确、具体、细化关于碳中和消费的相关法规政策内容，补充碳中和消费约束性条款，强调碳中和消费的责任和义务，以促进消费者在购买、使用、处理和分享过程中实现碳中和消费理念。健全相关的命令控制型工具或行政法规政策不但有必要性，也有紧迫性。

2. 经济激励型工具

经济激励型工具是政府借助市场机制，以环境税、排污权交易、生态补偿、押金退返、补贴等手段，激励企业、消费者等主体预防、处置和化解环境风险的有效方法。同时，通过碳普惠机制，进一步鼓励消费者积极参与低碳行动。适度使用经济激励型政策工具对于促进居民家庭节约能源资源、减少碳排放和促进碳中和消费是必要的。但经济激励也存在局限性，不是无条件有效。例如，补贴政策如果没有精准定位，会导致资源浪费或不公平竞争。因此，经济激励型工具的选择与使用需要较高技术性支持，如果使用不当会造成与环境保护的目标相背离的后果。另外，一些学者研究发现，外部经济激励对于能源节约和碳中和消费只有短期的效应。因此，需要从理论和规范层面对经济激励型工具进行技术支持和法治优化，确保其适时有效地发挥积极作用。

3. 意识提升型工具

意识提升型工具主要是从感知、知识等层面进行引导和促进的政策工具。以意识提升产生的自我驱动力对促进消费者碳中和消费具有基础性作用。由此，一方面，可以通过提升消费者的环境认知来促进碳中和消费。具体包括：提高消费者对生态保护和资源节约问题的敏锐感；提升消费者对保护生态环境、治理环境污染的紧迫性和艰巨性的认知；提高消费者对于自然和生命的敬畏感，提醒他们环境污染问题对个体生存和生活的影响以及强调环境污染问题的严重性等。另一方面，向消费者普及碳中和消费的基本知识和行为指南。如运用各种载体，采取多种形式向消费者传播多方面的碳中和消费基本知识，分类指导学校、居民社区、商业渠道等重点区域和环节，深入开展碳中和消费的公益宣传和意识提升教育活动。另外，借助数智化技术，可以更加精准地推送碳中和消费相关知识，提高消费者对碳中和消费的认知水平和参与度。

4. 信念培育型工具

信念是指消费者相信其碳中和消费能产生理想的效果。一是积极培育生态文化，让碳中和消费信念成为全社会的共同价值追求。鼓励在衣食住行等各领域推行碳中和消费，倡导绿色生活方式，从而坚定消费者保护生态环境和节约资源的信念；二是避免消费者对碳中和问题的消极态度。尽量避免助长消费者对环境污染问题无能为力的消极态度，通过数智化技术为消费者提供更加直观、个性化的碳排放数据和碳中和消费方案，帮助其建立对碳中和消费的信心和动力；三是增强消费者对国家碳中和战略和绿色发展目标的信心。确保消费者自觉配合政策实施，共同推动碳中和消费的实现；四是侧重于强调个体或家庭消费行为转变对促进社会环境目标的迅速实现（行为效果距离个体并不遥远）的作用。

5. 伦理约束型工具

伦理约束型工具是使消费者增强内在的环境责任意识和伦理观念，从而对其消费行为形成自我约束的一种政策工具类型。对于技术防不住、管理难以控制的非绿色行为问题，需要发挥伦理约束“第三只手”的作用进行调节和补充。完善伦理约束型工具：一是转变消费者的“无责任”心理，培育生态道德。二是明确消费者对碳中和消费的责任。向消费者明确每个个体对实行碳中和消费都有义不容辞的责任，每个人都应该树立碳中和消费的责任感、遵循绿色发展伦理，践行碳中和消费从自身做起。三是时刻提醒消费者碳中和消费的责任。避免消费者遗忘忽视碳中和消费责任，做出有违伦理道德的消费行为。例如，可以借助线上消费平台的智能化信息提示，引导消费者在购物过程中选择绿色、低碳的产品，或者鼓励他们参与碳中和消费的相关活动。

6. 观念引导型工具

观念引导型工具的核心在于塑造消费者"减物质主义"或"非物质主义"的消费观念，旨在摒弃过度物质化的消费价值观，转而倡导适度、节约、循环、保护的新消费理念。通过这种引导，帮助消费者形成更为环保、可持续的消费习惯，共同推动社会的绿色发展。完善观念引导型工具：一是向消费者普及物质主义价值观影响下的消费行为对环境可能造成的严重后果，引导消费者远离物质主义，将自身的价值观导向"集体主义"，从而形成"减物质主义"或"非物质主义"的消费观念。借助数智化技术通过数据分析和可视化展示，消费者可以更加清晰地认识到自身消费行为与环境之间的关系，从而有助于他们远离物质主义，形成更加环保的消费观念。二是引导消费者淡化面子意识，避免炫耀性消费，发挥中国社会文化因素的调节作用。通过线上宣传教育、社会舆论等手段，营造崇尚低碳、注重环保的社会氛围，使消费者更加注重消费的实质而非形式，从而减少不必要的污染或浪费。

（四）碳中和消费的政策工具体系

从纵向层面，推进碳中和消费的政策工具体系分为宏观、中观和微观三个层面。①宏观层面工具为推进碳中和消费提供制度法规保障，引导碳中和消费的宏观方向。②中观层面工具面向行业、区域、平台等，推动碳中和消费的市场建设、消费基础设施建设、消费渠道建设等，奠定碳中和消费的基础。③微观层面工具主要面向消费者群体和企业个体，给予其具体的碳中和消费/供给政策支持。推进碳中和消费的政策工具体系矩阵如表 3－7 所示。

表 3－7　　碳中和消费的宏观、中观、微观政策工具体系

层面	约束类政策	激励类政策	引导类政策
宏观层面（国家）	市场准入制度 节能产品标准 家用电器强制性能耗限额国家标准 降碳减污数智化监控 碳中和消费发展规划 能源消耗监控和排放管控政策 二次资源循环经济政策（碳捕捉） 降碳减污/循环经济/新能源立法，等等	碳普惠制度 生态补偿政策 碳金融支持政策 资源性产品绿色价格机制 投资提振政策（如政府债券支持） 财政精准扶持政策（如生态保护基金） 税费优惠支持政策（如免征增值税） 绿色财政税收政策（碳税、环境税或污染产品税），等等	能效标识管理 全民节约行动 绿色公民行动 绿色人物评选 家庭低碳计划 碳中和法治宣传 碳中和教育政策 碳中和消费环境影响报告 碳中和消费信息采集规范，等等

续表

层面	约束类政策	激励类政策	引导类政策
中观层面（行业/区域/平台）	绿色建筑能耗标准 产品节能降碳标准 红名单/黑名单制度 碳普惠平台管理制度 平台绿色推荐规范制度 平台绿色算法规范制度 绿色低碳市场秩序监管 绿色低碳信用体系建设 快递包装低碳转型政策 绿色低碳信息分享互动规范 一次性产品/塑料袋限制使用 绿色低碳产品标准认证体系，等等	绿色金融支持 碳中和消费基金 高碳产品缴纳（返还）税费或碳配额 绿色低碳技术研发投入 平台专项绿色消费补贴政策 以旧换新、以修换新、旧房节能改造政策 废弃物回收利用体系建设 替代方案（新能源的推广应用） 废旧产品或包装的押金返还制度 新能源/生态旅游资金扶持政策，等等	家电/用品节能降碳标识管理 绿色金融服务创新 低碳出行行动方案 绿色低碳意见领袖 绿色低碳分享文化节 碳中和消费信息标识 碳中和消费信息平台 植树造林行动推广计划 废弃物减量与回收行动 互联网碳中和信息政策 废弃物回收利用分析报告 碳中和产品分享互动平台，等等
微观层面（消费者/生产者）	强制性垃圾分类 消费碳足迹标准 强制性报废制度 节能减排产品标准 垃圾分类回收标准 绿色低碳产品认证 消费碳账户统一标准 碳中和制造实施方案 汽车尾号单双号限行，等等	生活垃圾计量收费 碳账户积分兑换政策 大件垃圾抛扔计件收费 废旧产品回收处理补贴 垃圾分类回收积分兑换 碳中和信息分享积分红包奖励 垃圾源头减量和分类奖励政策 差别化价格政策（阶梯电价、水价等） 绿色低碳产品消费现金补贴，等等	自愿承诺行动 碳中和生活指南 产品碳标识 碳中和消费宣传 绿色信息智慧化推荐 降碳信息智慧化引导 碳中和信息反馈机制 绿色生活碳普惠信息推送 碳中和消费需求培养计划，等等

资料来源：作者根据相关资料整理。

从横向层面，碳中和消费包括低碳/零碳产品的购买购置（如低碳化购买、减量化购买）、使用消费（如削减使用、重复利用或再利用、循环使用、共享使用等）、废弃回收（如资源回收、再利用、再循环、资源化等）、分享互动（社群互动、群体分享等）四个主要消费环节。例如，购买购置环节，常用的引导类政策工具主要有智慧化政策信息、消费碳积分制度、能源标识管理等；激励类政策工具主要有低碳财政税收政策、押金返还制度、碳中和绿色产品购买补贴、高碳产品购买征税（碳税或污染产品税）等；约束类政策工具主要有市场准入制度、标准体系建设、强制性国家标准、绿色招投标制度等。又如，在废弃回收领域，引导类政策工具主要有智慧化政策信息、低碳绿色回收信息标识、低碳绿色回收信息反馈等；激励类政策工具主要有废旧产品的回收处理补贴、对废旧产品或包装的押金返还制度、生活垃圾抛扔计量收费等；约束类政策工具主要有强制性垃圾分类、强制性垃圾处理收费、国家垃圾分类标准、回收利用体系建设（两网融合）等。碳中和消费的不同环节政策工具体系如表3－8所示。

表3－8　　　　碳中和消费的不同环节政策工具体系

消费维度		约束类政策工具 A	激励类政策工具 B	引导类政策工具 C
消费环节	消费结果			
购买购置	绿色节能材料在线购买/碳中和消费人脸识别支付/AR 虚拟试穿/“5G＋虚拟现实”智慧绿色低碳商圈/3D 沉浸式的智能购买体验	市场准入制度 碳中和消费标准、认证体系建设 强制性国家标准 消费者碳账户统一标准 碳平台建设 绿色低碳产品认证 红名单/黑名单制度	绿色财政税收政策 押金返还政策 碳中和产品购买补贴 非绿色低碳产品购买征税（环境税或污染产品税） 碳中和产品金融支持 资源性产品绿色价格机制 碳普惠政策	智慧化引导信息 智慧碳中和生活指南 碳中和消费积分政策 能效标识管理 绿色公民行动 全民节约行动 废弃物减量与回收行动 绿色人物评选
使用消费	共享式绿色低碳物流/出行/数字消费/碳中和消费信息实时传递/无感支付智能消费/AR 元宇宙场景交互式体验	强制性报废制度 节能技术改造（产业结构优化升级） 节能产品标准 碳中和产品认证 一次性产品（塑料袋）限制使用 汽车尾号单双号限行	降低碳中和消费的经济成本 增加非绿色低碳消费的经济成本 碳账户积分兑换政策 居民信用体系建设 以旧换新等多样化形式 价格政策（阶梯电价、水价等） 替代方案（新能源的推广应用）	智慧化引导信息 碳中和消费信息标识 碳中和线上购物凭证电子标识 碳中和消费信息反馈 碳中和消费环境影响报告 全民节约行动 自愿承诺行动 家庭低碳计划 绿色人物评选
废弃回收	废旧物品在线回收交易/在线一键预约回收/闲置物品消费智能算法个性化推荐	强制性垃圾分类 强制性垃圾处理收费 国家垃圾分类标准 回收利用体系建设（两网融合）	废旧产品的回收处理补贴 对废旧产品或包装的押金返还制度 生活垃圾抛扔计量收费 大件垃圾抛扔计件收费 垃圾分类回收积分兑换政策	智慧化引导信息 绿色回收信息标识 绿色回收信息反馈 废弃物回收利用率统计报告 绿色公民行动 公民自觉行动 试点示范

续表

消费维度		约束类政策工具 A	激励类政策工具 B	引导类政策工具 C
消费环节	消费结果			
分享互动	绿色集约生产和绿色消费分享互动/消费云端互动/元宇宙分享互动	信用评价体系建设 市场准入政策 消费者个人碳账户隐私保护政策 个人碳中和消费信息采集规范 平台推荐信息规范 平台价格算法规范 线上消费分享互动规范	分享红包 分享碳中和积分兑换 互联网 + 社区分享互动模式建设 搭建碳中和品牌商品分享互动平台 平台自我监管的激励机制建设 从消费到分享的 O2O 闭环生态建设	智慧化引导信息 绿色公民行动 意见领袖发声 绿色分享文化节 提升消费者分享价值计划 互联网 + 碳中和消费舆论宣传

资料来源：作者根据相关资料整理。

为了有效地促进碳中和消费，必须结合数智化技术针对特定的微观主体、特定的行为情境设计针对性、独特性、具体化、精细化的政策工具。例如，碳账户记录消费者的碳排放数据，为其提供个性化的碳普惠激励措施。同时，借助碳平台实现信息的透明共享和资源的优化配置，推动线上消费平台提供更多绿色低碳产品选择，从而引导消费者在实际生活和消费场景中践行碳中和理念。另外，不同的政策工具可以整合配套以增强政策合力，最终形成一体化的政策工具体系，这样才能更有效地实现碳中和消费。一体化的政策体系必将成为碳中和消费政策的趋势。

第四章　碳中和消费的问卷调查分析

在前文对碳中和消费历史与现实的定性描述与分析基础上，本章主要从定量角度分析碳中和消费的现状，通过问卷调查分析来洞察碳中和消费践行现状、影响因素和存在问题。本章先设计了碳中和消费的测量指标体系，包括购买、使用、出行、关注和分享五个维度。接着基于安徽省、广东省、浙江省、陕西省、黑龙江省等 30 个省市和自治区的 844 份有效调查样本，从绿色购买行为、绿色使用行为、绿色出行行为、绿色关注行为和绿色分享行为五个维度，对碳中和消费进行实证分析和综合评价。最后，通过对碳中和消费进行描述性统计分析、因子分析、聚类分析以及方差分析，总结归纳出碳中和消费的大样本调查结果。

第一节　碳中和消费的调查指标体系

一、碳中和消费的调查指标体系设计

根据数智时代碳中和消费的全方位数据交互和共享的特征，碳中和消费的指标体系主要是由绿色购买行为、绿色使用行为、绿色出行行为、绿色关注行为、绿色分享行为五个一级指标组成。这些一级指标又分别包含若干二级指标，从可操作性角度来看，为避免被调查者对问卷测量结果报告失真，又保证碳中和消费践行程度测量的全面性，我们尽可能精炼二级指标的数量，最终选择每个一级指标包含的二级指标不超过 10 个。考虑到指标的统一性和数据的可得性，我们统一采用李克特（Likert）五级量表制形式进行度量。设置“总是做到”“多数做到”“半数做到”“偶尔做到”“从未做到”五类指标来度量消费者碳中和消费。以线上购买高效节能家电产品为例，当通过调查问卷得知消费者线上购买高效节能家电产品从未做到时记为 1 分，少数做到时记为 2 分，半数做到时记为 3 分，多数做到时记为 4 分，总是做到时则记为 5 分。

最终问卷的生成包括以下步骤：（1）预调查准备。对代表性消费者进行面对面访谈，征询他们对本测量问卷的意见和建议。（2）预调查。基于第一步完善后的问卷，

线上发放 47 份预调查问卷，检验被试能否理解初始设定的属性和属性水平，对选项的理解是否有困难，根据收集的信息对问卷进行修改，例如："我尽量通过网络平台实行电子购票或生活缴费"，改为"我尽量通过网络平台实行电子购票或生活缴费，实现资源节约"；"我与他人分享高效节能产品购买经历"，改为"我尽量通过网络与他人分享高效节能产品（如冰箱、空调、洗衣机、热水器等）购买经历"。在绿色使用行为和绿色出行行为层面增加题项：增加题项 1（使用、回收情况）"我尽量将生活垃圾分类回收，实现资源节约"。增加题项 2（出行情况）"驾车出行时，我尽量使用车载系统或智能 App 分析改善驾驶行为（如急刹车、急加速等），实现能源节约"。另外，设置七个人口统计信息变量题项，分类调查消费者碳中和消费。最终确立的具体问卷详见附录。

二、碳中和消费的调查指标体系解释

（一）绿色购买行为

绿色购买行为的指标主要包括：高效节能家电产品购买行为、绿色环保家用产品购买行为、具有环境标志产品购买行为、包装可降解或可再利用产品购买行为、低环境污染产品购买行为。这些绿色产品主要集中在线上碳中和消费的应用场景中，并在生活中较为普遍且被调查者易于理解其绿色价值，比如节能冰箱、具有节水标志的热水器等。

（二）绿色使用行为

使用和回收行为的指标主要包括：线上缴费行为、"无需餐具"式点餐行为、家庭电力/燃气账单关注行为、空调节能使用行为、产品循环使用行为、生活垃圾分类回收行为、旧家电线上回收交易行为、旧衣物线上回收交易行为、闲置物品线上回收交易行为等。这些指标不仅能较合理地反映消费者碳中和消费的绿色使用行为，而且数据来源相对便捷，易于采集和分析。

（三）绿色出行行为

绿色出行行为的指标主要包括：步行或单车/电动车出行、公共交通工具出行、选择新能源汽车出行、拼车或顺风车出行、规划通畅路线出行、绿色驾驶出行等。这些指标能较合理地反映消费者绿色出行行为，而且也易于获得。

（四）绿色关注行为

绿色关注行为的指标主要包括：高效节能家电产品信息关注行为、绿色环保家用产品信息关注行为、节水节电节能信息关注行为、绿色低碳出行信息关注行为、闲置物品回收交易信息关注行为、垃圾分类回收信息关注行为、环保新闻信息关注行为、他人绿色积分信息关注行为等。这些指标能较合理地反映消费者绿色信息的关注行为，而且也易于获得。

（五）绿色分享行为

绿色分享行为的指标体系包括：高效节能家电产品购买经历分享、绿色环保家用产品购买经历分享、节水节电节能经历分享、绿色低碳出行经历分享、闲置物品回收交易经历分享、垃圾分类回收经历分享、环保公益活动经历分享、环保新闻信息分享、绿色积分信息分享等。这些指标能较合理地反映碳中和消费分享行为，而且也易于获得。

碳中和消费的指标共有 5 个一级指标，37 个二级指标。其中绿色购买行为一级指标包含 5 个二级指标，绿色使用行为一级指标包含 9 个二级指标，绿色出行行为一级指标包含 6 个二级指标，绿色关注行为一级指标包含 8 个二级指标，绿色分享行为一级指标包含 9 个二级指标。表 4－1 是碳中和消费指标体系汇总。

表 4－1　　碳中和消费指标体系汇总

	一级指标	二级指标	指标说明	测量方式及数据来源
碳中和消费指标体系	绿色购买行为	高效节能家电产品购买行为	线上购买高效节能家电产品的情况	定序量表，李克特 5 级量表，调研获得
		绿色环保家用产品购买行为	线上购买绿色环保家用产品的情况	定序量表，李克特 5 级量表，调研获得
		低环境污染产品购买行为	线上购买对环境污染小的产品情况	定序量表，李克特 5 级量表，调研获得
		具有环境标志产品购买行为	线上购买具有环境标志产品的情况	定序量表，李克特 5 级量表，调研获得
		包装可降解或可再利用产品购买行为	线上购买包装可降解或可再利用产品的情况	定序量表，李克特 5 级量表，调研获得
	绿色使用行为	线上缴费行为	通过网络平台实行电子购票或生活缴费的情况	定序量表，李克特 5 级量表，调研获得
		“无需餐具”式点餐行为	通过网络平台点外卖时选择“无需餐具”的情况	定序量表，李克特 5 级量表，调研获得
		家庭电力/燃气使用行为	家庭节约电力/燃气的情况	定序量表，李克特 5 级量表，调研获得
		空调节能使用行为	夜间使用空调时使用智能定时或夜间模式的情况	定序量表，李克特 5 级量表，调研获得
		产品循环使用行为	重复利用或循环使用产品的情况	定序量表，李克特 5 级量表，调研获得
		生活垃圾分类回收行为	生活垃圾分类回收的情况	定序量表，李克特 5 级量表，调研获得

续表

	一级指标	二级指标	指标说明	测量方式及数据来源
碳中和消费指标体系	绿色使用行为	旧家电线上回收交易行为	旧冰箱、空调等家电产品线上回收或交易的情况	定序量表，李克特 5 级量表，调研获得
		旧衣物线上回收交易行为	旧衣物线上回收或交易的情况	定序量表，李克特 5 级量表，调研获得
		闲置物品线上回收交易行为	闲置物品线上回收或交易的情况	定序量表，李克特 5 级量表，调研获得
	绿色出行行为	步行或单车/电动车出行	短距离出行时选择步行或（共享）单车/电动车出行的情况	定序量表，李克特 5 级量表，调研获得
		公共交通工具出行	中长距离出行时选择公共交通工具出行的情况	定序量表，李克特 5 级量表，调研获得
		选择新能源汽车出行	线上打车出行时选择新能源汽车出行的情况	定序量表，李克特 5 级量表，调研获得
		拼车或顺风车出行	线上打车出行时选择拼车或顺风车出行的情况	定序量表，李克特 5 级量表，调研获得
		规划通畅路线出行	驾车出行时使用智能出行 APP 规划好通畅出行路线的情况	定序量表，李克特 5 级量表，调研获得
		绿色驾驶出行	驾车出行时使用车载系统或智能 APP 分析改善驾驶行为的情况	定序量表，李克特 5 级量表，调研获得
	绿色关注行为	高效节能家电产品信息关注行为	关注网络上高效节能家电产品信息的情况	定序量表，李克特 5 级量表，调研获得
		绿色环保家用产品信息关注行为	关注网络上绿色环保家用产品信息的情况	定序量表，李克特 5 级量表，调研获得
		节水节电节能信息关注行为	关注网络上节水节电节能信息的情况	定序量表，李克特 5 级量表，调研获得
		绿色低碳出行信息关注行为	关注网络上绿色低碳出行信息的情况	定序量表，李克特 5 级量表，调研获得
		闲置物品回收交易信息关注行为	关注网络上闲置物品回收或交易信息的情况	定序量表，李克特 5 级量表，调研获得
		垃圾分类回收信息关注行为	关注网络上垃圾分类回收信息的情况	定序量表，李克特 5 级量表，调研获得
		环保新闻信息关注行为	关注网络上环保新闻信息的情况	定序量表，李克特 5 级量表，调研获得
		他人绿色积分信息关注行为	关注网络上他人绿色积分信息的情况	定序量表，李克特 5 级量表，调研获得
	绿色分享行为	高效节能家电产品购买经历分享	通过网络与他人分享高效节能家电产品购买经历的情况	定序量表，李克特 5 级量表，调研获得

续表

	一级指标	二级指标	指标说明	测量方式及数据来源
碳中和消费指标体系	绿色分享行为	绿色环保家用产品购买经历分享	通过网络与他人分享绿色环保家用产品购买经历的情况	定序量表，李克特5级量表，调研获得
		节水节电节能经历分享	通过网络与他人分享节电节水节能经历的情况	定序量表，李克特5级量表，调研获得
		绿色低碳出行经历分享	通过网络与他人分享绿色低碳出行经历的情况	定序量表，李克特5级量表，调研获得
		闲置物品回收交易经历分享	通过网络与他人分享闲置物品回收或交易经历的情况	定序量表，李克特5级量表，调研获得
		垃圾分类回收经历分享	通过网络与他人分享垃圾分类回收经历的情况	定序量表，李克特5级量表，调研获得
		环保公益活动经历分享	通过网络与他人分享环保公益活动经历的情况	定序量表，李克特5级量表，调研获得
		环保新闻信息分享	通过网络与他人分享环保新闻信息的情况	定序量表，李克特5级量表，调研获得
		绿色积分信息分享	通过网络与他人分享绿色积分信息的情况	定序量表，李克特5级量表，调研获得

资料来源：作者根据相关资料整理。

第二节 碳中和消费的调查分析过程

一、碳中和消费的调查数据获取

本章主要针对大城市或省级城市与中等城市或地级市消费者的碳中和消费进行研究。调查对象涵盖了各年龄层次、婚姻状况、职业和收入层次的人群，并在调查过程中根据配额比例选择一定数量的人群作为调查对象。最终数据基于见数问卷调查平台（Credamo）进行在线收集。收集问卷时，我们剔除了答题时间过短（远远低于正常答题时间的问卷），或者连续多个题目选择同一选项的问卷（如连续多个题目都习惯性选择“一般”题项），共收集样本844份。受试者来自安徽省、广东省、浙江省、陕西省、黑龙江省等30个省市和自治区，有效样本的消费者特征构成分布如表4-2所示。从性别分布看，男性占44.0%，女性占56.0%；从个人年收入看，6万元以下占8.4%，6万—10万元占32.0%，10万—20万元占46.0%，20万元以上占13.6%；从居住地看，大城市或省级城市占58.9%，中等城市或地区市占41.1%。本次调查受访者偏年轻化、高学历，这符合大城市或省会城市、中等城市或地级市居住人口特征。调查受访者与大中城市消费者总体状况接近，本次调查抽样是科学、可信的。

表4-2　　　有效样本人口特征的构成分布

	分类指标	人数（人）	有效百分比（%）
性别	1. 男	371	44.0
	2. 女	473	56.0
年龄	1. 24周岁及以下	40	4.7
	2. 25-34周岁	588	69.7
	3. 35-44周岁	175	20.7
	4. 45周岁或以上	41	4.9
学历	1. 高中或以下	43	5.1
	2. 大专或高职	100	11.8
	3. 本科	633	75.0
	4. 硕士或以上	68	8.1
婚否	1. 未婚	160	19.0
	2. 已婚无子女	75	8.9
	3. 已婚有子女	606	71.8
	4. 离异或丧偶	3	0.4
职业	1. 各类专业技术、教育科研人员	170	20.1
	2. 政府或企事业单位职员、管理者	369	43.7
	3. 服务业员工、商业人员、销售人员	158	18.7
	4. 制造、运输工人、手艺人和相关人员	92	10.9
	5. 个体经营者、老板、工商户以及其他人员	55	6.5
个人年收入	1. 6万元以下	71	8.4
	2. 6万—10万元	270	32.0
	3. 10万—20万元	388	46.0
	4. 20万元以上	115	13.6
居住城市	1. 大城市或省会城市	497	58.9
	2. 中等城市或地级市	347	41.1

资料来源：作者根据相关资料整理。

二、碳中和消费的数据信效度检验

在信效度检验方面，通过信度分析来评估调查数据的可靠性和有效性。从绿色购买行为、绿色使用行为、绿色出行行为、绿色关注行为和绿色分享行为五个维度进行部分信度分析和总体分析，信度分析结果如表 4 - 3 所示。问卷总的 Cronbach's α 系数为 0.941，五个维度的 Cronbach's α 系数均大于 0.65，部分维度的 Cronbach's α 系数达到 0.9 以上，且删去任一题项，各变量的总体 Cronbach's α 系数也无显著提高。可见，本调查问卷及各组成部分建构效度良好。

表 4 - 3　　各维度信度统计表

变量类型	变量	调查题项	删除项后 α	维度 α
绿色购买行为	Y11	线上网络平台购物时，我尽量选购高效节能家电产品（如冰箱、空调、洗衣机、热水器等）	0.712	0.722
	Y12	线上网络平台购物时，我尽量选购绿色环保家用产品（如服装、家具、建材、洗涤用品等）	0.670	
	Y13	线上网络平台购物时，我尽量选购对环境污染小的产品	0.644	
	Y14	线上网络平台购物时，我尽量选购有环境标志（如节能标志、节水标志等）的产品	0.663	
	Y15	线上网络平台购物时，我尽量选购包装可降解或可再利用的产品	0.684	
绿色使用行为	Y21	我尽量通过网络平台实行电子购票或生活缴费，实现资源节约	0.782	0.781
	Y22	通过网络平台点外卖时，我尽量选择“无需餐具”，实现资源节约	0.770	
	Y23	我尽量关注家庭电力/燃气账单以节约电力/燃气	0.763	
	Y24	夜间使用空调时，我尽量使用智能定时或夜间模式以节约用电	0.781	
	Y25	我尽量重复利用或循环使用产品，实现资源节约	0.766	
	Y26	我尽量将生活垃圾分类回收，实现资源节约	0.757	
	Y27	我通过线上回收交易途径（如闲鱼、邻里群等）尽量将旧冰箱、空调等家电产品回收或交易	0.744	
	Y28	我通过线上回收交易途径（如闲鱼、邻里群等）尽量将旧衣物回收或交易	0.732	
	Y29	我通过线上回收交易途径（如闲鱼、邻里群等）尽量将闲置物品回收或交易	0.731	

续表

变量类型	变量	调查题项	删除项后 α	维度 α
绿色出行行为	Y31	短距离出行时，我尽量步行或使用（共享）单车/电动车出行，实现能源节约	0.669	0.668
	Y32	中长距离出行时，我尽量选择公共交通工具（如公交、地铁等）出行，实现能源节约	0.651	
	Y33	打车出行时，我使用智能出行 APP（如曹操出行等）尽量选择新能源汽车出行，实现能源节约	0.589	
	Y34	打车出行时，我使用智能出行 APP（如嘀嗒、T3 等）尽量拼车或顺风车出行，实现能源节约	0.592	
	Y35	驾车出行时，我使用智能出行 APP（如百度地图等）尽量规划好通畅出行路线，实现能源节约	0.5645	
	Y36	驾车出行时，我使用车载系统或智能 APP 尽量分析改善驾驶行为（如急刹车、急加速等），实现能源节约	0.588	
绿色关注行为	X11	我尽量关注网络上的高效节能家电产品（如冰箱、空调、洗衣机、热水器等）信息	0.777	0.800
	X12	我尽量关注网络上的绿色环保家用产品（如服装、家具、建材、洗涤用品等）信息	0.772	
	X13	我尽量关注网络上的节电、节水、节能信息	0.782	
	X14	我尽量关注网络上的绿色低碳出行信息	0.772	
	X15	我尽量关注网络上的闲置物品回收或交易信息	0.782	
	X16	我尽量关注网络上的垃圾分类回收信息	0.775	
	X17	我尽量关注网络上的环保新闻信息	0.774	
	X18	我尽量关注网络上他人的绿色积分信息（如蚂蚁森林绿色能量、支付宝绿色账户等）	0.792	
绿色分享行为	X21	我通过网络尽量与他人分享高效节能家电产品（如冰箱、空调、洗衣机、热水器等）购买经历	0.891	0.904
	X22	我通过网络尽量与他人分享绿色环保家用产品（如服装、家具、建材、洗涤用品等）购买经历	0.891	
	X23	我通过网络尽量与他人分享节电、节水、节能经历	0.891	
	X24	我通过网络尽量与他人分享绿色低碳出行经历	0.894	
	X25	我通过网络尽量与他人分享闲置物品回收或交易经历	0.897	
	X26	我通过网络尽量与他人分享垃圾分类回收经历	0.891	
	X27	我通过网络尽量与他人分享环保公益活动经历	0.891	
	X28	我通过网络尽量与他人分享环保新闻信息	0.892	
	X29	我通过网络尽量与他人分享绿色积分信息（如蚂蚁森林绿色能量、支付宝绿色账户等）	0.901	

资料来源：作者根据相关资料整理。

第三节 碳中和消费的调查分析结果

一、碳中和消费的描述性统计分析

（一）绿色购买行为的描述性统计分析

绿色购买行为各题型的描述性分析如图 4 - 1 所示。Y11—Y14 题项中，消费者绿色购买行为在 4—5，也就是“多数做到”或“总是做到”之间，而题项 Y15 选购包装可降解或可再利用行为的均值低于 4。消费者线上购买节能家电、线上购买绿色环保家用产品、线上选购环境标志的产品较为普遍，且内部差异也较小，表现为标准差较小。与之相对，线上选购包装可降解或可再利用的产品的行为相对较少且内部差异较大，表现为均值较小，标准差较大。

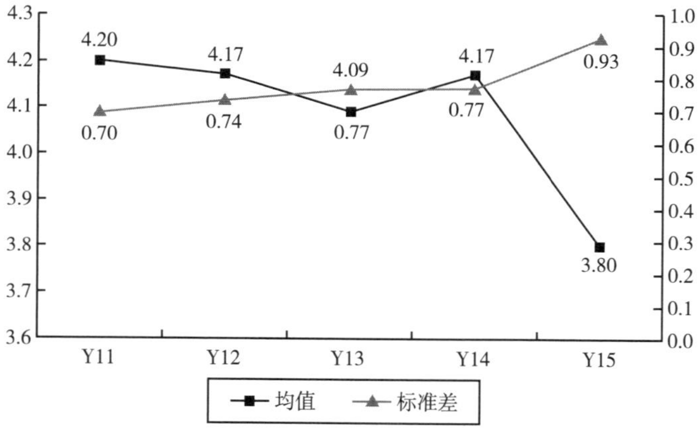

图 4 - 1 绿色购买行为各题项的均值和标准差

注：Y11—Y15 代表的题项语句参见表 4 - 3，下同。

资料来源：作者根据相关资料整理。

如图 4 - 2 所示，大多数消费者能够“大部分做到”在线购买绿色产品，选择 4（多数做到）选项的人数最多。其中，线上购买节能家电产品的人群“多数做到”和“总是做到”占 90.0%，高于其他产品的线上购买情况，这或许有两方面原因：一是我国大力推广“节能产品惠民工程”[①]“家电下乡”等节能家电推广政策，消费者对节能家电的认知度比较高，在心理上接受节能家电产品；二是线上家电产品的售后服务越来

① 2013 年 6 月 1 日起，购买节能家电将不再享受国家补贴。

越完善，产品安装、维修、投诉等环节都比较完善，消费者“一个电话”就能解决问题，便于消费者线上购买。“总是做到”选购可降解或可再利用产品的人数占比23.5%，稍低于其他线上购买行为；“少数做到”和“从未做到”的人数占比近10%，这表明消费者仍出于“面子”“颜控”等原因未做到绿色低碳消费。此外，在绿色包装选择方面，仍有进步空间。

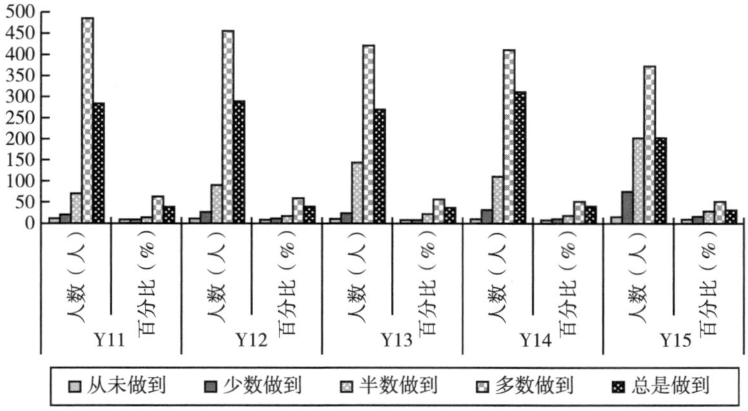

图 4－2　绿色购买行为各题项的选择人数、百分比

资料来源：作者根据相关资料整理。

（二）绿色使用行为的描述性统计分析

绿色使用行为各题项的描述性分析如图 4－3 所示。消费者绿色使用行为不同行为间差别较大，消费者选择网络平台购票或者生活缴费的人数最多，众数为 5（总是做到），没有人从未网上购票或者生活缴费（未有人选择“从未做到”选项）。这得益于

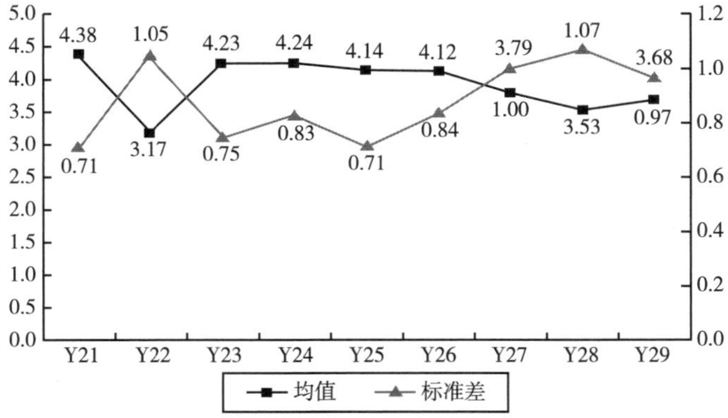

图 4－3　绿色使用行为各题项的均值和标准差

资料来源：作者根据相关资料整理。

我国推行的数字经济和电子政务等业务，使手机端或PC端交水电费、网络购票等业务既便捷又实惠。在网络点外卖，选择“无需餐具”的绿色行为践行程度较低，平均值为“半数做到”，且不同消费者的行为差别较大，表现为标准差为1.052。闲置物品回收的三个题项（Y27、Y28、Y29）相对于绿色使用行为较差，均处于“半数做到”与“多数做到”之间，这或许跟闲置物品交易途径或平台种类少、二手物品交易机制不健全等原因有关。

从图4-4可以看出，居民多数能够做到绿色使用、回收行为，表现为选择“多数做到”和“总是做到”的人数超过60%。其中，电子购票和生活缴费已经很普及，几乎所有人都有过在网络平台上购票或生活缴费的经历，且“多数做到”和“总是做到”的人数达到了90%以上。然而在网络平台点外卖时，选择“无需餐具”的行为较少，仅有20.8%的人总是做到，相比于49.8%的人总是网上购票或生活缴费，还有巨大的潜力。相对于绿色使用行为，二手闲置物品回收行为践行程度稍低，仅有17.5%的人会“总是做到”选择“在线上回收交易途径尽量将旧衣物回收或交易”，20.3%的人会“总是做到”选择“在线上回收交易途径尽量将闲置物品回收或交易”。在线上回收方面，旧冰箱、空调等家电产品的回收或交易情况稍好于旧衣物等其他二手物品。

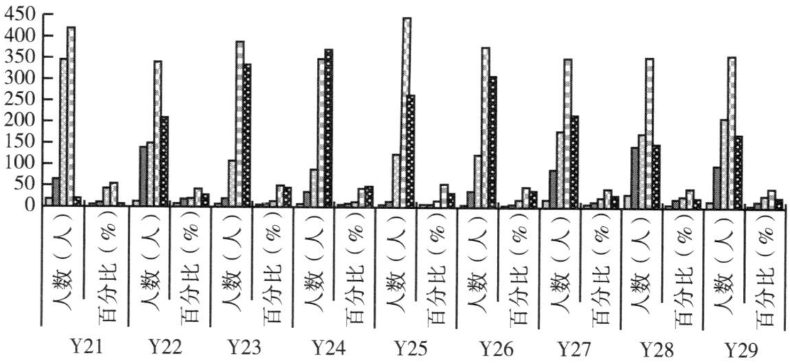

图4-4　绿色使用行为各题项的选择人数、百分比

资料来源：作者根据相关资料整理。

（三）绿色出行行为的描述性统计分析

绿色出行行为各题项的描述性分析如图4-5所示。消费者选择绿色出行方式的行为较高，平均值在4（多数做到）—5（总是做到），而且总是选择步行、（共享）单车和电动车出行的人数最多，表现为众数为5，但是驾车出行时，选择智能APP改善驾驶行为（如急刹车、急加速）实现能源节约的行为差别较大，表现为标准差为1.006，这或许与“大城市或省会城市”和“中等城市或地级市”的交通拥挤以及城市生活节奏快等因素有一定关系。在打车出行时，消费者的绿色践行程度在 3（半数做到）—4（多数做到），表现为均值 3.59 和 3.73，且在打车出行时尽量选择新能源汽车出行行为的差别较大，标准差为 1.053。在绿色打车出行方面，还有较大的增长潜力。

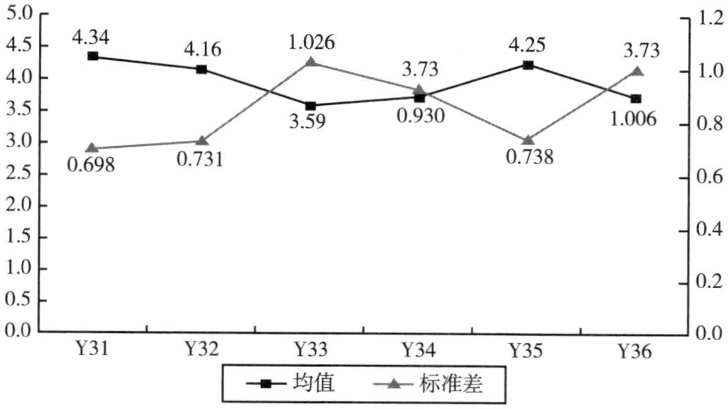

图 4－5　绿色出行行为各题项的平均值和标准差

资料来源：作者根据相关资料整理。

如图 4－6 所示，题项“短距离出行，尽量选择步行或（共享）单车出行”选择最多的是“总是做到”，然而其他各题型选择最多的是“多数做到”，即消费者短距离选择绿色出行行为多于其他绿色出行方面。在中短距离出行选择公共交通能够“多数做到”行为较多，占比 52.7%。在步行或单车、公共交通、自驾出行实现资源节约中，选择“多数做到”和“总是做到”占比都在 80% 以上，而在打车时，利用 App 智能出行实现资源节约的行为稍差。

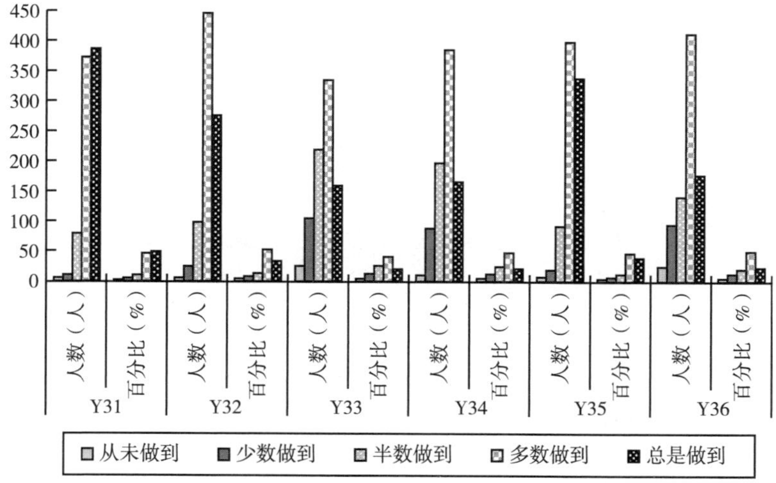

图 4－6　绿色出行行为各题项选择人数、百分比统计

资料来源：作者根据相关资料整理。

(四) 绿色关注行为的描述性统计分析

绿色关注行为各题项的描述性统计数据如图4-7所示。消费者在关注节能家电、家用产品、节约行为、环保新闻等方面的践行程度都较高，均值都在4以上，而在闲置物品回收方面的关注稍弱，均值分别为3.73和3.92。消费者对闲置物品回收利用的信息关注较少，也导致他们在闲置物品回收的践行程度低，与绿色使用行为部分分析的闲置物品践行度低是吻合的。从绿色关注行为六个题项的标准差看，这六项的标准差都小于1，可见其内部差异都较小。

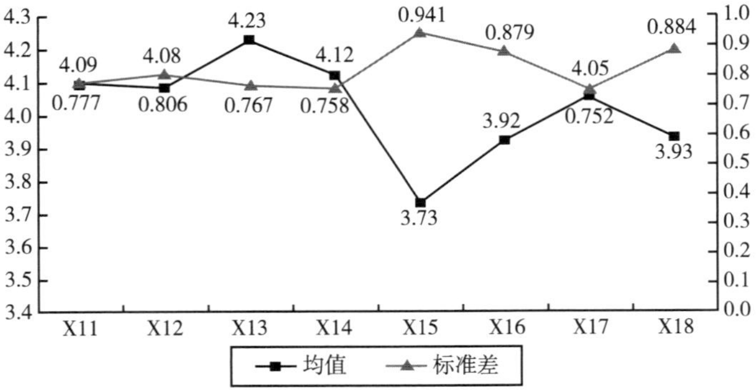

图4-7 绿色关注行为各题项的平均值和标准差

资料来源：作者根据相关资料整理。

如图4-8所示，从绿色关注行为各题型选择人数和百分比看，各题型的差别不是很大，相对平均。在所有题型中，选择“多数做到”的人数远远超过其他选项的人数，

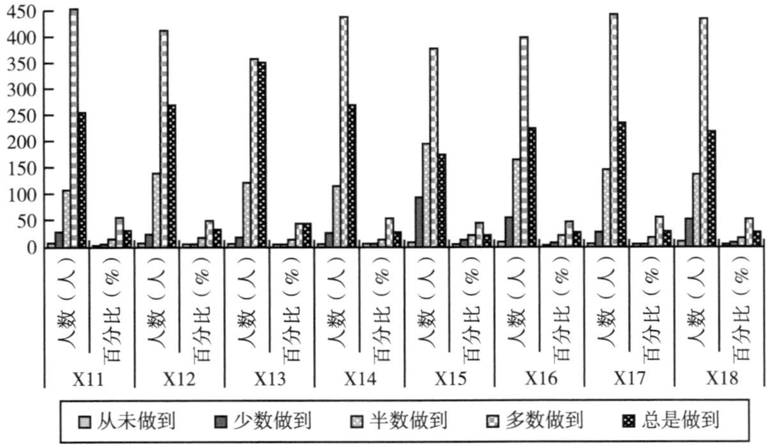

图4-8 绿色关注行为各题项选择人数、百分比

资料来源：作者根据相关资料整理。

占比都在 50% 左右。消费者相比于关注闲置物品回收或交易信息，更加关注绿色产品使用、绿色出行等方面的信息，表现在选择“多数做到”和“总是做到”关注闲置物品回收或交易信息的占比 65%，而绿色产品使用、绿色出行题项的同选项人数占比在 80% 以上。

（五）绿色分享行为的描述性统计分析

从绿色分享行为的描述性统计看，绿色分享行为九题型的均值处于 3.7—3.9，小于 4，说明消费者没有“多数做到”绿色信息分享，且标准差都在 0.935—1.077，相对集中。相比于碳中和消费的其他方面，绿色分享互动整体稍弱，表现为均值较小，如购买行为中在线购买绿色产品均值 4.2，绿色购票或生活缴费均值为 4.38。如图 4 –9 所示。

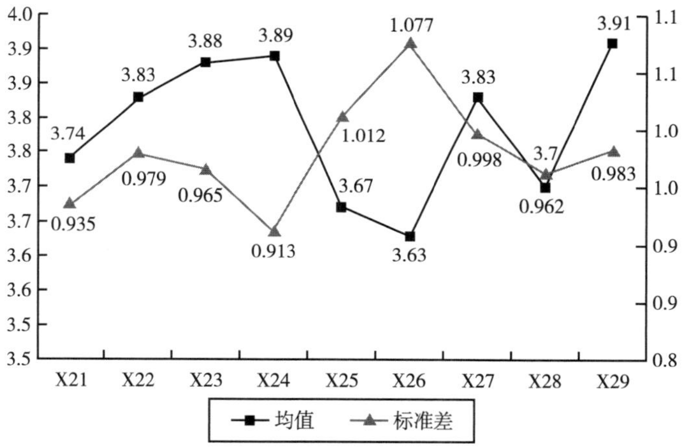

图 4 –9 绿色分享行为各题型的均值和标准差

资料来源：作者根据相关资料整理。

从绿色分享行为各题型选择（见图 4 – 10）看，绿色分享行为九题项中，选择 4（多数做到）的人数最多，在 50% 左右。同时选择“少数做到”和“半数做到”的人数占比都在 20% 以上，相比其他碳中和消费方面人数占比较多。从调查数据看，消费者绿色信息分享互动较少，还处于个人独立实行绿色消费阶段，未能较多与社会或社区群体进行绿色互动。

二、碳中和消费的因子分析

根据绿色购买因子、绿色回收因子、绿色出行因子以及绿色使用因子，通过聚类分析将碳中和消费群体划分为四种不同的子群体。实证结果显示，题项 1.1、1.2、1.4、2.5、2.6 的公因子提取量低于 0.4，即这五个题项不是特别适合进行有效的因子分析，

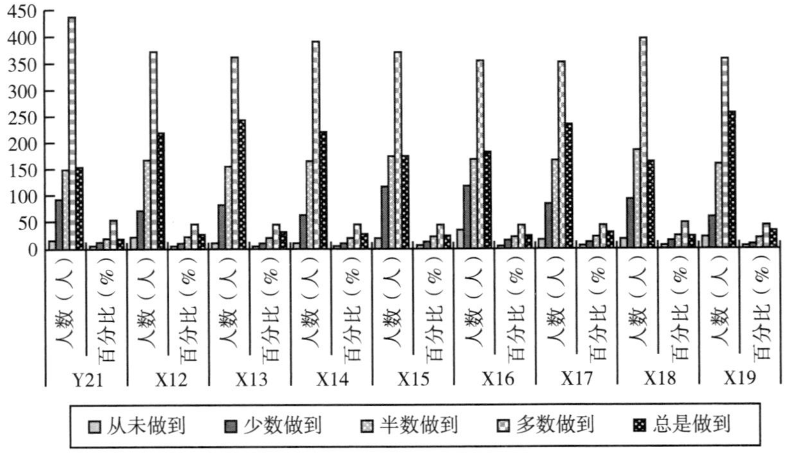

图 4-10 绿色分享行为各题项选择人数、百分比

资料来源：作者根据相关资料整理。

故删去这五个题项。对剩下的 15 个题型再次进行因子提取，如表 4-4 和表 4-5 所示，KMO 值为 0.897，显著性为 0.000，小于 0.05，可以进行因子提取。

表 4-4 绿色践行程度的 KMO 检验和 Bartlett's 球形检验

		绿色践行程度
KMO 检验		0.897
Bartlett's 球形检验	χ^2 统计量	3206.570
	自由度	105
	显著性水平	0.000

资料来源：作者根据相关资料整理。

表 4-5 总方差解释

成分	初始特征值			提取载荷平方和			旋转载荷平方和		
	总计	方差百分比（%）	累计方差百分比（%）	总计	方差百分比（%）	累计方差百分比（%）	总计	方差百分比（%）	累计方差百分比（%）
1	4.861	32.405	32.405	4.861	32.405	32.405	2.969	19.790	19.790
2	1.304	8.693	41.098	1.304	8.693	41.098	2.261	15.074	34.865
3	1.119	7.457	48.555	1.119	7.457	48.555	1.599	10.661	45.526
4	1.002	6.681	55.236	1.002	6.681	55.236	1.457	9.710	55.236
5	0.831	5.541	60.777						
6	0.787	5.250	66.027						
7	0.755	5.035	71.062						
8	0.708	4.722	75.784						

续表

成分	初始特征值			提取载荷平方和			旋转载荷平方和		
	总计	方差百分比（%）	累计方差百分比（%）	总计	方差百分比（%）	累计方差百分比（%）	总计	方差百分比（%）	累计方差百分比（%）
9	0.658	4.384	80.168						
10	0.610	4.064	84.232						
11	0.565	3.765	87.998						
12	0.533	3.552	91.549						
13	0.473	3.154	94.703						
14	0.468	3.117	97.820						
15	0.327	2.180	100.000						

提取方法：主成分分析法。

资料来源：作者根据相关资料整理。

从表 4－5 和表 4－6 可知，在提取因子时，共提取 4 个公因子，4 个公因子可以解释 55.24%，基本能够解释原变量。其中，第一个因子可以解释 19.79%，包含 Y13、Y15、Y22、Y33、Y34、Y36 六个题型，Y13、Y15、Y22、Y33、Y34 他们与绿色产品线上购买行为相关，Y36 题项似乎更偏重于绿色出行，通过访谈发现，消费者在车载系统或智能 APP 改善驾驶行为（急刹车、急加速）时，考虑更多的因素是时间成本和油耗，所以第一个因子也可以聚合为线上消费行为，命名为绿色购买因子。第二个因子可以解释 15.07% 的方差，包含 Y27、Y29、Y28 四个题项，他们与产品使用后的回收相关，可以聚合为绿色回收因子。第三个因子可以解释 10.66%，包括 Y21、Y31、Y32 题项，与受试者访谈发现，针对 Y21 题项，消费者常使用在线上购买火车票、地铁乘车码、公交乘车码，故第三个因子聚合为绿色出行因子。第四个因子可以解释 9.71%，包括 Y23、Y24、Y35 题项，与产品绿色使用相关，命名为绿色使用因子。

从以上四个因子看，绿色购买因子、绿色回收因子、绿色出行因子和绿色使用因子分别从不同的维度测量了消费者绿色践行程度，较全面地显示数智时代消费者践行碳中和消费的程度。可见，数智时代的碳中和消费包括购买购置（如绿色购买、减量购买）、使用消费（如使用削减、重复或循环使用）、废弃回收（如再利用、再循环、资源化）、分享互动（共享单车、公共交通）等全过程。

表 4－6　　旋转后的成分矩阵

变量	因子 1	因子 2	因子 3	因子 4
Y15	0.715			
Y13	0.637			

续表

变量	因子 1	因子 2	因子 3	因子 4
Y36	0.627			
Y22	0.610			
Y33	0.601			
Y34	0.537			
Y29		0.793		
Y27		0.765		
Y28		0.760		
Y31			0.786	
Y21			0.628	
Y32	0.403		0.557	
Y24				0.669
Y35				0.633
Y23				0.403

资料来源：作者根据相关资料整理。

三、碳中和消费的聚类分析

本章采用两步聚类法（Two step cluster）对消费者线上碳中和消费践行程度进行细分。基于上面因子分析得到的 4 个因子进行聚类分析。从聚类分析结果可知（见表 4-7），第一类消费者群体有 200 个，占总人数的 23.7%，这类消费者在绿色出行和绿色产品使用方面做得较好，而在线上购买和线上回收方面做得较差。第二类消费者群体有 237 个，占总人数的 28.1%，这类消费者人数最多，占比最高，在绿色购买、绿色回收、绿色出行和绿色使用方面践行程度均较高，真正做到全过程碳中和消费，也就是人们常称为的“深绿色消费者”群体。第三类消费者群体有 187 个，占总人数的 22.2%，这类消费者在绿色购买、绿色出行、绿色使用方面做得较差，但是这类群体注重产品回收，是“勤俭持家”的消费者。第四类消费者群体有 220 个，占总人数的 26.1%，这类消费者与第一类消费者刚好相反，注重碳中和消费的前端和后端，在绿色购买、绿色回收方面做得较好，但是在绿色出行、绿色使用方面做得较差。

表 4－7　　聚类分析结果表

变量	聚类 1		聚类 2		聚类 3		聚类 4	
	均值	标准差	均值	标准差	均值	标准差	均值	标准差
绿色购买因子	－0.08	0.84	0.34	0.60	－0.25	0.77	0.68	0.57
绿色回收因子	－1.36	0.65	0.59	0.53	0.42	0.77	0.48	0.5
绿色出行因子	0.21	1.02	0.60	0.55	－0.16	1.13	－0.40	1.17
绿色使用因子	0.77	0.52	0.24	0.62	－0.70	0.75	－0.35	0.82
人数	200		237		187		220	
比例	23.70%		28.10%		22.20%		26.10%	

资料来源：作者根据相关资料整理。

根据四个因子将消费者划分为四个不同的子群体，第一类群体为绿色使用群体（绿色消费前端），第二类群体为深绿色消费群体（全过程），第三类群体为绿色回收群体（绿色消费后端），第四类群体为绿色购置、绿色回收群体（绿色消费两端）。

四、碳中和消费的方差分析

（一）数据处理

1. 碳中和消费践行程度

根据因子分析提取的四个因子，按照各个因子方差解释比例计算碳中和消费践行程度总得分，碳中和消费践行程度＝绿色购买因子×19.790/55.236＋绿色回收因子×15.074/55.236＋绿色出行因子×10.661/55.236＋绿色使用因子×9.710/55.236，碳中和消费践行程度代表消费者在购买、出行、回收方面的总体践行程度。

2. 绿色信息关注

绿色信息关注维度共设置 8 个题项，从关注绿色购买信息、绿色使用信息、绿色闲置回收或交易信息以及绿色积分信息等角度全面调查消费者对碳中和消费信息的关注，本书选取绿色信息关注维度所有题型得分的平均值，代表消费者绿色信息关注程度。

3. 绿色信息分享

绿色信息分享维度设置 9 个题项，如同绿色信息关注变量的处理方法，选取绿色信息关注维度 9 道题型得分的平均值，代表消费者绿色信息分享的测量指标。

(二) 独立样本检验

性别和居住地两分类变量的独立样本检验结果如表 4-8 所示。在 F 检验时，性别在绿色购买、绿色出行、绿色使用和碳中和消费上的显著性均大于 0.05，说明男女消费者碳中和消费的方差差别不大或者没有差别，而男女在绿色回收行为上有显著差别。在 T 检验时，男女在绿色购买、绿色出行、绿色使用和碳中和消费上方差的显著性也均大于 0.05，说明男女在碳中和消费践行程度上无显著差别，在绿色回收行为的不等方差的 T 检验显著性为 0.733（也大于 0.05），即男女在绿色行为方面没有显著差别。同理，不同居住地的消费者在绿色购买、碳中和消费方面有显著差别，在绿色回收、绿色出行和绿色产品使用方面无显著差别。

表 4-8　　独立样本检验

变量	绿色购买		绿色回收		绿色出行		绿色使用		碳中和消费	
	显著性（F）	显著性（t）	显著性（F）	显著性（t）	显著性（F）	显著性（t）	显著性（F）	显著性（t）	显著性（F）	显著性（t）
性别	0.780	0.770	0.013	0.733	0.489	0.126	0.866	0.994	0.962	0.852
居住地	0.004	0.002	0.681	0.962	0.447	0.099	0.205	0.187	0.312	0.017

资料来源：作者根据相关资料整理。

(三) 单因素方差分析

年龄、学历、婚姻、职业、收入均为 3 类及以上的分类变量，对其进行同质性检验，如表 4-9 所示，在年龄方面，不同年龄分类变量在绿色购买、绿色回收、绿色出行三个碳中和消费层次的显著性均大于 0.05，说明方差是相等的，而绿色使用的显著性 0.013，小于 0.05，说明不同年龄变量的碳中和消费方差是不同的。年龄变量在碳中和消费上的显著性水平为 0.800（大于 0.05），即年龄变量在碳中和消费方面的方差是相等的。同理，学历在绿色购买、绿色使用和碳中和消费方面的方差相等，在绿色回收、绿色出行上的方差不同；婚姻在绿色回收、绿色出行、碳中和消费层面的方差相等，在绿色购买、绿色使用方面的方差不同；职业在绿色使用方面方差相等，在绿色购买、绿色回收、绿色出行和碳中和消费方面方差不尽相同；收入在绿色购买、绿色回收、绿色出行、绿色使用和碳中和消费各方面的方差均不同。

表 4-9　　单因素同质性检验

变量	年龄	学历	婚姻	职业	收入
绿色购买	0.055	0.522	0.006	0.002	0.000
绿色回收	0.156	0.042	0.922	0.012	0.011

续表

变量	年龄	学历	婚姻	职业	收入
绿色出行	0.585	0.007	0.404	0.032	0.002
绿色使用	0.013	0.613	0.000	0.820	0.050
碳中和消费	0.800	0.467	0.304	0.028	0.000

资料来源：作者根据相关资料整理。

从表4-10单因素方差分析的结果可知，年龄在绿色购买、绿色回收、绿色使用和碳中和消费的显著性均小于0.05，接受原假设，即不同年龄段消费者在绿色购买、绿色回收、绿色使用和碳中和消费方面的践行程度有显著差别，在绿色出行方面没有显著差别。同理，不同学历的人群在绿色出行、碳中和消费方面有显著差别，在绿色购买、绿色回收、绿色使用方面没有显著差别；不同婚姻状态者在绿色购买、绿色产品使用和碳中和消费方面存在显著差别，在绿色回收、绿色出行方面无显著差别；不同职业消费者在绿色购买、绿色回收、绿色出行、绿色使用和碳中和消费的显著性均大于0.05，说明不同职业消费者在碳中和消费的各方面无显著性差异；不同收入消费者在绿色购买、绿色回收、绿色出行、绿色使用和碳中和消费的显著性均小于0.05，说明不同收入消费者在碳中和消费的各方面有显著性差异。

表4-10　　单因素方差（ANOVA）分析

变量	绿色购买		绿色回收		绿色出行		绿色使用		碳中和消费	
	F	显著性	F	显著性	F	显著性	F	显著性	F	显著性
年龄	7.763	0.000	4.146	0.006	0.726	0.537	4.332	0.005	6.044	0.000
学历	0.363	0.780	1.130	0.336	4.177	0.006	1.066	0.363	2.801	0.039
婚姻	20.637	0.000	1.134	0.322	1.067	0.344	11.340	0.000	20.259	0.000
职业	1.474	0.208	1.218	0.302	1.369	0.243	1.299	0.269	1.853	0.117
收入	10.165	0.000	4.315	0.005	2.652	0.048	7.859	0.000	14.764	0.000

资料来源：作者根据相关资料整理。

（四）中介效应分析

消费者关注绿色信息会对其碳中和消费有一定的影响，且通过与他人的绿色信息分享，会增强或减弱绿色购买行为，因此本书假设消费者的绿色信息关注、绿色信息分享和碳中和消费的关系如图4-11所示。

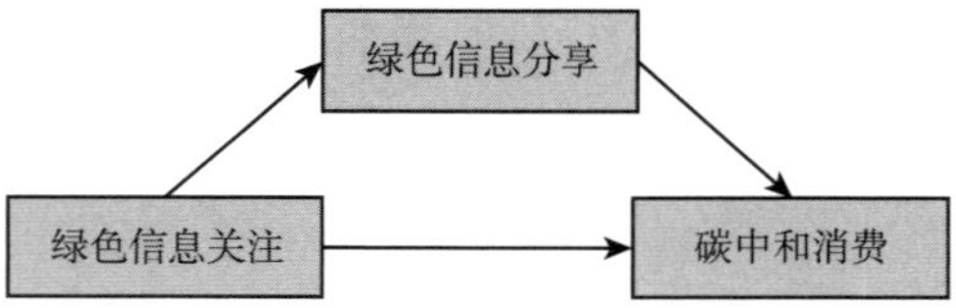

图 4－11 中介效应关系

利用 Process 模型 4，中介效应实证结果如表 4－11、表 4－12 和表 4－13 所示。首先，检验绿色信息关注对碳中和消费的影响，从消费者对绿色信息关注对碳中和消费影响的回归检验看出，$R^2=0.8180$（调整后为 0.6691），$P=0.000<0.05$，绿色信息关注对碳中和消费的影响系数为 0.8011，说明信息关注对碳中和消费有显著的正向影响。

表 4－11 绿色信息关注对碳中和消费的影响

项目	Coeff	se	t	P	LLCI	ULCI
常数项	－3.2186	0.0787	－40.9072	0.0000	－3.3730	－3.0641
信息关注	0.8011	0.0194	41.2632	0.0000	0.7629	0.8392
R^2	0.818		调整 R^2	0.6691		
F	1702.6555		P	0.0000		

资料来源：作者根据相关资料整理。

其次，检验绿色信息关注对绿色信息分享的影响，从表 4－12 可知，模型的 $R^2=0.8346$（调整后为 0.6965），$P=0.000<0.05$，绿色信息关注对绿色信息分享的系数为 1.1590，说明绿色信息关注对绿色信息分享的模型拟合度较好，绿色信息关注对绿色信息分享有显著正向影响。

表 4－12 绿色信息关注对绿色信息分享的影响

项目	Coeff	se	t	P	LLCI	ULCI
常数项	－0.8705	0.1069	－8.1469	0.0000	－1.0802	－0.6608
信息关注	1.1590	0.0264	43.9621	0.0000	1.1073	1.2108
R^2	0.8346		调整 R^2	0.6965		
F	1932.6671		P	0.0000		

资料来源：作者根据相关资料整理。

再次，检验绿色信息关注和绿色信息分享对碳中和消费的影响，从表 4－13 可知，绿色信息关注、绿色信息分享与碳中和消费的模型拟合度高，表现为 $R^2=0.8296$（调整后为 0.6882），表明绿色信息关注、绿色信息分享对碳中和消费的影响效果均显著，且都表现为积极的正向影响。

表 4－13　　绿色信息关注、绿色信息分享对碳中和消费的影响

项目	Coeff	se	t	P	LLCI	ULCI
常数项	-3.0647	0.0794	-38.6081	0.0000	-3.2205	-2.9089
信息关注	0.5962	0.0342	17.4172	0.0000	0.5290	0.6634
信息分享	0.1767	0.0246	7.1702	0.0000	0.1284	0.2251
R^2	0.8296		调整 R^2	0.6882		
F	928.0030		P	0.0000		

资料来源：作者根据相关资料整理。

最后，从表 4－14 和图 4－12 可以看出，绿色信息关注和绿色信息分享对碳中和消费的总效应为 0.8011，其中，绿色信息关注对碳中和消费的直接效应影响为 0.5962，绿色信息分享对碳中和消费的间接效应为 0.2048（1.1590×0.1767）。因此，绿色信息分享对碳中和消费存在部分中介效用，即消费者关注绿色产品信息会直接影响碳中和消费，也会通过绿色信息分享间接影响碳中和消费。

表 4－14　　碳中和消费的影响效用

项目	效应	Se（BootSE）	LLCI（BootLLCI）	ULCI（BootULCI）
总效应	0.8011	0.0194	0.7629	0.8392
直接效应	0.5962	0.0342	0.5290	0.6634
间接效应	0.2048	0.0342	0.2645	0.2686

资料来源：作者根据相关资料整理。

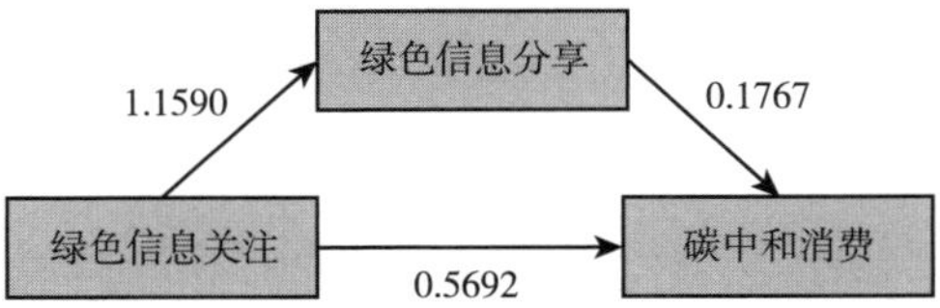

图 4－12　中介影响效应图

资料来源：作者根据相关资料整理。

五、碳中和消费的调查结果总结

第一，消费者绿色购买行为较为积极，绿色产品认知度较高，但绿色包装产品认知仍有待提升。根据描述性统计分析来看，消费者在绿色购买行为上的表现较为积极，特别是在线上购买节能家电产品方面，约九成的消费者表示“多数做到”或“总是做到”，消费者普遍具有较高的认知度和接受度。然而，当涉及选择可降解或可再利用包

装的产品时，表现稍弱，只有 23.5% 的消费者“总是做到”，且内部差异较大。这表明消费者对节能家电产品的认知度较高，且线上购买的便利性也促进了绿色购买行为。但绿色包装产品的推广仍需加强，需要更多的市场教育和政策激励。总之，尽管公众对环保理念有了一定认识，但在实际操作过程中仍存在较大提升空间。

第二，绿色使用行为普遍，但仍存在改进空间。数字化生活普及率高，但外卖餐具减量有待改进。消费者在绿色使用行为方面表现不一，消费者通过网络进行电子缴费或购票的行为非常普遍，几乎所有人都有过此类行为，且九成消费者表示“总是做到”，反映出数字经济的发展极大地促进了绿色生活方式的形成。而选择“无需餐具”的绿色行为践行程度远低于其他类型的绿色行为，只有约三成的消费者总是选择此项。闲置物品回收行为也相对较少，这与消费者对于绿色生活方式的认知不足以及回收途径的不便有关。总之，数字经济和电子政务的推广使得电子缴费变得便捷，但网络点外卖时选择“无需餐具”的行为较少，表明在鼓励消费者采取更环保的生活方式的同时，也需要考虑如何改善相关服务流程。比如简化无餐具选项的选择步骤，优化闲置物品的回收流程等，从而引导更多人参与其中。

第三，绿色出行行为普遍受到认可，新能源汽车使用显著提升，但智能驾驶习惯尚待培养。消费者在绿色出行行为上表现较好，尤其是在短距离出行时选择步行或共享单车/电动车的比例很高。但在打车出行时选择新能源汽车的比例较低，且内部差异较大。此外，利用 APP 优化驾驶习惯以节约能源的做法尚未得到广泛认可，尤其是在大城市中这种差异更为明显。总之，消费者对绿色出行的认知较高，但在实际行动上仍有提升空间。特别是新能源汽车的推广和使用、智能交通系统的认知度均需要政策支持和市场教育来进一步推动。

第四，消费者对节能和环保产品关注度较高，但闲置物品回收意识待增强。消费者在关注节能家电、家用产品、节约行为、环保新闻等方面的践行程度较高，均值都在 4 以上，但在关注闲置物品回收方面的信息相对稍弱。这与绿色使用行为中闲置物品回收践行度低的现象相吻合，进一步表明消费者在闲置物品回收方面的认知和行为存在不足。消费者对绿色产品和环保新闻有较高的关注度，这表明消费者对环保有一定的认识和兴趣。但闲置物品回收方面的关注度不足，需要更多的信息传播和教育来提高。

第五，消费者在绿色信息分享方面有提升空间。大多数消费者选择“多数做到”分享绿色信息，但仍有较大比例的消费者选择“少数做到”或“半数做到”。虽然消费者在绿色信息分享方面表现出一定的积极性，但整体上仍有很大的提升空间。这与消费者对绿色信息的分享意愿不强、分享渠道不畅或缺乏分享动力有关。通过建立更多的分享平台和激励机制，可以鼓励消费者更多地分享绿色信息，从而促进碳中和消费的普及。

第六，碳中和消费的四个主要因子分别是绿色购买、绿色使用、绿色回收与绿色出行。这表明，从消费端而言，实现碳中和是一个涉及消费者日常活动多个方面的综合过程。在实现碳中和目标的过程中，消费者的日常活动涵盖了从产品选择到最终处理的全过程。其中，绿色购买因子得分最高，说明消费者对于选购环保节能产品的意愿较强；而绿色回收因子得分相对较低，则反映出当前社会对废弃物品再利用的认知度和实践程度仍有待提高。此外，绿色使用与绿色出行因子也显示出一定的重要性，特别是在电子支付、公共交通等领域的应用上，已经形成一定规模的用户基础。

第七，四类消费者群体的碳中和消费特征差异显著。根据两步聚类法对线上碳中和消费的践行程度进行细分，得到四个消费者群体。第一类为绿色使用群体，注重绿色出行和绿色产品使用，但线上购买和回收较差。这类消费者更加关注日常生活中的低碳行为，但对于线上购物和回收等新型绿色消费方式缺乏足够的认知和兴趣；第二类为深绿色消费群体，在绿色购买、回收、出行和使用方面均表现出较高的践行程度，实现了全过程碳中和。这类消费者具有较高的环保意识和行为，是碳中和消费的积极推动者和实践者；第三类为绿色回收群体，注重产品回收，但在绿色购买、出行和使用方面表现较差，这类消费者对于产品回收等后端环保行为较为关注，但在前端绿色购买和使用方面缺乏足够的重视；第四类为绿色购置、回收群体，注重碳中和消费的前端和后端，在绿色购买和回收方面较好，但绿色出行和使用较差，这类消费者更加关注产品的购买和回收环节，但对于日常出行和使用中的低碳行为缺乏足够的关注。这表明，不同消费者在碳中和消费实践中存在显著差异，为针对性地推广环保理念和措施提供了依据。

第八，不同年龄、学历、婚姻状况、收入、居住地消费者的碳中和消费不同，不同性别、职业消费者差别较小或没有显著差别。其中，从年龄结构上看，35—44 岁消费者碳中和消费最高，25—34 岁消费者的绿色践行程度次高，24 岁及以下消费者碳中和消费践行程度最低；从学历上看，大专或高职、本科、硕士及以上学历消费者碳中和消费践行程度无显著性差异，这类消费者碳中和消费最高，而高中及以下消费者碳中和消费践行程度最低；从婚姻状况看，已婚人士比未婚人士的碳中和消费高，且已婚人士是否有子女并未影响消费者碳中和消费，也就是说已婚人士无论是否有子女，其碳中和消费践行程度差别较小；从收入上看，年收入在 6 万—20 万元消费者碳中和消费最高，其次为年收入 20 万元以上消费者，碳中和消费最低的是年收入 6 万元以下消费者；居住在大城市或省会城市消费者，碳中和消费践行程度较高，而居住在中等城市或地级市的居民，碳中和消费践行程度较低。不同性别、年收入、职业消费者，碳中和消费践行程度并未发现有显著差别。由此，可以对居住在中等城市或地级市消费者、低学历和年轻消费者有针对性地推广碳中和消费政策，增加碳中和消费宣传。同时通过推行绿色产品消费补贴、绿色信息推送、绿色信息分享等途径，增加这类消费者的绿色产品或服务消费，挖掘碳中和消费潜在客户。

第九，消费者的绿色关注行为直接影响其碳中和消费，对绿色关注度越高的消费者，其碳中和消费越高。绿色信息关注对碳中和消费行为有显著的正向影响，影响系数为0.8011，这一数据有力地证明了两者之间积极的关联。数智时代是以实时、互动、高效为主要特征的传播时代。充分利用数智时代的网络红利，通过微信、微博、短信、彩信、网址、公众号等途径，增加有关绿色信息推广的音频、视频、文字、图片等正能量信息传播与互动，推动消费者关注绿色产品购买、使用、回收等正能量信息，从而提高其碳中和消费意识，进而推动碳中和消费。

第十，消费者关注绿色信息会促进其绿色信息分享互动。绿色信息关注对绿色信息分享呈现出显著的正向影响，其中绿色信息关注对绿色信息分享的系数为1.1590。随着对绿色信息关注度的不断提高，消费者更倾向于将自己所获取的有价值的绿色信息分享给身边的人，进而推进全社会实现高层次的碳中和消费模式，这是碳中和消费1.0向碳中和消费2.0与3.0演变升级的过程。事实上，在数智时代，大数据、人工智能、移动互联、社交媒体等现代科技越来越广泛地嵌入消费情境中，居民不仅能随时随地便捷高效地获取包含碳中和消费在内的绿色信息，而且能突破空间限制以更低的成本共享资源、实行碳中和消费，这对碳中和消费提出了更高层次、更广范围、更深程度的要求。由此，在数智时代，可以进一步借助短视频自媒体和数字化平台的影响力，扩大绿色信息的传播力度和传播方式，增加消费者的绿色信息分享互动。

第十一，绿色消息分享在绿色信息关注和碳中和消费之间存在部分中介作用。在碳中和消费领域，消费者对绿色产品信息的关注会对碳中和消费产生直接的作用，直接效应影响为0.5962，即消费者对绿色产品信息的关注直接提升了碳中和消费意识。同时，绿色信息分享还会对碳中和消费产生间接的影响，间接效应为0.2048，即通过绿色信息的传播，消费者在社交网络中的分享行为进一步促进了碳中和消费的普及。因此，关注绿色信息的消费者会倾向于通过与他人分享绿色信息，增加其碳中和消费实践。由个体的碳中和消费，通过绿色信息最大限度共享，实现全社会乃至全人类碳中和消费的目标。由此，可以搭建碳中和消费分享平台或虚拟社区，如邻里社区群、绿色虚拟社区、绿色消费信息平台等，增加消费者绿色信息分享的渠道，以便为消费者了解碳中和消费产品提供便利。

第五章　碳中和消费的大数据分析

本章进一步运用大数据工具，深度挖掘数智时代碳中和消费的现状与问题。通过大数据分析碳中和消费的决策过程、消费习惯以及偏好等，力图为碳中和消费者精准画像。这既是对前文碳中和消费问卷调查与分析结果的进一步论证，也可以和问卷调查结果以及定性分析结果相互佐证。进行大数据分析时，本章从购买购置环节、使用消费环节、废弃回收环节以及分享互动环节四个方面进行大数据分析和画像。通过对我国网络平台的碳中和产品销售情况进行大数据采集，根据产品种类对碳中和消费进行宏观洞察与分析。主要基于我国代表性的综合性网上购物平台，收集若干类典型绿色家用电器等绿色产品消费的产品列表、详情以及评论等网络大数据，以评估线上绿色产品销售与购买情况。在此基础上对碳中和消费的大数据分析结果进行总结。

第一节　碳中和消费的大数据收集整理

一、碳中和消费的大数据采集

为了从整体上对碳中和消费进行宏观洞察，本书对我国网络平台的产品销售情况进行了大数据采集①，采集了当当、京东、拼多多、苏宁易购、国美和淘宝6大平台，采集时间段为2021年7月10日至7月21日②，产品包括家用电器、服装、食品、建材、家具和洗护用品等6大类，T恤、衬衫、连衣裙、牛仔裤、休闲裤、针织衫、床、床垫、沙发、衣柜、冰箱、电视、空调、微波炉、洗衣机、板材、壁纸、地板、涂料、大米、有

---

① 关于本次大数据采集，有以下几点说明。第一，收集数据过程中，鉴于各大电商平台对用户可浏览的产品列表有所限制，并结合个性化推荐展示产品，因此可浏览与统计的产品主要受电商平台控制。第二，除了必要的产品关键词，我们未增加额外搜索条件对产品数据施加额外影响。第三，受电商平台广告推荐的影响，对数据收集过程中会出现重复的产品，我们进行了剔重处理。第四，剔除了搜索结果中错误品类的产品，如一次性杯子产品中的男性用品、吸管产品中的杯子等。第五，数据收集过程较为漫长，其间会出现少量产品下架、链接失效等情况，我们在获取产品详情或评论数据时，会相应删除这部分产品。第六，鉴于新能源汽车等出行产品不在以上电商平台销售之列，因此未包含在内。第七，电商平台对产品的销量进行模糊化处理，如“1万+”“1000+”“20+”等形式，对于这种情况，我们取销量最小值，即直接去除“+”，将数字作为销量数据，因此统计销量会较小于实际销量。

② 该时间段避开了618、双十一、双十二等网上大促活动中复杂促销规则对商品实际售价的影响。

机食品、杂粮、精油、沐浴露、洗发水等25个细分品类①，共计30余万款产品。其中，包含服装类产品101286件、家具类产品44469件、家用电器类63424件、建材类37735件、食品类23702件、洗护用品类33882件。服装类产品数量最多，占据总销售产品数量近1/3，其次是家用电器和家具类产品。京东和苏宁易购两大电商平台的产品数量相对较多，当当、淘宝、国美、拼多多次之。统计产品数量分布具体如表5－1所示。

表5－1　各平台销售产品采样数量　（单位：件）

大类	品类	当当	国美	京东	拼多多	苏宁易购	淘宝	总计
服装	合计	28822	—	30291	5404	19277	17492	101286
	T恤	9395	—	2638	1012	1850	2776	17671
	衬衫	5171	—	6000	1005	1850	2336	16362
	连衣裙	4804	—	5996	899	1850	3304	16853
	牛仔裤	3358	—	3658	648	5998	4360	18022
	休闲裤	2466	—	5999	825	5882	2556	17728
	针织衫	3628	—	6000	1015	1847	2160	14650
家具	合计	—	—	23970	—	20499	—	44469
	床	—	—	6000	—	5260	—	11260
	床垫	—	—	5970	—	6000	—	11970
	沙发	—	—	6000	—	5999	—	11999
	衣柜	—	—	6000	—	3240	—	9240
家用电器	合计	—	6469	25607	—	25712	5636	63424
	冰箱	—	1619	5029	—	5724	1291	13663
	电视	—	2133	6950	—	5558	1085	15726
	空调	—	744	5060	—	4970	1032	11806
	微波炉	—	241	3571	—	3604	1171	8587
	洗衣机	—	1732	4997	—	5856	1057	13642
建材	合计	—	—	20554	—	17181	—	37735
	板材	—	—	4824	—	—	—	4824
	壁纸	—	—	4920	—	5992	—	10912
	地板	—	—	4870	—	6000	—	10870
	涂料	—	—	5940	—	5189	—	11129
食品	合计	93	2486	12487	2038	1079	5519	23702
	大米	—	1046	6001	1019	429	3040	11535
	有机食品	—	—	486	—	—	—	486
	杂粮	93	1440	6000	1019	650	2479	11681

① 由于篇幅所限，本书未对所有的细分品类产品一一进行分析。

续表

大类	品类	当当	国美	京东	拼多多	苏宁易购	淘宝	总计
洗护用品	合计	—	—	18183	—	15699	—	33882
	精油	—	—	6000	—	4503	—	10503
	沐浴露	—	—	6000	—	6003	—	12003
	洗发水	—	—	6183	—	5193	—	11376
总计		28915	8955	131092	7442	99447	28647	304498

资料来源：作者根据相关资料整理。

二、碳中和消费的绿色关键词整理

借鉴阿里研究院发布的《中国绿色消费者报告》中对绿色篮子产品①的界定规则，本书对各产品大类中绿色产品的界定规则为产品名称中至少包含如下 1 个关键词，如服装类绿色产品的相关词汇有全棉、纯棉、亚麻、莫代尔、手工，家用电器类绿色产品主要有节水、节能、节电、变频、环保、空气净化，食品领域的绿色产品主要有绿色、原生态、有机、无防腐、无添加、无色素等。这些词汇的共同特点是都表达了绿色环保属性，往往被消费者视为绿色环保的代名词。这些词汇也是电商平台绿色产品的常见搜索关键词和高频词汇，对消费者选择、判断和购买该绿色产品有重要的影响作用，具体如表 5 - 2 所示。

表 5 - 2　　绿色产品界定词

大类	产品名称包含关键词
服装	全棉、纯棉、亚麻、莫代尔、手工
家具	无毒、手工、无甲醛、E0 级、亚克力
家用电器	节水、节能、节电、变频、环保、空气净化
建材	手工、无毒、无甲醛、亚克力、E0 级
食品	绿色、原生态、有机、无防腐、无添加、无色素
洗护用品	天然、环保、有机、负离子、无硅

资料来源：作者根据阿里研究院发布的《中国绿色消费者报告》收集整理。

---

① 绿色篮子产品是具有节资节能、环境友好、健康品质三大绿色属性的产品集合。

第二节　碳中和消费的大数据分析结果

一、购买购置环节的大数据分析

（一）节能电器购买情况

中共中央、国务院在《关于加快经济社会发展全面绿色转型的意见》中明确指出，要积极扩大绿色消费。具体措施包含新能源汽车、绿色智能家电、节水器具、节能灶具、绿色建材下乡活动，并强化配套设施建设和提升售后服务保障，鼓励消费者扩大绿色能源消费。为了解我国碳中和消费情况，作者从我国具有代表性的综合性网上购物平台淘宝、拼多多、京东、苏宁易购以及国美收集了 5 类典型家用电器的产品列表、详情以及评论等数据，以评估我国电器产品的绿色销售与购买情况。本批数据合计销量 8.9 亿台①。其中，电视产品数量共有 19269 个，销量达到 34867 万台，其次是洗衣机和冰箱，产品数量和销量也相对较大，最后是空调和微波炉。另外，对比产品数量和销量还可以发现，这些节能产品的产品数量较高并不一定意味着总销量高。例如，空调的产品数量为 15523 个，高于微波炉的产品数量，但空调的销量为 8293 万台，远远低于微波炉的 21653 万台销量。可能的原因是产品的销量受到其功能属性的影响，消费者的需求相对较小。各类电器产品数量和总销量如图 5－1 所示。

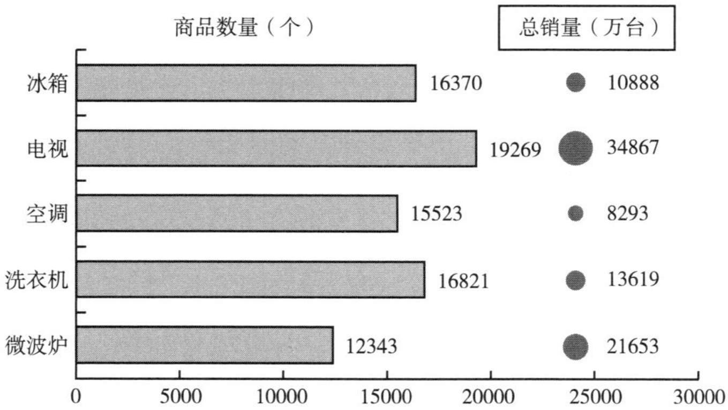

图 5－1　各类电器产品数量与销量分布

资料来源：作者根据五大网络购物平台 5 类典型家用电器数量和销量收集整理。

---

① 为了避免 618、双十一等网上大促活动中复杂促销规则对商品价格的过多影响，作者收集商品信息时有意避开了此类促销的时间区间。

上述电器中，产品列表页的产品名称中包含节水、节电、节能、变频、环保、空气净化等至少1类关键词①的产品数量及其销量如图5－2所示。从图5－2中可以发现，在5类家电的产品数量中，绿色空调的产品数量为12775个，数量最多。其次是冰箱，而绿色电视是最少的。从销量来看，绿色微波炉的销量最高，冰箱依然列第二位，电视销量依然垫底。由此可见，扩大绿色产品销量离不开与绿色属性相关的关键词使用，包含与绿色属性相关的关键词的产品名称更容易被消费者发现和选择。日常生活中，空调、冰箱和洗衣机等绿色产品的使用最为普遍，因此这些产品的供给相对较大，是市场中绿色家电领域的重点推广产品。包含至少1类绿色关键词的绿色微波炉销量最高，表明节能环保微波炉越来越受到消费者的欢迎。人们的生活节奏加快，微波炉能够满足消费者的快速饮食需求，并且随着烘焙糕点、烧烤等附加功能的开发，微波炉的使用频率增加，消费者的节能节电等绿色需求也能够得到较好的满足，因此出现节能微波炉销量较高的现象。

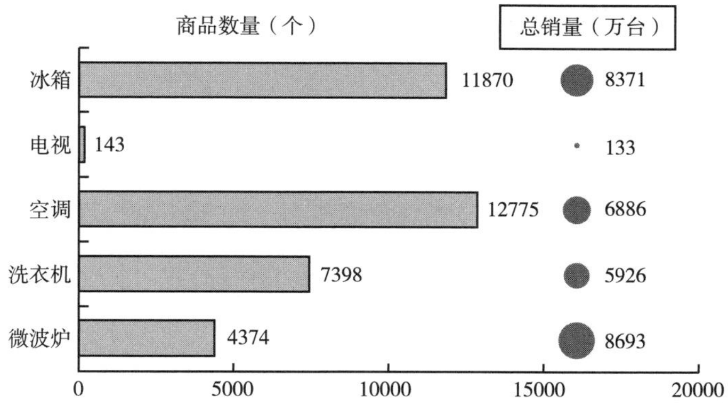

图5－2　绿色电器产品数量与销量分布

资料来源：作者根据五大网络购物平台5类典型家用电器数量和销量收集整理。

进一步对绿色家电的产品数量占比进行分析，空调占比最高，冰箱次之，电视占比近乎为0，由此可见，商家销售家电时对空调、冰箱的绿色属性最为看重，而认为电视的绿色属性宣传价值最低。究其原因，是碳排放不断加剧的背景下温室效应不断加强，全球平均气温持续攀升，因此消费者对空调的依赖性越来越高。尤其是夏冬两季的空调使用频率很高，对环保、节能的绿色空调的需求也在不断增加，绿色空调的市场供给也随之增大。而对于消费者而言，电视产品的娱乐功能需求远远大于其绿色功能需求，人们的绿色消费观念还未普遍延伸至电视产品领域，无论是商家还是消费者，对绿色电视产品的重视程度不足，因此其产品数量占比也相对较低。如表5－3所示。

---

① 根据阿里研究院发布的《中国绿色消费者报告》中对绿色篮子商品中家电的界定。

表 5－3　　绿色家电的产品数量和销量占比

比重	冰箱	电视	空调	洗衣机	微波炉
绿色家电产品数量占比	72.5%	0.7%	82.3%	44.0%	35.4%
家电绿色宣传产品数量占比	77.2%	0.0%	91.7%	71.8%	69.5%
绿色家电销量占比	76.9%	0.4%	83.0%	43.5%	40.1%

资料来源：作者根据五大网络购物平台 5 类典型家用电器数量和销量收集整理计算可得。

我们进一步对一级能效电器的产品名称进行分类分析，研究其绿色宣传力度。从这 5 类家电中绿色宣传的产品数量占比可见，一级能耗的空调绿色宣传产品数量最多，高达 91.7%，表明商家对空调更注重绿色宣传，而一级能耗冰箱、微波炉和洗衣机的绿色宣传比重也相对较高，绿色宣传力度差异则不是特别显著。电视的绿色宣传产品数量为 0，这与绿色电视的产品数量近乎为 0 有关，也表明了绿色尚不能成为电视的宣传卖点，消费者对绿色电视的需求很小。

再对上述 5 类家电中的绿色家电销量占比进行分析，发现数值与上述产品数量占比大致相同，这在一定程度上反映了购买者对不同家电绿色属性的价值观与商家一致。从需求侧来看，消费者对空调、冰箱、洗衣机和微波炉的绿色需求相对较高，而商家也紧跟市场需求，在这些产品领域提供较多数量的产品。从另一个层面也说明在未来的绿色产品市场开发中，空调、冰箱等绿色家电的市场需求仍然会持续较高，绿色洗衣机、绿色微波炉具有较大的市场空间，绿色电视的研发设计和市场供给也有可能会成为一个新的绿色产品增长点。

图 5－3 展示了主流在线平台所销售电器各能效等级上的产品数量和销量情况。从该图可知，各平台在售电器的能效等级共 5 类，分别是能效等级一级、二级、三级、四级以及未标明具体能效等级①。从绝对值看，能效三级电器产品数量和销量最高，四级最低。不同等级的能效产品意味着产品成本不同，一级能效产品对生产技术、生产材料的要求最高，成本和价格也相对最高，而三级能效家电性价比最高，因此产品数量和销量也是最高的。一级能效家电产品节能效率最高，产品数量和销量次之。四级能效产品数量占比最少，可能的原因是四级能效家电的能源效率低于市场平均水平，消费者在选购过程中对比分析发现，这类产品的性价比较低，因此对产品的需求较低，产品数量也相对较低。

① 为便于对比，将新一级能效也列作一级能效。电器能效等级是一种区分家用电器产品能效高低水平的分级方法，我国的能效标识代表的能效等级有五个。等级 1 表示国际先进产品节能水平，能耗最低；等级 2 表示产品较为节能；等级 3 表示产品能源效率处于我国市场的平均水平；等级 4 表示产品能源效率低于市场平均水平；等级 5 是产品市场准入指标，低于该等级要求的产品不允许在市场上生产和销售。

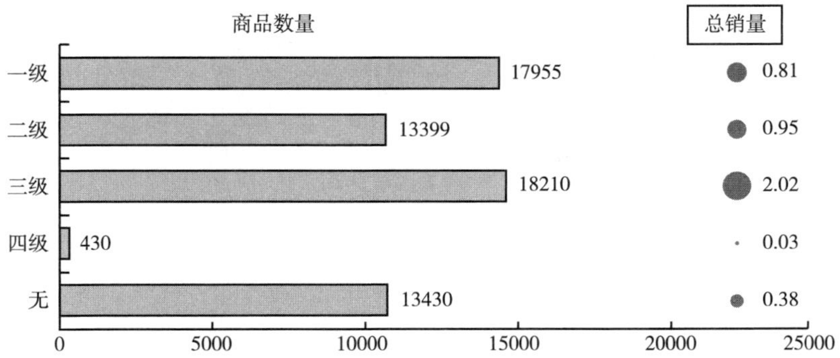

图 5－3　各能效等级电器的产品数量（个）和销量（亿台）

资料来源：作者根据五大网络购物平台 5 类典型家用电器数量和销量搜集整理。

基于在线商城商品详情中的能效等级信息，冰箱各能效等级下的商品数量占比以及销量占比如图 5－4（左上）所示。其中，能效等级四级的冰箱销量占比 1.7%，商品数量占比最低，在 0.2% 左右。能效等级一级的冰箱商品数量占比最高，达到 37.1%，但销量并非最高，低于能效等级三级的冰箱。能效三级冰箱虽然商品数量占比仅 25.3%，但销量占比近 40%。

电视各能效等级的商品数量和销量占比如图 5－4（右上）所示。与上文对电视的分析结果一致，电视的节能效果不是商家与买家关注的属性，能效等级一级的电视商品数量占比仅 5%，销量占比不到 1%。而能效等级三级的电视无论是商品数量还是销量，均遥遥领先于其他能效等级。

与电视不同，一级能效等级空调的商品数量和销量占比与三级能效等级的空调相近，商品数量占比均约为 1/4，销量占比均在 1/3 左右。然而，有近 50% 的空调未标明具体能效等级。一级和三级能效等级空调的销量占比均高于商品数量占比，表明这两个等级的空调需求较高，而未标明能效等级的空调商品数量占比高于销量占比，说明这类空调的供给较大，需求相对较低。如图 5－4（左中）所示。

微波炉各能效等级的商品数量和销量占比如图 5－4（右中）所示。其中未标明能效等级的微波炉商品数量占比逾一半，一级能效等级空调次之，占比 23.5%。虽然二级、三级能效等级的微波炉商品数量占比均仅为 10% 左右，但销量占比都达到了 29%，仅次于无能效等级的 33.1%。

洗衣机各能效等级的商品数量占比和销量占比如图 5－4（下）所示，其中能效一级的洗衣机的商品数量和销量占比均高于其他能效等级的洗衣机，分别超过 50% 和 40%。二级和三级能效等级的洗衣机商品数量占比均相对低于销量占比，四级能效等级和未标明能效等级的洗衣机商品数量占比均略高于销量占比。

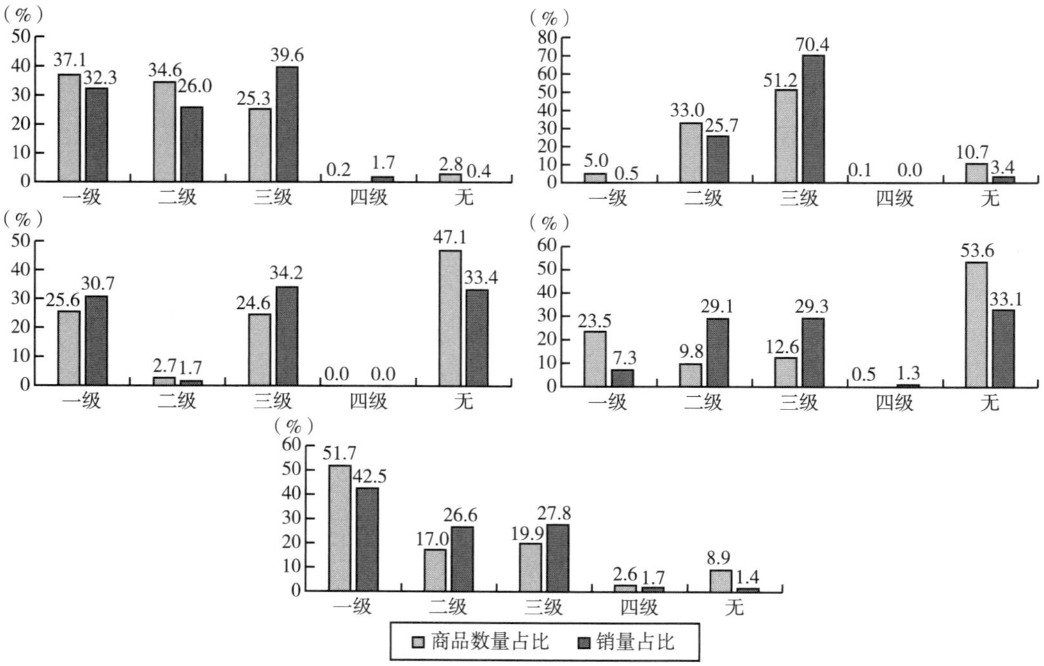

图 5－4　部分家电各能效等级的商品数量占比和销量占比

资料来源：作者根据五大网络购物平台部分家电商品数量收集整理。

图 5－5 展示了不同能效等级下各类电器的平均价格，除了空调的一级能效均价低于二级能效，电视的四级能效均价高于三级能效，其他情况的均价均大致符合一级能效≥二级能效≥三级能效≥四级能效的趋势，表明电器越省电，其售价越高。

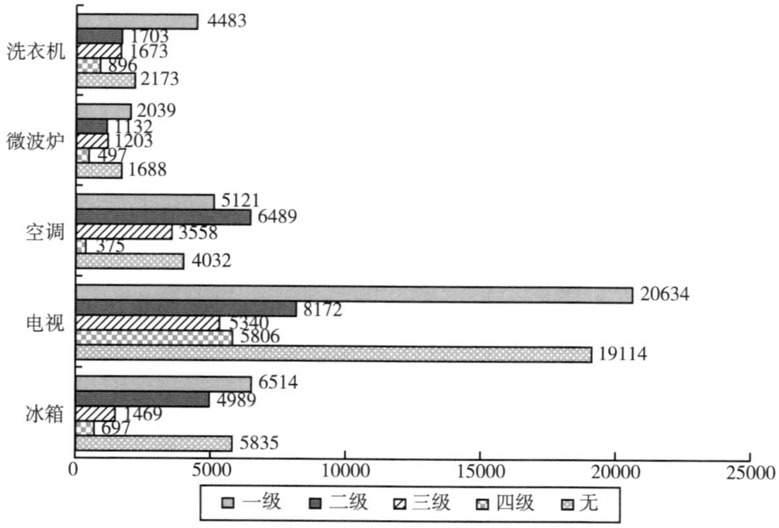

图 5－5　各类电器不同能效等级的均价

资料来源：作者根据五大网络购物平台各类电器价格收集整理。

为了更明显地发现能效等级与价格的关系，对不同电器一级能效和三级能效的各类价格进行比对，再次印证了上文的分析结论。节能效果越好的电器价格越高，商品数量占比和销量占比均较高的一级、三级节能电器更是如此。对消费者和商家而言，除电视以外的其他四种节能家电的节能属性比较重要。如图 5 - 6 所示。

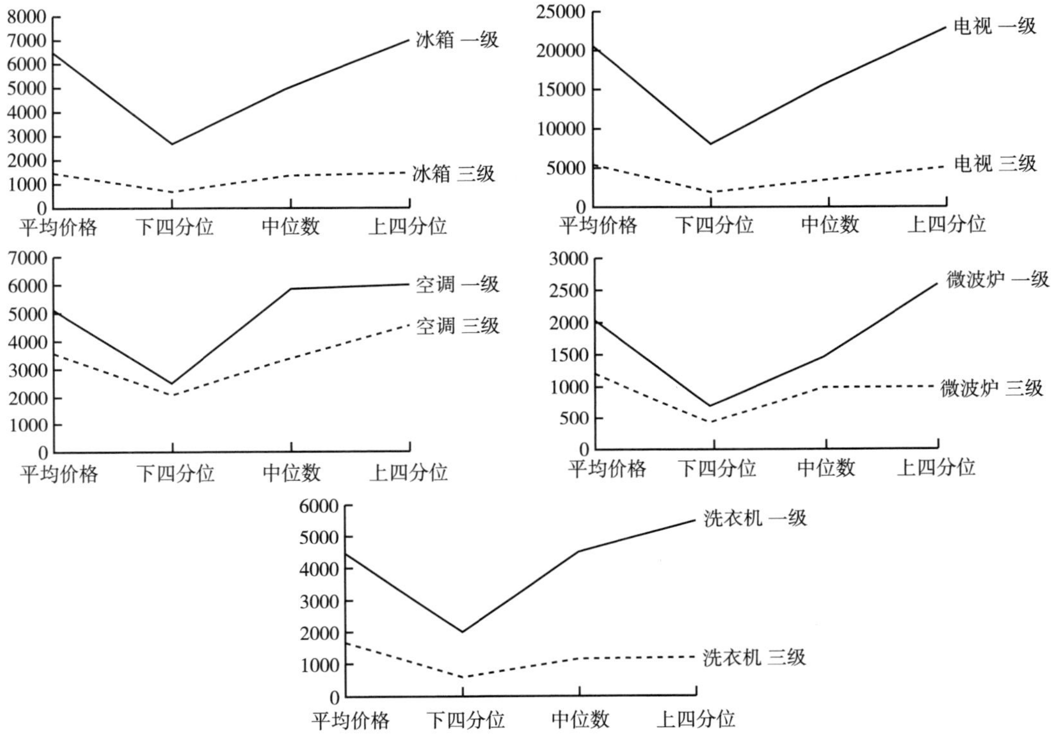

图 5 - 6　部分家电一级能效和三级能效各类价格

资料来源：作者根据五大网络购物平台各类电器价格收集整理。

本章将各类电器一级能效的加权均价与非一级能效的加权均价对比，粗略计算绿色溢价。图 5 - 7 是各类电器一级能效与非一级能效加权均价对比，电视的绿色溢价高达 337%，洗衣机的绿色溢价达 190%，冰箱的绿色溢价在 120% 左右，空调和微波炉的绿色溢价依然相近，在 45% 左右。

下面本章对各品类家用电器及其一级能效产品的评论数量进行大数据统计分析。本书调用百度智能云的自然语言处理功能，对商品评论进行情感分析①。我们使用 python 的 jieba 库，提取网络销售平台目标商品的评论文本中的关键词，并在分词过程中调用 stopwords 词库屏蔽了近 2 万个无意义词语，统计出了词频大于 18 次的关键词及其词频

① 情感分析时，剔除了字数 8 字以下的评论。

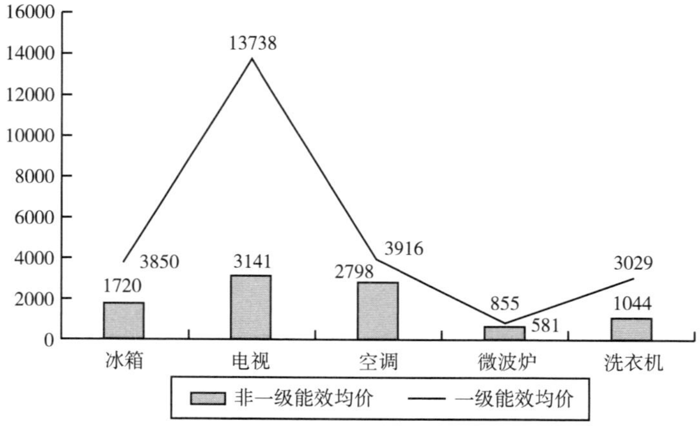

图 5－7 各类电器一级能效与非一级能效加权均价对比

资料来源：作者根据五大网络购物平台各类电器价格收集整理。

（后续分析不再赘述该分析过程）。结果显示，二者的评论内容均以积极情感为主，所有品类评论的积极情感占比均在 85% 以上。

消费者对一级能效冰箱前 10 个最频繁提及的、与属性相关的关键词是外观、容量、大小、噪声、材质、效果、空间、制冷、质量和大气。这些高频词汇均主要围绕产品功能进行呈现，同时这些高频词汇的出现也与产品的具体功能有直接相关性。从统计出来的词云分布来看，有关冰箱的绿色评价词主要为能耗、变频、耗电量、除菌等，可见，消费者对冰箱的关注点始终在冰箱的功能与外观，冰箱的绿色属性有所提及，但相对较少。

消费者对一级能效电视最频繁提及的、与属性相关的关键词是电视的安装、清晰、效果、外观、尺寸、质量、大小、速度、操作和屏幕。可见，即使是一级能效电视，消费者更重视电视的基本功能价值，主要围绕电视的直接功能和使用效果及感受进行评价，更在意电视的安装使用的便捷度、电视画面的清晰度、电视使用的流畅度等，而忽略了一级能效产品的绿色程度，对绿色价值的关注及评价几乎没有出现。

消费者对一级能效空调最频繁提及的、与属性相关的关键词是安装、效果、师傅、外观、制冷、静音、送货、外形、很快和节能。从词云统计结果看，消费者对评论词语的高频词汇使用也是主要围绕产品的基本功能属性，首先关注空调的可操作性和实用性，其次关注空调的外观等附加属性。而对一级能效空调的绿色关注度较低，变频、耗电量等词汇频率出现较少。虽然绿色空调的商品数量占比和销量占比均较高，但变频、节能等属性尚不能构成驱动消费者购买该类产品的首要因素。

消费者对一级能效微波炉最频繁提及的、与属性相关的关键词是外观、加热、大小、效果、功能、噪声、清理、操作、简单和操控。与前两类家电产品类似，消费者对一级能耗微波炉的评价词语也主要集中在产品的基本性能和外观方面。统计结果中没有出现与绿色属性相关的评价词语，说明消费者对该类微波炉的绿色关注度不够。

消费者对一级能效洗衣机最频繁提及的、与属性相关的关键词是外观、容量、安装、操作、大小、噪声、加热、材质、声音和干净。相较于前面四种产品的词云分析结果，一级能效洗衣机的评价词语也同样集中在外观、功能、便捷度等方面，虽然非高频词出现了环保、无噪声、节水等少量评价词语，但整体而言，消费者的关注点还没有转移至绿色属性。一级能效家电的评论关键词词频情况如表 5 – 4 所示。

表 5 – 4　　一级能效家电的评论关键词词频前 20 个

冰箱	词频	占比	电视	词频	占比	空调	词频	占比	微波炉	词频	占比	洗衣机	词频	占比
冰箱	101276	4.17%	电视	12770	3.24%	安装	16254	6.75%	外观	1069	3.74%	洗衣机	108781	3.35%
外观	91213	3.76%	不错	11636	2.95%	效果	12623	5.24%	加热	1049	3.67%	外观	106960	3.29%
容量	88684	3.66%	安装	9723	2.47%	空调	8169	3.39%	大小	927	3.24%	容量	86158	2.65%
大小	73648	3.04%	清晰	9393	2.38%	师傅	7713	3.20%	产品	696	2.44%	安装	83764	2.58%
噪声	65831	2.71%	满意	7709	1.96%	外观	7058	2.93%	微波炉	694	2.43%	操作	81917	2.52%
不错	61190	2.52%	效果	7589	1.93%	制冷	5965	2.48%	效果	691	2.42%	不错	78396	2.41%
满意	51774	2.13%	外观	7428	1.89%	静音	5863	2.43%	功能	686	2.40%	满意	65984	2.03%
材质	39646	1.63%	尺寸	5877	1.49%	送货	5234	2.17%	噪声	674	2.36%	大小	64609	1.99%
效果	36952	1.52%	质量	5545	1.41%	外形	4242	1.76%	清理	630	2.20%	噪声	49641	1.53%
喜欢	32483	1.34%	大小	5521	1.40%	不错	4191	1.74%	操作	542	1.90%	师傅	48715	1.50%
空间	31902	1.32%	三星	5384	1.37%	很快	4108	1.71%	不错	527	1.84%	材质	42642	1.31%
很大	29264	1.21%	速度	5378	1.37%	**节能**	3695	1.53%	简单	487	1.70%	声音	41945	1.29%
制冷	27903	1.15%	操作	5239	1.33%	冷暖	3647	1.51%	腔体	457	1.60%	干净	40080	1.23%
质量	27168	1.12%	很快	4954	1.26%	满意	3105	1.29%	操控	448	1.57%	简单	37707	1.16%
大气	27148	1.12%	屏幕	4684	1.19%	声音	2921	1.21%	易于	431	1.51%	质量	35481	1.09%
声音	25641	1.06%	画面	3836	0.97%	服务	2668	1.11%	很快	401	1.40%	喜欢	35393	1.09%
好看	24356	1.00%	物流	3784	0.96%	产品	2570	1.07%	难度	364	1.27%	流程	35035	1.08%
物流	24222	1.00%	值得	3698	0.94%	**一级**	2198	0.91%	大气	360	1.26%	收到	32154	0.99%
颜色	23776	0.98%	运行	3389	0.86%	特别	1974	0.82%	喜欢	349	1.22%	物流	31186	0.96%
收到	23609	0.97%	师傅	3330	0.85%	好看	1924	0.80%	收到	330	1.15%	值得	31145	0.96%

注：限于篇幅，这里仅列举了 5 种一级能效家电的评论关键词词频前 20（其中，加阴影加粗的为绿色评论关键词），词频 20 以后的评论关键词没有列出。

资料来源：作者根据相关资料整理。

一级能效冰箱的评论关键词词云如图 5 – 8（左上）所示，一级能效电视的评论关键词词云如图 5 – 8（右上）所示，一级能效空调的评论关键词词云如图 5 – 8（左中）

所示，一级能效洗衣机的评论关键词词云如图 5－8（右中）所示，一级能效微波炉的评论关键词词云如图 5－8（下）所示。

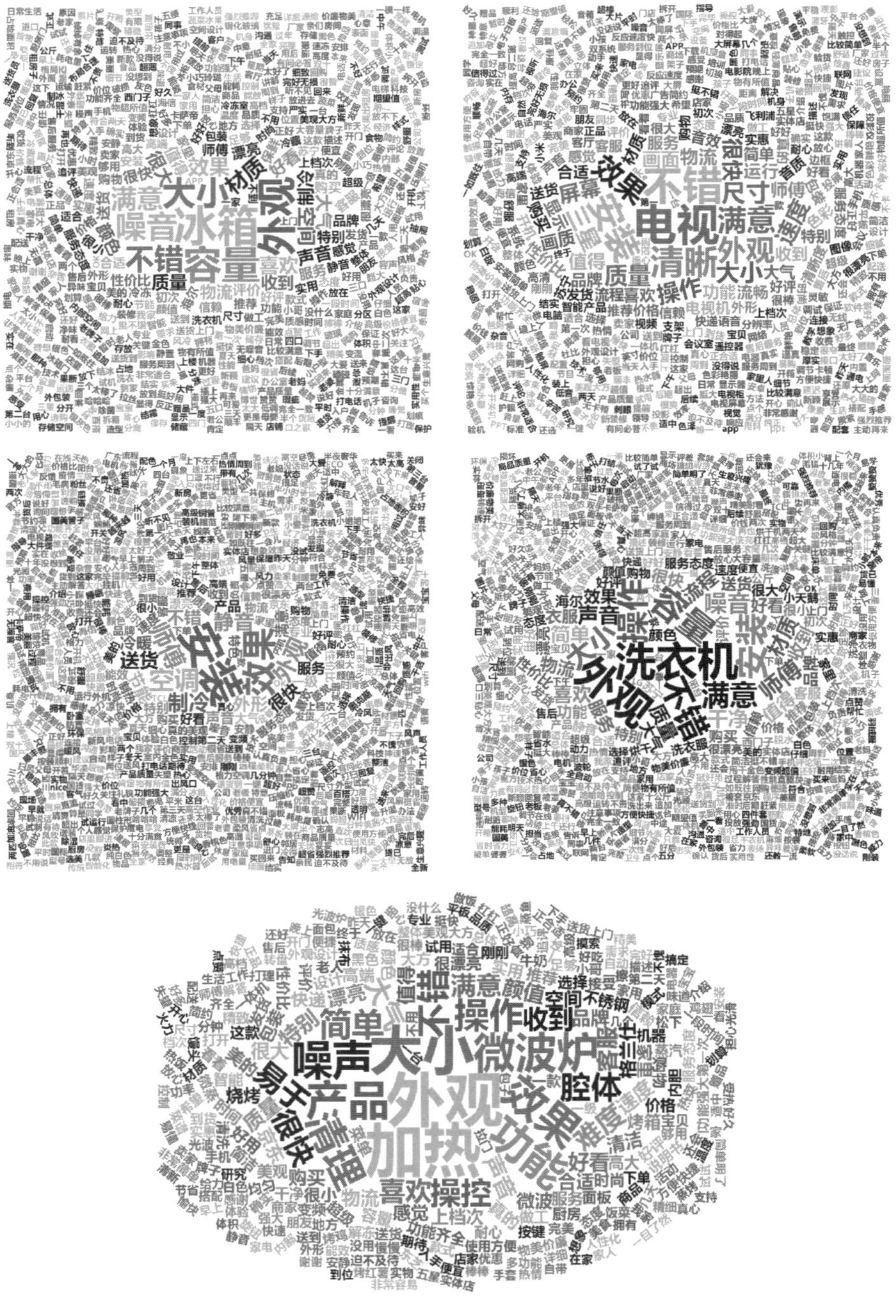

图 5－8　部分一级能效家电评论关键词词云

资料来源：作者根据相关资料整理。

（二）绿色服装购买情况

从我国具有代表性的综合性网上购物平台淘宝、拼多多、京东、苏宁易购和当当网收集了6类典型服装的商品列表、详情以及评论等数据，以评估我国服装产品的绿色销售与购买情况。本批数据共涉及10万余件商品，合计销量1.6亿件。上述服装中，在商品列表页的商品名称中包含全棉、纯棉、亚麻、莫代尔、手工、降解、再生、环保等至少1类关键词的商品视作绿色服装，总的商品数量以及绿色占比如图5-9（左）所示。从该图可知，T恤的绿色商品数量占比最高，达22.5%，牛仔裤的绿色商品数量占比最低，仅2.2%。本次服装商品的总销量以及绿色占比如图5-9（右）所示，休闲裤的总销量最高，但绿色占比只有7.3%，T恤中绿色服装的占比也是占比最高的，衬衫和针织衫的总销量绿色占比十分接近，分别为16.7%和16.6%，远高于商品总量中的占比2.7%，牛仔裤的总销量绿色占比最低，为0.3%。

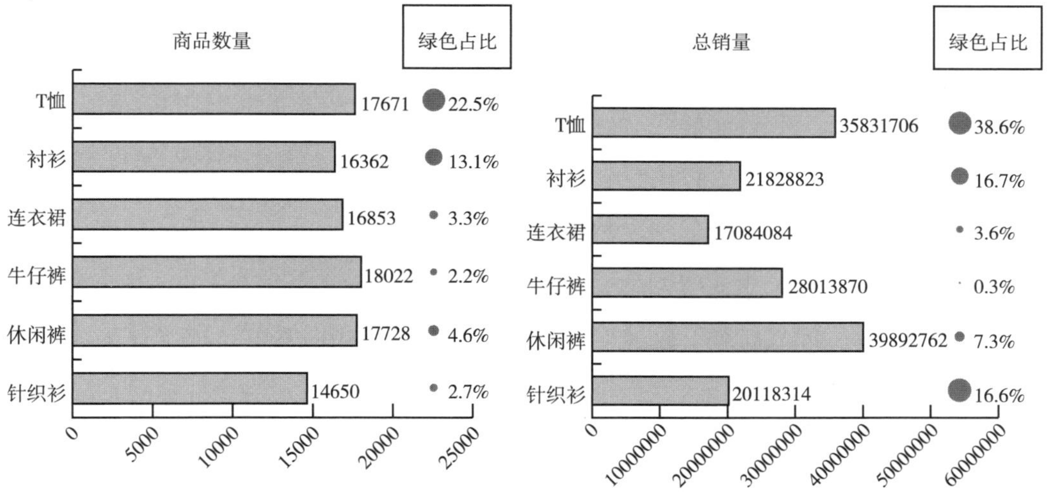

图5-9　各类服装销量以及绿色服装占比

资料来源：作者根据五大网络购物平台收集整理。

对比总体样本均价、加权均价与带有绿色属性样本的均价、加权均价进行对比，可发现不同类别服装并未呈现较为一致的趋势，即带有绿色属性的服装价格并不一定比一般服装价格更高。图5-10（左）展示了不同种类服装的均价对比，其中绿色连衣裙、牛仔裤和休闲裤的均价高于该类服装的总体均价。主要原因可能在于，T恤和针织衫普遍款式简单、消耗较快，带有绿色属性的T恤和针织衫往往通过更低的价格和更环保的“卖点”才更有可能赢得市场。而衬衫、连衣裙、牛仔裤和休闲裤等绿色服装在面料要求、款式设计、加工工艺和回收处理等方面相对更加复杂、要求更高，且相对经久耐穿、消耗较慢，所以相对普通类服装的价格更高。图 5－10（右）展示了不同种类服装的加权均价（所有价格 × 数量/总数量）对比，其中只有绿色牛仔裤的加权均价高于该类服装的总体均价。与之相反，T 恤的总体加权均价远高于绿色 T 恤的加权均价。衬衫、连衣裙、休闲裤和针织衫的总体加权均价均略高于该类绿色服装的加权均价。图 5－10（右）中不同种类服装的加权均价对比，更精确地反映了这六种绿色服装在各因数所占比重不等的情况下的平均价格。绿色牛仔裤的加权均价之所以高于该类服装的总体均价，是由于牛仔裤加工过程存在较高的污染风险，牛仔裤的生产布料浆染、牛仔裤水洗过程中产生的大量细毛绒灰以及使用具有污染性的化学原料进行染色水洗都会产生水体污染，也存在底泥导致的重金属、环境激素等严重超标风险，因此绿色牛仔裤的环保制造成本更高，价格也远远高于普通牛仔裤。而绿色 T 恤等的加工成本相对较低，加权均价也相对较低。

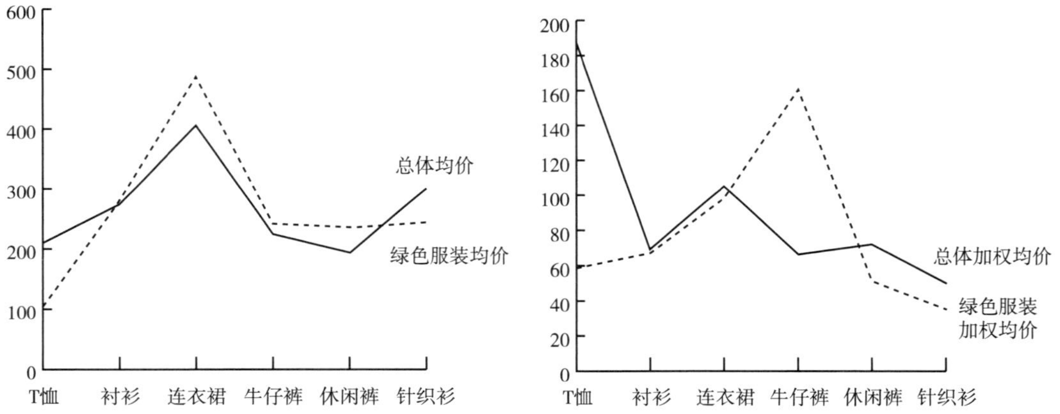

图 5－10　不同种类服装的均价对比

资料来源：作者根据五大网络购物平台收集整理。

下面继续调用百度智能云的自然语言处理功能，对商品评论进行情感分析，评论内容以积极情感为主，所有品类评论的积极情感占比均在 90% 以上。结果显示，消费者对绿色 T 恤前 10 个最频繁提及的、与属性相关的关键词是质量、舒服、面料、穿着、合适、做工、好看、大小、尺码、实惠。可见消费者更关注绿色 T 恤的质量、舒适度和款式等，出现的全棉等绿色属性相关的词语很少，几乎可以忽略不计。绿色 T 恤的绿色属性反馈很低。

消费者对绿色衬衫前 10 个最频繁提及的、与属性相关的关键词是质量、舒服、面料、穿着、合适、款式、做工、好看、颜色和大小。绿色衬衫的关键词前三也主要体现在衣服的质量、穿着舒适度以及与质量和舒适度相关的面料，词云中出现了与面料相关的绿色属性词语“全棉”“纯棉”，但并没有进入关键词前十，且没有出现其他绿色相关的评价。

根据绿色连衣裙评论总体关键词的词频，消费者在评论中前10个最频繁提到的、与属性相关的是连衣裙的质量、好看、舒服、面料、款式、做工、穿着、实惠、颜色、合适。女性消费者对绿色连衣裙的关注主要集中在质量、款式和舒适度，反映了女性消费者对该类服装的主要兴趣点，而绿色相关的属性也仅围绕面料，提到“全棉”“棉麻”。

根据绿色牛仔裤评论总体关键词的词频，消费者在评论中前10个最频繁提到的、与属性相关的是牛仔裤的质量、舒服、面料、穿着、合适、做工、大小、好看、舒适和价格。与前面几种绿色服装相似，消费者对绿色牛仔裤最关注的依然是衣服的质量、舒适与面料。与绿色属性相关的词语也是面料方面的“纯棉”“棉麻”，没有其他相关词语体现。反映了即使是对于污染较重的牛仔裤，消费者也未给予较高的绿色关注。

根据绿色休闲裤评论总体关键词的词频，消费者在评论中前10个最频繁提到的、与属性相关的是休闲裤的质量、舒服、面料、穿着、合适、做工、大小、好看、舒适和价格。类似于绿色牛仔裤的关键词评价，质量、舒适和面料等基本形成了该类产品对消费者的主要印象，“纯棉”“全棉”依然是体现绿色属性的主要词语。

根据绿色针织衫评论总体关键词的词频，消费者在评论中前10个最频繁提到的、与属性相关的是针织衫的质量、舒服、面料、穿着、合适、做工、大小、好看、舒适和价格。与前几种绿色服装大体一致，绿色属性很少体现在消费者对该类商品的关注和评价中。仅出现了“亚麻”“棉麻”等相关词语，绿色属性相关的词语十分单一。绿色服装的评论关键词词频情况如表5－5所示。

绿色T恤的评论关键词词云如图5－11（左上）所示，绿色衬衫的评论关键词词云如图5－11（右上）所示，绿色连衣裙的评论关键词词云如图5－11（左中）所示，绿色牛仔裤的评论关键词词云如图5－11（右中）所示，绿色休闲裤的评论关键词词云如图5－11（左下）所示，绿色针织衫的评论关键词词云如图5－11（右下）所示。

（三）绿色食品购买情况

作者从淘宝、拼多多、京东、苏宁易购、国美和当当网等在线网购平台分别收集了杂粮、大米的商品信息，共涉及2万余件商品，销量共计3.6亿件。其中商品名称中包含绿色、有机、原生态、无添加、无防腐、无色素、纯天然等至少1个关键词的，界定为绿色食品。以大米和杂粮为例，杂粮和大米中绿色食品的商品数量占比以及销量占比情况如表5－6所示。还从某在线网购平台收集了“有机食品”这一大类商品的信息。

表 5-5　绿色服装的评论关键词词频前 20 个

T恤	词频	占比	衬衫	词频	占比	连衣裙	词频	占比	牛仔裤	词频	占比	休闲裤	词频	占比	针织衫	词频	占比
质量	31809	3.9%	不错	20127	4.8%	喜欢	2116	5.7%	质量	3908	5.6%	不错	3544	5.7%	质量	2858	6.1%
不错	31432	3.8%	质量	16053	3.9%	质量	1529	4.1%	不错	3803	5.5%	质量	2711	4.4%	不错	2645	5.6%
喜欢	28757	3.5%	衣服	12543	3.0%	不错	1349	3.7%	舒服	2944	4.3%	舒服	2095	3.4%	舒服	2071	4.4%
舒服	24185	3.0%	喜欢	11784	2.8%	好看	1000	2.7%	喜欢	1730	2.5%	裤子	1874	3.0%	衣服	1793	3.8%
衣服	21654	2.6%	舒服	10723	2.6%	舒服	953	2.6%	面料	1696	2.4%	喜欢	1821	2.9%	面料	1480	3.2%
面料	20709	2.5%	面料	9070	2.2%	收到	914	2.5%	穿着	1620	2.3%	面料	1453	2.3%	喜欢	1291	2.8%
穿着	15605	1.9%	穿着	7646	1.8%	衣服	805	2.2%	满意	1569	2.3%	做工	1434	2.3%	穿着	1056	2.3%
满意	12901	1.6%	满意	6524	1.6%	面料	778	2.1%	衣服	1482	2.1%	合适	1335	2.1%	满意	1046	2.2%
收到	12855	1.6%	合适	6365	1.5%	满意	712	1.9%	合适	1352	2.0%	穿着	1331	2.1%	合适	963	2.1%
合适	12632	1.5%	款式	5947	1.4%	款式	656	1.8%	裤子	1271	1.8%	满意	1321	2.1%	发货	834	1.8%
做工	12122	1.5%	做工	5676	1.4%	做工	602	1.6%	收到	1155	1.7%	大小	1109	1.8%	做工	786	1.7%
好看	10995	1.3%	好看	5327	1.3%	特别	591	1.6%	做工	1079	1.6%	舒适	945	1.5%	收到	774	1.7%
大小	10983	1.3%	收到	4983	1.2%	穿着	558	1.5%	大小	1078	1.6%	尺码	910	1.5%	大小	751	1.6%
物流	10806	1.3%	颜色	4776	1.1%	实惠	558	1.5%	好看	1026	1.5%	收到	848	1.4%	好看	744	1.6%
尺码	10777	1.3%	大小	4684	1.1%	宝贝	538	1.5%	舒适	1000	1.4%	好看	826	1.3%	价格	692	1.5%
实惠	10520	1.3%	尺码	4622	1.1%	裙子	532	1.4%	发货	986	1.4%	购买	737	1.2%	款式	683	1.5%
款式	9938	1.2%	购买	4584	1.1%	颜色	518	1.4%	价格	922	1.3%	特别	709	1.1%	颜色	676	1.4%
价格	9695	1.2%	物流	4535	1.1%	物流	508	1.4%	款式	867	1.3%	衣服	705	1.1%	尺码	584	1.2%
值得	9624	1.2%	舒适	4531	1.1%	很快	507	1.4%	物流	865	1.2%	版型	670	1.1%	舒适	572	1.2%
购买	9521	1.2%	材质	4463	1.1%	合适	477	1.3%	好好	827	1.2%	好好	664	1.1%	柔软	529	1.1%

资料来源：作者根据相关资料整理。

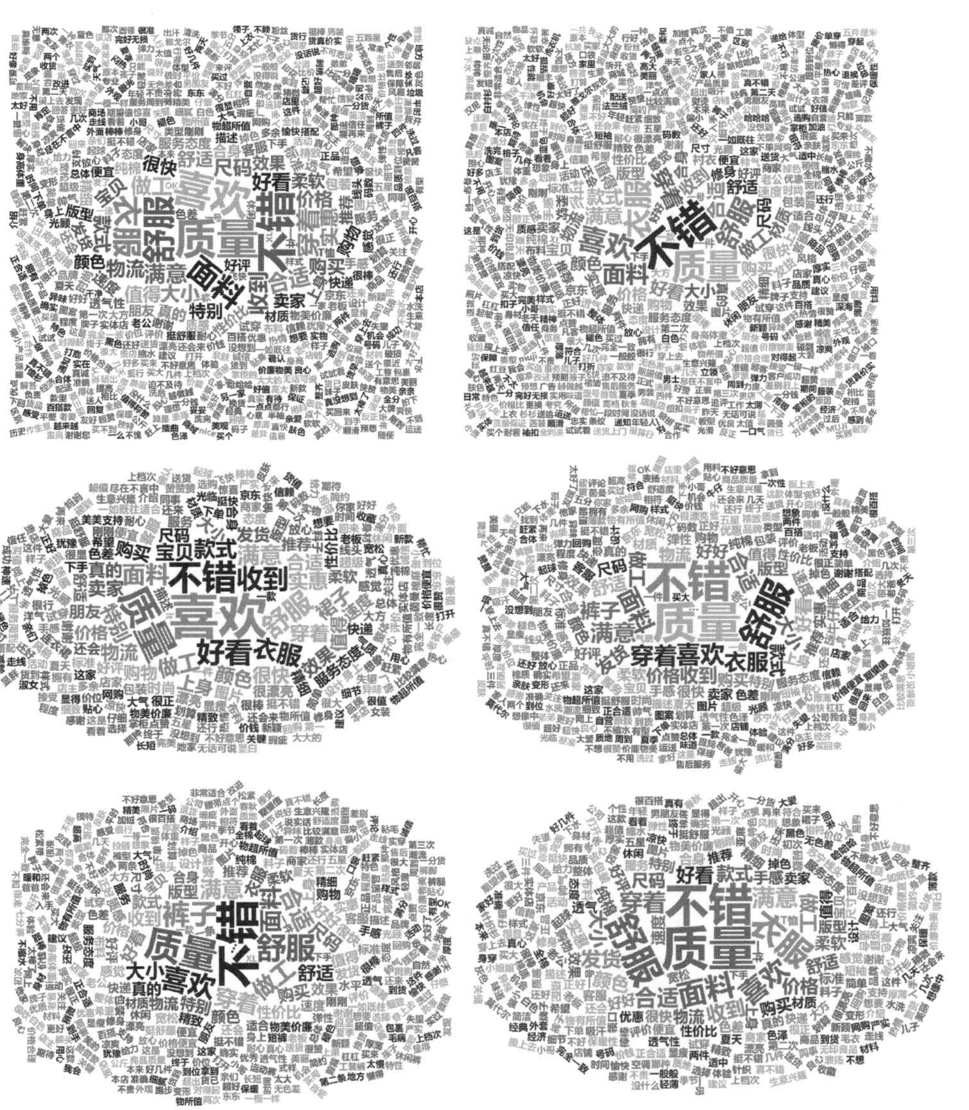

图 5－11　绿色服装评论关键词词云

资料来源：作者根据相关资料整理。

表 5－6　　　　　　　　绿色食品的商品数量占比以及销量占比

比重	大米	杂粮	成人奶粉	婴儿奶粉	有机食品
绿色食品数量占比	11.2%	14.7%	3.9%	10.0%	73.9%
绿色食品销量占比	11.4%	16.7%	1.4%	5.6%	89.8%

资料来源：作者根据六大网络购物平台收集整理。

商品名称中具有绿色属性的商品数量占比达 73.9%，销量占比 89.8%，均远远高于前文的大米、杂粮。说明有机食品比一般食品更注重绿色属性的宣传。根据以上数据，大米、杂粮等绿色食品的销量占比普遍高于其绿色产品数量占比，而有机食品这一大类中的绿色食品总销量同样也高于其他商品数量，反映出消费者更愿意选择购买绿色食品，且有机食品更受消费者欢迎。究其原因，绿色食品具有区别于普通食品的显著特征：从原料产地源头进行绿色把控、对产品进行全程绿色管理、严格执行绿色标识认证与管理，因此更吸引消费者，值得消费者信赖。

本章通过调用百度智能云的自然语言处理功能，对商品评论进行情感分析，评论内容以积极情感为主，大米的积极情感评论占比95.2%，杂粮占比95.6%。如表5-7所示，消费者对绿色大米最频繁提及的、与属性相关的关键词是好吃、口感、物流、包装、速度、香气、产品包装、很快、风味和价格。排在前十位的高频词语并未体现消费者的绿色关注和对绿色产品的需求。仅有与绿色属性相关的“绿色食品”“健康”等词语呈现。消费者对绿色杂粮最频繁提及的、与属性相关的关键词是包装、口感、好吃、物流、质量、快递、很快、味道、价格和有机。可见，消费者对绿色杂粮的首要关注点主要是外观、味道等体验，与绿色属性相关的词语“有机”仅排在第十位。说明消费者对杂粮的绿色属性重视程度仍然不足。消费者对绿色成人奶粉最频繁提及的、与属性相关的关键词是味道、口感、好喝、包装、价格、质量、老人、营养、值得、正品，可见，消费者对绿色成人奶粉的首要关注点主要是味道，后续是外观、价格，没有绿色属性关注点。消费者对绿色婴儿奶粉最频繁提及的、与属性相关的关键词是正品、有机、营养、配方、溶解性、值得、消化吸收、吸收、价格、溶解，从中可以看出，与绿色成人奶粉不同，消费者对绿色婴儿奶粉更加关注是否为正品，是否“有机”，即绿色属性是消费者重要的关注点。绿色食品的评论关键词词频情况如表5-7所示。

表5-7 绿色食品的评论关键词词频前20个

大米	词频	占比	杂粮	词频	占比	成人奶粉	词频	占比	婴儿奶粉	词频	占比
大米	61344	4.8%	不错	37274	4.5%	不错	5422	4.6%	奶粉	7132	6.1%
好吃	35873	2.8%	京东	22829	2.8%	奶粉	5213	4.4%	宝宝	5766	4.9%
不错	35771	2.8%	包装	17754	2.1%	味道	3488	2.9%	正品	3530	3.0%
口感	34134	2.7%	口感	13434	1.6%	口感	2642	2.2%	不错	3519	3.0%
物流	30019	2.3%	好吃	12454	1.5%	喜欢	2467	2.1%	喜欢	2172	1.9%
京东	29043	2.3%	购买	12046	1.5%	好喝	2388	2.0%	京东	2127	1.8%
包装	24126	1.9%	物流	11877	1.4%	购买	2282	1.9%	有机	2013	1.7%
速度	21099	1.7%	质量	10723	1.3%	包装	2109	1.8%	孩子	1805	1.5%
五常	16850	1.3%	喜欢	10244	1.2%	收到	1740	1.5%	上火	1645	1.4%
购买	15802	1.2%	快递	9251	1.1%	物流	1523	1.3%	购买	1614	1.4%
香气	13757	1.1%	很快	9215	1.1%	京东	1367	1.2%	营养	1537	1.3%
产品包装	13747	1.1%	味道	8894	1.1%	牛奶	1356	1.1%	配方	1371	1.2%

续表

大米	词频	占比	杂粮	词频	占比	成人奶粉	词频	占比	婴儿奶粉	词频	占比
产品	13732	1.1%	满意	8478	1.0%	满意	1275	1.1%	溶解性	1181	1.0%
喜欢	13361	1.0%	价格	7415	0.9%	很快	1258	1.1%	值得	1169	1.0%
活动	13227	1.0%	特别	7405	0.9%	价格	1194	1.0%	消化吸收	1143	1.0%
很快	12828	1.0%	收到	7346	0.9%	质量	1126	0.9%	活动	1137	1.0%
风味	12532	1.0%	小米	7277	0.9%	回购	1084	0.9%	验证	1135	1.0%
价格	12059	0.9%	速度	7269	0.9%	感觉	1067	0.9%	物流	1078	0.9%
米饭	11548	0.9%	有机	7248	0.9%	老人	1053	0.9%	很快	1067	0.9%
特别	11442	0.9%	值得	6013	0.7%	营养	1000	0.8%	吸收	1064	0.9%

资料来源：作者根据相关资料整理。

绿色大米的评论关键词词云如图5-12（左上）所示，绿色杂粮的评论关键词词云如图5-12（右上）所示，绿色成人奶粉的评论关键词词云如图5-12（左下）所示，绿色婴儿奶粉的评论关键词词云如图5-12（右下）所示。

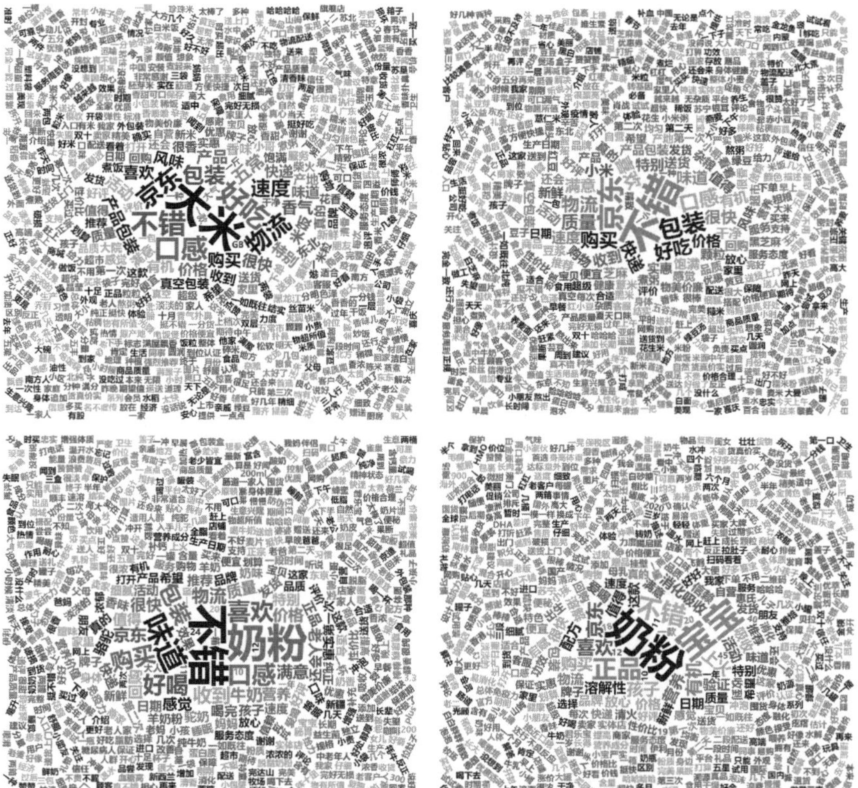

图5-12 绿色食品评论关键词词云

资料来源：作者根据相关资料整理。

（四）新能源汽车购买情况

2015—2023 年中国新能源汽车销量快速增长，新能源汽车销量从 2015 年的 33.1 万辆猛增至 2023 年的 949.5 万辆（见图 5－13）。根据中国汽车工业协会数据显示，2023 年我国新能源汽车产量为 958.7 万辆，销量为 949.5 万辆，同比分别增长 35.8% 和 37.9%，其市场份额约占 32%。

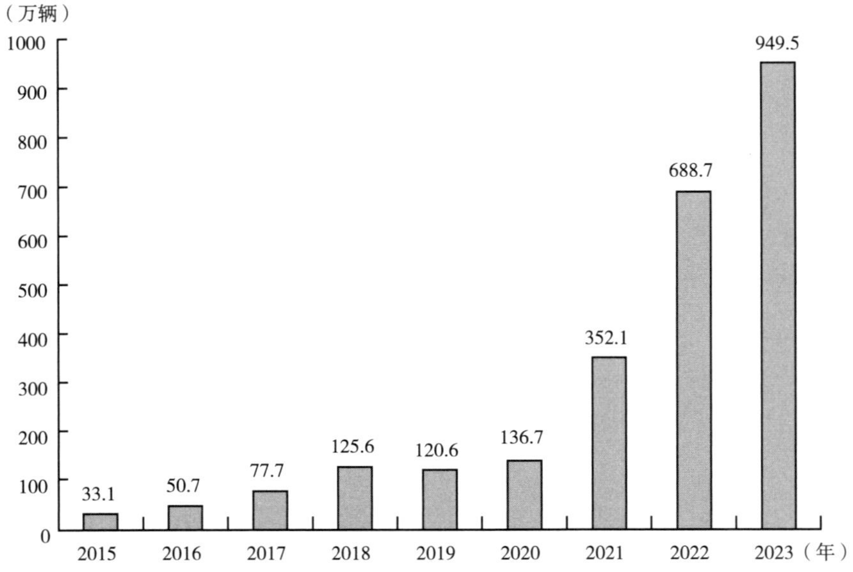

图 5－13　2015—2023 年中国新能源汽车销量统计

资料来源：中国汽车工业协会。

本章对新浪汽车新能源汽车频道中，消费者对新能源汽车的 27306 条评论进行了统计并提炼关键词，发现消费者对新能源汽车比较满意的前五项分别是性价比高、空间足够用、过目不忘、舒适和宽敞，如图 5－14（左）所示。有关绿色属性的评价词语虽然没有进入统计排名前五，但“能耗低”“低能耗”“能耗不高”“油耗不高”这类词语也占据了相当一部分比例。说明消费者对新能源汽车的绿色关注度较高，且主要集中在与经济利益相关的油耗方面。油耗的高低也在一定程度上影响了消费者的消费满意度。消费者对新能源汽车不太满意的前五项分别是能耗很高、性价比低、勉强够用、毫无性价比和舒适性差。“能耗很高”排在统计结果的首位，说明消费者十分在意新能源汽车的能耗，能耗高低直接影响了消费者后续的使用体验，也对部分绿色消费者造成较差的使用感受。如图 5－14（右）所示。

图 5 - 14　新能源汽车满意和不满意评论关键词词云

资料来源：作者根据相关资料整理。

（五）绿色家具购买情况

对绿色产品购买量占比来说，各品类家具产品（床、床垫、沙发、衣柜）的购买量情况如图 5 - 15 所示。

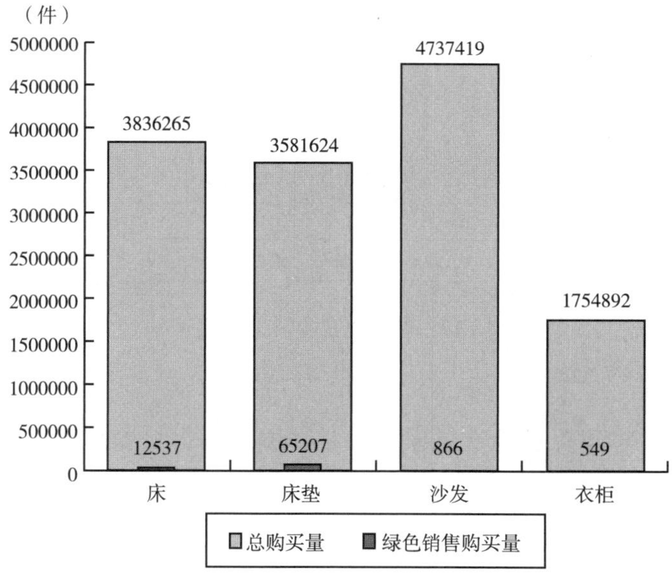

图 5 - 15　各品类家具的购买量

资料来源：作者根据相关资料整理。

各品类家具中，所有品类的绿色销量占比都在 2% 以下，与产品数量占比大抵一致。因此，无论是商家还是消费者，对绿色家具都不太关注。如图 5 - 16 所示。

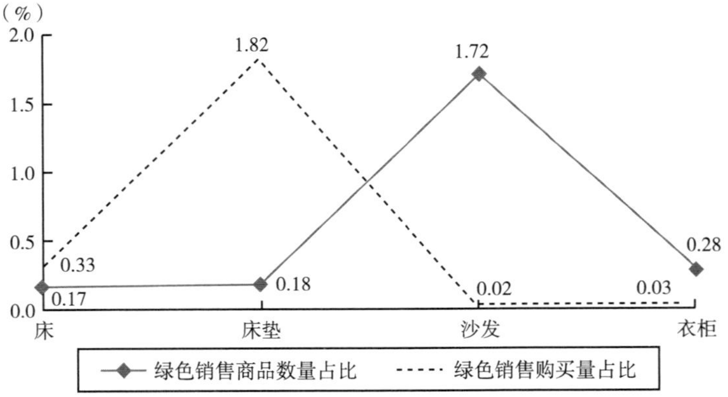

图 5-16　各品类绿色家具的购买量占比

资料来源：作者根据相关资料整理。

对各品类家具评论内容分析来说，各品类家具评论数量分布显示，床垫绿色评论数量占总评论数量比例最高，达 13.7%，占比最低的为沙发，近 0%。如图 5-17 所示。

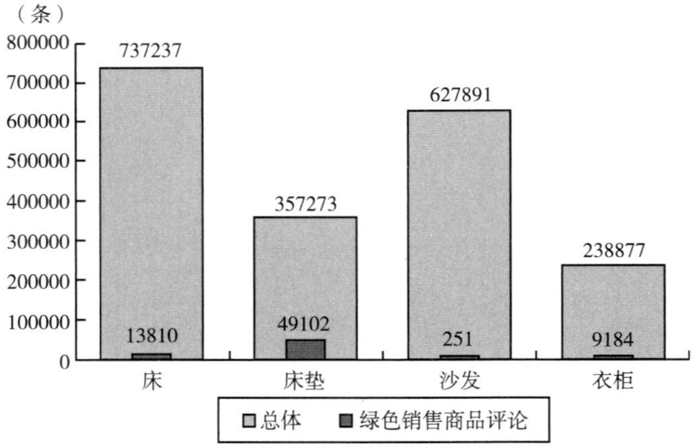

图 5-17　各品类家具评论数量分布

资料来源：作者根据相关资料整理。

如表 5-8 所示，消费者对绿色床垫最频繁提及的、与属性相关的关键词是质量、舒服、软硬、做工、包装、异味、味道、尺寸、值得和价格。由此看出，消费者最注重绿色床垫的质量和使用感受，并且“异味”“味道”的绿色属性也在关注范畴。消费者对绿色床最频繁提及的、与属性相关的关键词是质量、款式、做工、结实、实惠、价格、值得、包装、异味和舒服，说明消费者对于绿色床，重点关注的是对床的质量、外观和性价比，但也关注其绿色属性（异味）。消费者对绿色衣柜最频繁提及的、与属性相关的关键词是质量、款式、做工、好看、味道、结实、实木、价格、风格和颜色。可见，质量依然是消费者对绿色衣柜的首要关注点，并且消费者也关注“味道”，即衣柜的绿色属性。消费者对绿色沙发最频繁提及的、与属性相关的关键词是舒服、质量、材质、款式、颜色和外观等，但频次都很低，只有19—72次。

表5-8　　　　　　　　　绿色家具的评论关键词词频前20个

床	词频	占比	床垫	词频	占比	沙发	词频	占比	衣柜	词频	占比
质量	4984	4.3%	床垫	21548	5.3%	不错	72	16.4%	安装	3590	4.5%
喜欢	3695	3.2%	不错	15485	3.8%	舒服	63	14.4%	质量	2974	3.7%
不错	3629	3.1%	质量	14990	3.7%	质量	51	11.6%	不错	2743	3.4%
安装	3377	2.9%	舒服	11657	2.9%	喜欢	41	9.3%	衣柜	2476	3.1%
满意	2665	2.3%	满意	8692	2.2%	沙发	40	9.1%	满意	1850	2.3%
收到	2131	1.8%	软硬	6927	1.7%	材质	34	7.7%	服务	1523	1.9%
款式	2024	1.7%	做工	6874	1.7%	款式	29	6.6%	款式	1506	1.9%
做工	2011	1.7%	物流	6825	1.7%	物流	25	5.7%	做工	1503	1.9%
物流	1955	1.7%	收到	6735	1.7%	颜色	23	5.2%	师傅	1484	1.8%
结实	1695	1.5%	喜欢	5600	1.4%	外观	21	4.8%	喜欢	1294	1.6%
很快	1582	1.4%	包装	5455	1.4%	调节	21	4.8%	收到	1139	1.4%
实惠	1552	1.3%	适中	5101	1.3%	服务	19	4.3%	物流	1024	1.3%
服务	1506	1.3%	很快	4645	1.2%	—	—	0.0%	柜子	1004	1.2%
价格	1412	1.2%	异味	4465	1.1%	—	—	0.0%	好看	988	1.2%
值得	1335	1.1%	合适	4420	1.1%	—	—	0.0%	很快	844	1.0%
特别	1245	1.1%	味道	4177	1.0%	—	—	0.0%	特别	833	1.0%
购买	1230	1.1%	服务	4046	1.0%	—	—	0.0%	客服	824	1.0%
客服	1227	1.1%	客服	3989	1.0%	—	—	0.0%	味道	823	1.0%
师傅	1173	1.0%	购买	3888	1.0%	—	—	0.0%	商家	782	1.0%
服务态度	1166	1.0%	尺寸	3821	0.9%	—	—	0.0%	结实	767	1.0%

资料来源：作者根据相关资料整理。

图5-18（左上）为绿色床垫的评论关键词词云，图5-18（右上）为绿色床的评论关键词词云，图5-18（左下）为绿色衣柜的评论关键词词云，图5-18（右下）为绿色沙发的评论关键词词云。可以看出，即便消费者购买的是绿色家具，其关注的焦点也不是绿色指标。

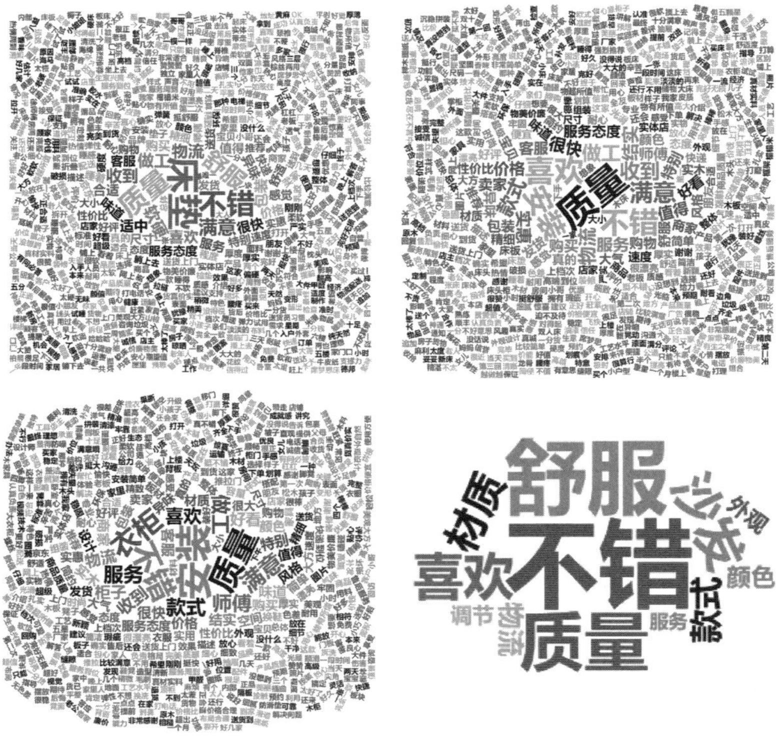

图 5 - 18 绿色家具评论关键词词云

资料来源：作者根据相关资料整理。

（六）绿色建材购买情况

对绿色产品购买量占比来说，各品类建材（涂料、地板、壁纸、板材）的购买情况如图 5 - 19 所示。

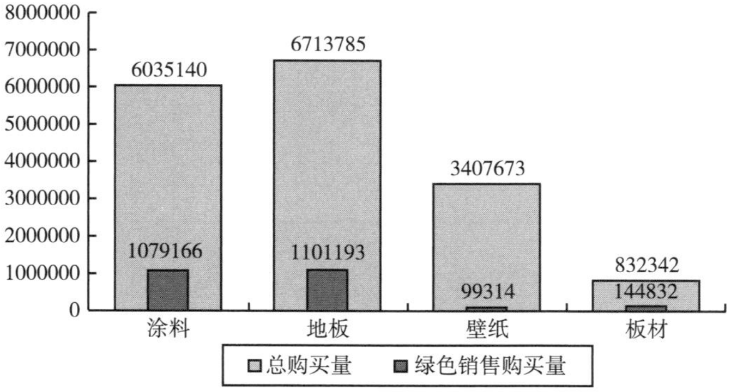

图 5 - 19 各品类建材购买量

资料来源：作者根据相关资料整理。

地板和板材的绿色产品购买量占比都在17%左右，与产品数量占比大抵一致。壁纸的上述两个占比差异最大，绿色似乎并未带来销量；涂料则恰恰相反，绿色产品购买量占比相对产品数量占比高18.5%。如图5－20所示。

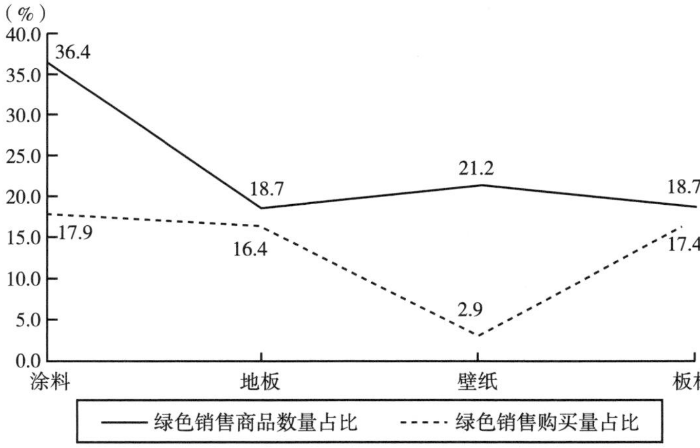

图5－20　各品类绿色建材的购买情况

资料来源：作者根据相关资料整理。

对各品类建材评论内容分析来说，各品类建材评论数量分布如图5－21所示。其中，壁纸的绿色商品评论数量占比较低，在6%以下；板材占比15.8%；涂料占比21%；地板最高，占比29.3%。

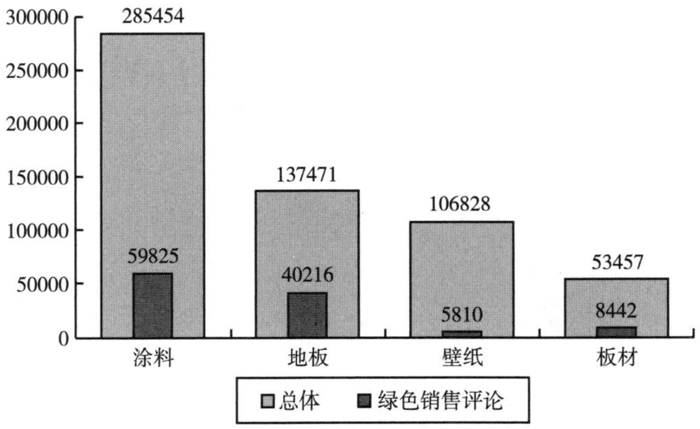

图5－21　各品类建材评论数量分布

资料来源：作者根据相关资料整理。

如表5－9所示，消费者对绿色板材最频繁提及的、与属性相关的关键词是质量、包装、好看、效果、材质、外观、漂亮、很漂亮、款式、实用。说明消费者关注绿色板材的质量以及是否美观，其绿色属性未在考虑之列。绿色壁纸仅提炼出“不错”这一词，因此不再进一步分析。消费者对绿色地板最频繁提及的、与属性相关的关键词是质量、颜色、异味、好看、做工、效果、材质、款式、价格、包装。消费者对绿色涂料最频繁提及的、与属性相关的关键词是效果、气味、味道、质量、包装、颜色、产品包装、好用、牢固、品牌。

表 5-9 绿色建材的评论关键词词频前 20 个

涂料	词频	占比	地板	词频	占比	板材	词频	占比
不错	439	5.2%	地板	3717	5.8%	不错	1262	8.2%
效果	412	4.9%	质量	3528	5.5%	质量	953	6.2%
产品	383	4.6%	颜色	2458	3.8%	安装	442	2.9%
气味	260	3.1%	不错	2428	3.8%	包装	397	2.6%
味道	226	2.7%	满意	2167	3.4%	满意	381	2.5%
质量	212	2.5%	喜欢	1840	2.9%	物流	356	2.3%
包装	202	2.4%	异味	1517	2.4%	收到	290	1.9%
颜色	195	2.3%	好看	1428	2.2%	好看	273	1.8%
很快	179	2.1%	安装	1334	2.1%	购买	272	1.8%
物流	156	1.9%	做工	1141	1.8%	喜欢	268	1.8%
产品包装	149	1.8%	收到	1128	1.8%	效果	260	1.7%
好用	140	1.7%	效果	1109	1.7%	材质	258	1.7%
速度	139	1.7%	材质	1061	1.7%	很快	245	1.6%
涂刷	137	1.6%	特别	999	1.6%	外观	214	1.4%
购买	129	1.5%	款式	938	1.5%	值得	200	1.3%
安泰	125	1.5%	物流	815	1.3%	漂亮	185	1.2%
牢固	124	1.5%	价格	800	1.3%	发货	182	1.2%
品牌	112	1.3%	包装	735	1.1%	产品	181	1.2%
好评	111	1.3%	实惠	639	1.0%	很漂亮	179	1.2%
满意	108	1.3%	购买	623	1.0%	宝贝	179	1.2%

资料来源：作者根据相关资料整理。

图 5-22（左）为绿色板材的评论关键词词云，可以从整体上较直观地看出消费者对该商品的关注点。从词云统计结果看，消费者对评论词语的高频词汇使用也是主要围绕产品的基本功能属性，首先关注板材的质量、安装、包装、物流、好看等实用功能指标，对绿色关注度较低，可见环保、健康等绿色相关属性尚不能构成驱动消费者购买该类产品的主要因素（甚至不是重要因素）。图 5-22（右）为绿色地板的评论关键词词云。从词云统计结果看，消费者对评论词语的高频词汇使用也是主要围绕产品的基本功能属性，首先关注地板的质量、颜色、异味、好看、安装等实用功能指标，对绿色关注度较低，可见环保、健康等绿色相关属性尚未成为消费者购买该类产品的主要影响因素

（甚至不是重要影响因素）。图 5－22（下）为绿色涂料的评论关键词词云。由于上述关键词词频均不高，不具备分析价值，因此不进一步分析。

图 5－22　绿色建材评论关键词词云

资料来源：作者根据相关资料整理。

（七）绿色数码电子产品购买情况

对各品类数码电子产品（显示器、手机、平板电脑、电脑主机、笔记本电脑）来说，普通产品购买量和绿色产品购买量具体如图 5－23 所示。

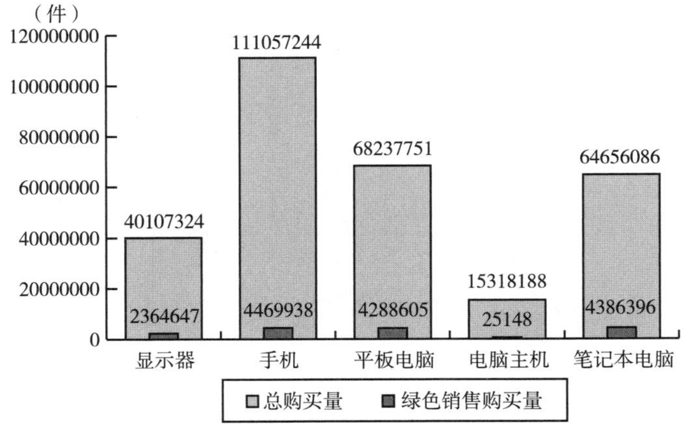

图 5－23　各品类数码电子产品的购买量

资料来源：作者根据相关资料整理。

如图 5－24 可以看出，所有各品类数码电子产品的绿色产品数量和购买量占比均在 10% 以下，并且两种差异绝对值不大，说明商家和买家对数码电子产品的绿色营销均不“感冒”。

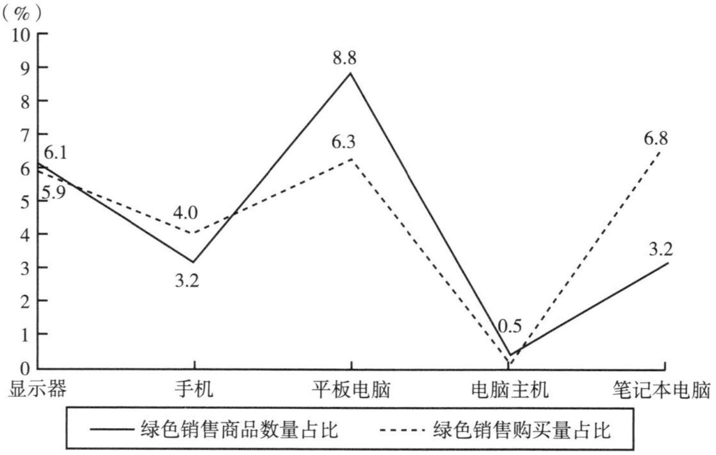

图 5－24　各品类绿色数码电子产品的购买情况

资料来源：作者根据相关资料整理。

对各品类数码电子产品评论内容分析来说，各品类数码电子产品评论数量分布如图 5－25 所示，显示器绿色评论数量占总评论数量比例最高，为 8.6%，占比最低的为电脑主机，占比几乎为 0。

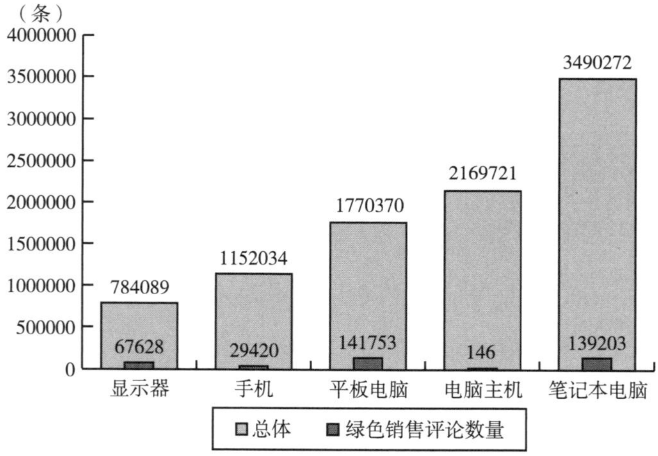

图 5－25　各品类数码电子产品评论数量分布

资料来源：作者根据相关资料整理。

如表 5－10 所示，消费者对绿色显示器前 10 个最频繁提及的、与属性相关的关键词是效果、外观、大小、尺寸、清晰、外形、质量、显色、游戏、性价比，可见消费者更关注绿色显示器显示效果、外形和质量，其绿色属性反馈很少。消费者对绿色手机前10个最频繁提及的、与属性相关的关键词是速度、拍照、效果、运行、屏幕、外观、清晰、很快、外形、老人，可见消费者更关注绿色手机的使用体验。消费者对绿色平板电脑前10个最频繁提及的、与属性相关的关键词是屏幕、速度、运行、外观、效果、流畅、轻薄、很快、孩子、清晰，可见平板电脑的清晰、流畅是消费者关注的地方。消费者对绿色笔记本电脑前10个最频繁提及的、与属性相关的关键词是速度、运行、外观、屏幕、轻薄、很快、效果、散热、性能、开机，可见笔记本的运行速度、外形等属性是消费者的关注点，至于其是否环保，消费者未考虑在列。消费者对绿色电脑主机前10个最频繁提及的、与属性相关的关键词是性能、外观、速度、散热、机箱、效果、很快、小巧、配置、办公，与绿色属性相关的节能、低功耗未出现在消费者关注之列，电脑主机的性能、散热是关注点。

表5-10 绿色数码电子产品的评论关键词词频前20个

显示器	词频	占比	手机	词频	占比	平板电脑	词频	占比	电脑主机	词频	占比	笔记本电脑	词频	占比
不错	22911	4.5%	手机	16486	5.1%	不错	52267	3.1%	性能	66	7.1%	速度	51073	2.8%
效果	17329	3.4%	不错	11064	3.4%	屏幕	44036	2.6%	外观	60	6.5%	电脑	50599	2.7%
显示器	12813	2.5%	速度	8167	2.5%	平板	43836	2.6%	电脑	52	5.6%	不错	47469	2.6%
外观	12619	2.5%	拍照	7401	2.3%	速度	43746	2.6%	速度	48	5.2%	运行	40720	2.2%
大小	10716	2.1%	效果	7276	2.2%	运行	38083	2.2%	不错	44	4.8%	外观	38758	2.1%
尺寸	10131	2.0%	运行	6742	2.1%	外观	28536	1.7%	满意	44	4.8%	屏幕	38046	2.1%
清晰	9742	1.9%	屏幕	6742	2.1%	效果	24661	1.4%	散热	44	4.8%	轻薄	34511	1.9%
外形	8799	1.7%	外观	6466	2.0%	流畅	23153	1.4%	机箱	44	4.8%	很快	30900	1.7%
屏幕	8619	1.7%	喜欢	5883	1.8%	喜欢	22281	1.3%	效果	42	4.5%	效果	26762	1.4%
满意	7424	1.4%	清晰	4494	1.4%	轻薄	21296	1.2%	很快	42	4.5%	散热	24309	1.3%
质量	6776	1.3%	很快	3958	1.2%	很快	21207	1.2%	小巧	40	4.3%	喜欢	24232	1.3%
显色	6278	1.2%	外形	3856	1.2%	孩子	20563	1.2%	配置	34	3.7%	性能	22460	1.2%
游戏	5919	1.2%	满意	3764	1.2%	清晰	17871	1.0%	超级	32	3.5%	开机	21759	1.2%
性价比	5599	1.1%	老人	3545	1.1%	材质	17854	1.0%	客服	30	3.2%	满意	20076	1.1%
显示	5461	1.1%	待机时间	3489	1.1%	收到	17385	1.0%	地方	26	2.8%	办公	18371	1.0%
很快	5145	1.0%	电池	3436	1.1%	满意	16291	1.0%	办公	26	2.8%	外形	18086	1.0%

续表

显示器	词频	占比	手机	词频	占比	平板电脑	词频	占比	电脑主机	词频	占比	笔记本电脑	词频	占比
物流	5107	1.0%	性价比	3384	1.0%	性价比	15928	0.9%	服务	26	2.8%	收到	16621	0.9%
价格	5061	1.0%	音效	3314	1.0%	学习	14001	0.8%	机器	24	2.6%	流畅	16546	0.9%
合适	4985	1.0%	流畅	3231	1.0%	程度	13037	0.8%	惠普	24	2.6%	好看	15476	0.8%
收到	4832	0.9%	好看	3077	0.9%	华为	12387	0.7%	物流	24	2.6%	客服	14520	0.8%

资料来源：作者根据相关资料整理。

图 5－26（左上）为绿色显示器的评论关键词词云，图 5－26（右上）为绿色手机的评论关键词词云。图 5－26（左中）为绿色平板电脑的评论关键词词云，图 5－26（右中）为绿色笔记本电脑的评论关键词词云，图 5－26（下）为绿色电脑主机的评论关键词词云。可以从整体上较直观地看出消费者对绿色数码电子产品的关注点，绿色属性未受到消费者重视。

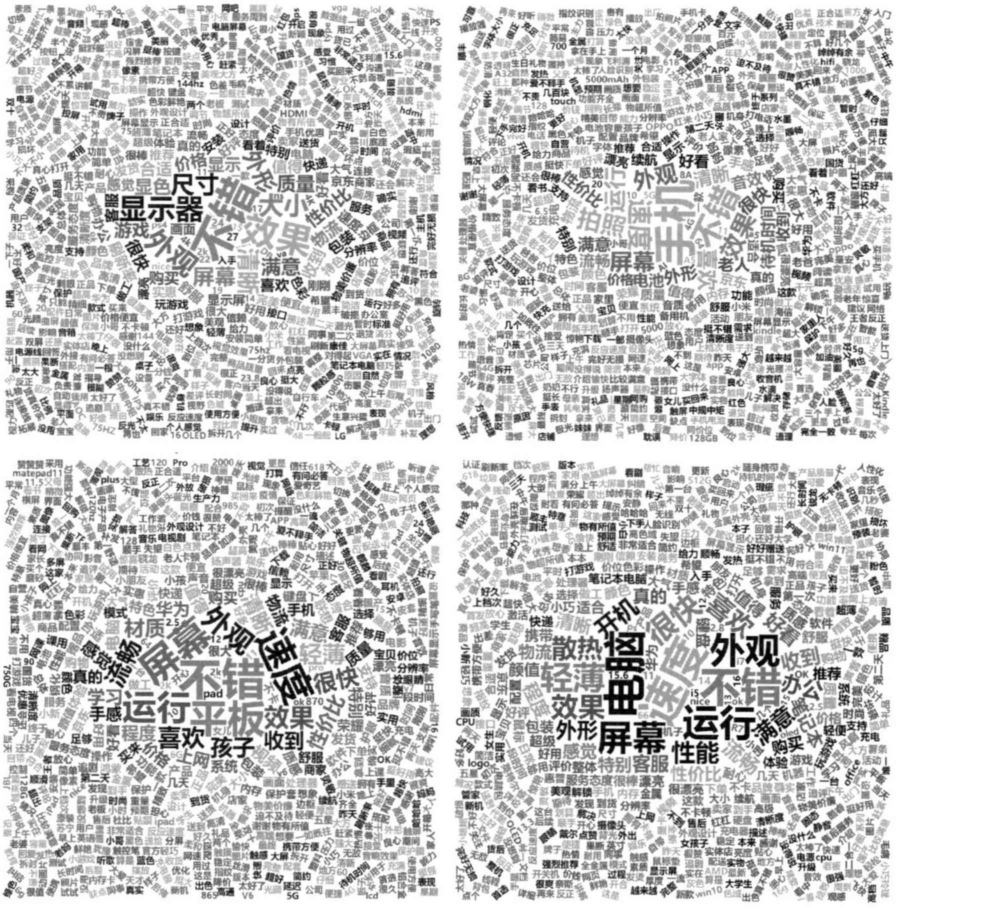

图 5－26　绿色数码电子产品评论关键词词云

资料来源：作者根据相关资料整理。

（八）一次性餐具购买情况

对各品类一次性餐具（一次性杯子、一次性餐盒、一次性打包袋、一次性筷子、一次性勺子、一次性吸管）来说，普通产品购买量和绿色产品购买量具体如图 5－27 所示。

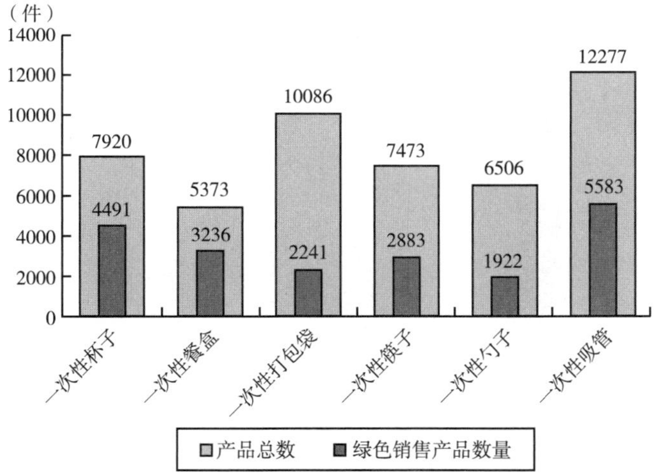

图 5－27　各品类一次性餐具的购买量

资料来源：作者根据相关资料整理。

除了一次性筷子，其他品类一次性餐具的绿色购买占比均较高，从 21.5% 至 84.6% 不等。总体来看，一次性餐盒与一次性筷子的绿色产品购买量占比明显低于商品数量占比；一次性杯子、一次性吸管和一次性打包袋的绿色产品购买量占比明显高于商品数量占比（至少高了 10%）；一次性勺子的绿色商品数量占比与购买量占比则相近，如图 5－28 所示。

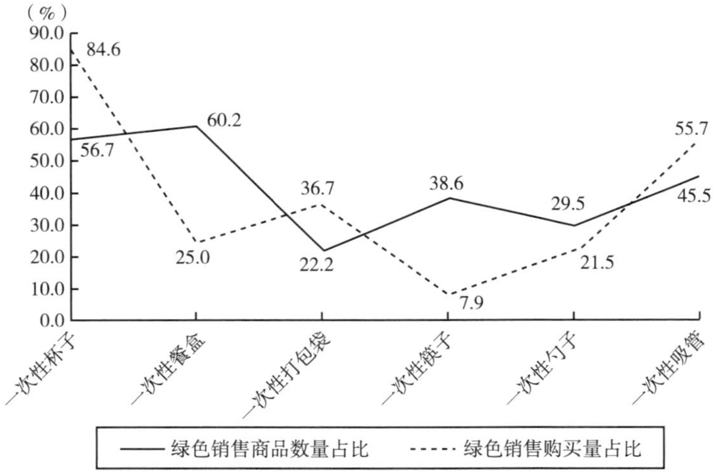

图 5-28　各品类绿色一次性餐具的购买情况

资料来源：作者根据相关资料整理。

对各品类一次性餐具评论内容分析来说，各品类一次性餐具评论数量分布如图 5-29 所示，一次性杯子绿色评论数量占总评论数量比例最高，达 71.8%，占比最低的为一次性筷子，仅 9.7%。

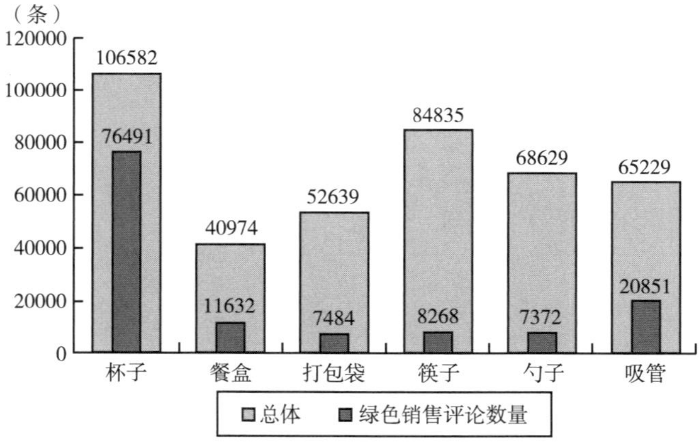

图 5-29　各品类一次性餐具评论数量分布

注：横坐标标题统一删除了“一次性”，以避免标题过长被隐藏。

资料来源：作者根据相关资料整理。

如表 5-11 所示，消费者对绿色一次性杯子前 10 个最频繁提及的、与属性相关的关键词是质量、价格、厚实、实惠、包装、值得、便宜、大小、好用和性价比，可见消费者更关注绿色一次性杯子的质量和价格等，未重点关注其环保性。消费者对绿色一次性餐盒前 10 个最频繁提及的、与属性相关的关键词是质量、包装、价格、好用、实惠、

表 5－11　　绿色一次性餐具的评论关键词词频前 20 个

一次性杯子	词频	占比	一次性餐盒	词频	占比	一次性打包袋	词频	占比	一次性筷子	词频	占比	一次性勺子	词频	占比	一次性吸管	词频	占比
不错	23865	4.8%	不错	3288	7.1%	质量	2504	6.0%	不错	2281	6.7%	不错	2211	6.1%	不错	5252	5.2%
质量	23239	4.6%	质量	2866	6.2%	不错	2033	4.8%	质量	1875	5.5%	质量	1915	5.3%	质量	3498	3.5%
京东	14384	2.9%	京东	1186	2.6%	袋子	1162	2.8%	筷子	1094	3.2%	京东	948	2.6%	吸管	2827	2.8%
杯子	10500	2.1%	购买	1085	2.3%	结实	1162	2.8%	京东	777	2.3%	满意	661	1.8%	包装	2686	2.7%
纸杯	9150	1.8%	物流	866	1.9%	大小	985	2.3%	喜欢	743	2.2%	购买	644	1.8%	喜欢	2171	2.2%
购买	8100	1.6%	满意	739	1.6%	购买	927	2.2%	包装	685	2.0%	物流	642	1.8%	京东	2105	2.1%
物流	7209	1.4%	很快	681	1.5%	京东	890	2.1%	购买	680	2.0%	包装	625	1.7%	物流	1517	1.5%
喜欢	7167	1.4%	包装	643	1.4%	物流	803	1.9%	满意	607	1.8%	喜欢	563	1.6%	购买	1338	1.3%
很快	6395	1.3%	价格	606	1.3%	塑料袋	716	1.7%	物流	565	1.7%	很快	509	1.4%	独立	1274	1.3%
价格	5966	1.2%	值得	592	1.3%	厚实	710	1.7%	收到	520	1.5%	棉签	467	1.3%	好用	1243	1.2%
满意	5920	1.2%	速度	591	1.3%	合适	671	1.6%	很快	493	1.4%	收到	455	1.3%	很快	1162	1.2%
厚实	5893	1.2%	好用	544	1.2%	容量	622	1.5%	价格	413	1.2%	速度	446	1.2%	满意	1122	1.1%
实惠	5880	1.2%	实惠	531	1.1%	满意	590	1.4%	实惠	412	1.2%	好用	426	1.2%	卫生	1083	1.1%
速度	5865	1.2%	快递	530	1.1%	很快	575	1.4%	值得	410	1.2%	特别	423	1.2%	值得	1082	1.1%
包装	5505	1.1%	喜欢	521	1.1%	异味	446	1.1%	一次性	377	1.1%	实惠	417	1.2%	实惠	1000	1.0%
值得	4979	1.0%	收到	512	1.1%	收到	439	1.0%	快递	366	1.1%	值得	412	1.1%	价格	996	1.0%
送货	4961	1.0%	送货	506	1.1%	快递	427	1.0%	速度	356	1.0%	价格	409	1.1%	收到	990	1.0%
快递	4681	0.9%	大小	479	1.0%	速度	420	1.0%	好用	333	1.0%	大小	380	1.1%	快递	961	1.0%
便宜	4408	0.9%	合适	425	0.9%	特别	410	1.0%	好评	319	0.9%	快递	359	1.0%	速度	940	0.9%
特别	3998	0.8%	厚实	415	0.9%	效果	409	1.0%	孩子	316	0.9%	好评	345	1.0%	特别	790	0.8%

资料来源：作者根据相关资料整理。

大小、厚实、便宜、性价比、环保，可见消费者关注绿色一次性餐盒的质量和价格，但对其环保性也有一定关注，只是词频相对较少。消费者对绿色一次性打包袋前 10 个最频繁提及的、与属性相关的关键词是质量、结实、大小、厚实、容量、异味、效果、包装、价格、耐用，可见消费者更关注绿色一次性打包袋的质量，不太关注它是否环保。消费者对绿色一次性筷子前 10 个最频繁提及的、与属性相关的关键词是质量、包装、价格、实惠、好用、异味、卫生、便宜、干净、厚实，可见消费者更关注绿色一次性筷子的质量、是否卫生，未考虑其是否环保。消费者对绿色一次性勺子前 10 个最频繁提及的、与属性相关的关键词是质量、包装、好用、实惠、价格、大小、实用、厚实、便宜、干净，可见消费者更关注绿色一次性勺子的质量和卫生等，不关注其绿色属性。消费者对绿色一次性吸管前 10 个最频繁提及的、与属性相关的关键词是质量、包装、卫生、值得、实惠、干净、环保、材质、实用、放心，但由于"环保"的词频和占比较低，反映出消费者并不重视一次性吸管的环保问题。

图 5－30（左上）为绿色一次性杯子的评论关键词词云，图 5－30（右上）为绿色一次性餐盒的评论关键词词云，图 5－30（左中）为绿色一次性打包袋的评论关键词词云，图 5－30（右中）为绿色一次性筷子的评论关键词词云，图 5－30（左下）为绿色一次性勺子的评论关键词词云，图 5－30（右下）为绿色一次性吸管的评论关键词词云。可以从整体上较直观地看出消费者对绿色一次性餐具的关注点。

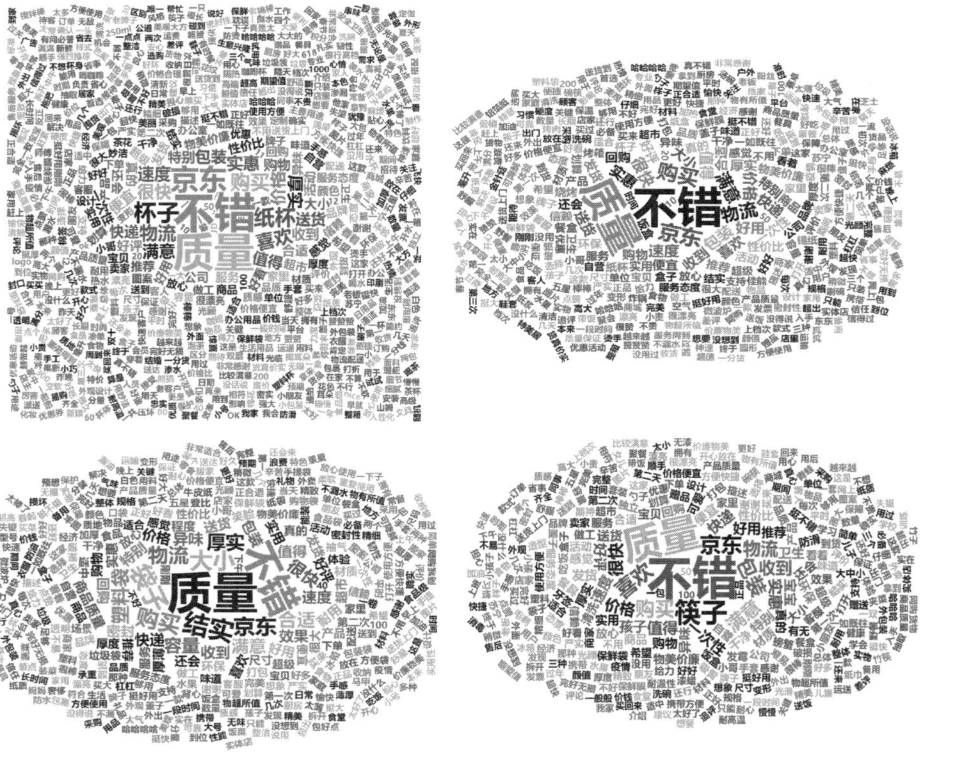

图 5－30　绿色一次性餐具评论关键词词云

资料来源：作者根据相关资料整理。

二、使用消费环节的大数据分析

考虑到数据可得性，使用消费环节主要对外卖包装使用情况和水资源节约情况进行分析。外卖包装物一般包括餐盒、餐具、外包装袋三部分。其中，在提高外卖商户对包装物重要性的认知、改变商户采购原则等方面具有引导空间。24% 商户认为可以不予提供一次性餐具包，“无需餐具”手段仍有进一步推广的必要。44% 商户认为可以减少一次性餐具包的内含物，如非液体态餐品在配送筷子后可以不再配送一次性叉勺，该减量手段直接有效。尽管新政策中鼓励可降解材料替代，但 72% 商户在担忧替代材质会导致渗水洒漏无法满足食品包装需求、成本较高、采购渠道不方便等各类负面影响。其中，对包装性能与消费者使用体验的质疑最为突出，说明可降解材质推广需充分考虑中国饮食习惯，保证密封、防油、防洒、保温等基本性能。此外，推广可降解材质还需匹配后端的单独回收处置机制，应谨慎推广。

（一）餐盒材质

外卖餐盒仍然以透明塑料袋为主，占比 75% 以上。纸基覆膜盒与纸浆餐盒各占 9% 左右，铝箔餐盒仅占 6%，如图 5－31 所示。

（二）一次性餐具

在饿了么平台，88% 商户为每份外卖订单默认提供一次性餐具，85% 的外卖订单包

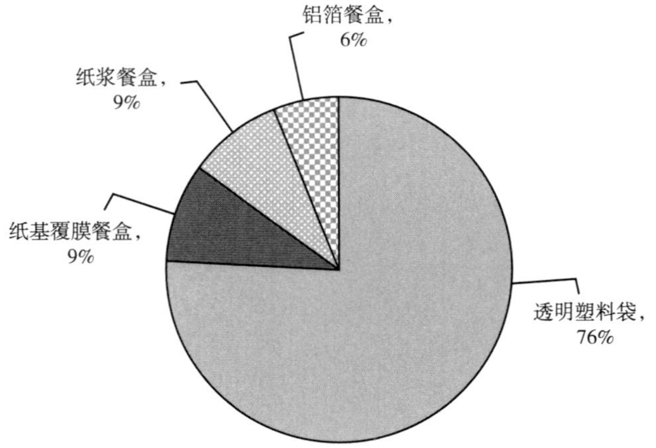

图 5－31　外卖餐盒材质情况

资料来源：《外卖餐饮商户包装物绿色行为研究》，清华大学环境学院 & 阿里巴巴本地生活·新服务研究中心，2021 年 2 月。

含一次性竹木筷子，是最为常见的餐具，如图 5－32 所示；另有 15% 的外卖订单由于菜品特征等因素仅包含塑料勺/叉或塑料手套。40% 的外卖订单未考虑餐具实际利用率，直接配送“餐具四件套”（一次性竹木筷子、塑料勺/叉、牙签、餐巾纸/餐巾纸）。

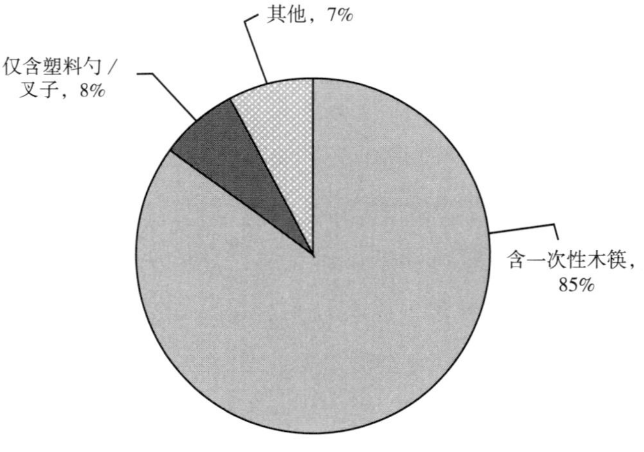

图 5－32　外卖一次性餐具情况

资料来源：《外卖餐饮商户包装物绿色行为研究》，清华大学环境学院 & 阿里巴巴本地生活·新服务研究中心，2021 年 2 月。

（三）外卖包装袋

外卖包装袋材质中，81% 商户使用 HDPE 塑料包装袋，10% 使用纸袋，少部分商户选用无纺布袋、保温袋等材质，如图 5－33 所示。

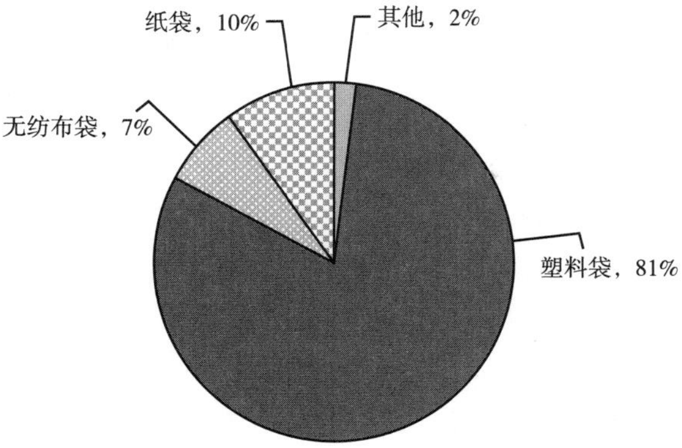

图 5－33　外卖塑料袋情况

资料来源：《外卖餐饮商户包装物绿色行为研究》，清华大学环境学院 & 阿里巴巴本地生活·新服务研究中心，2021 年 2 月。

（四）单位 GDP 用水量

2023 年，中国万元国内生产总值用水量 50 立方米，相较于 2022 年的 53 立方米，下降 6.4%。如图 5－34 所示。这一方面表明国家节水行动实施取得了积极成效，另一方面说明一些地方的节水工作基础相对薄弱，需加大力度深挖节水潜力。未来须将加大节水的宣传和教育力度，重点推进重点领域（农业、工业、城镇生活等）节水改造，致力于建设节水型社会，加强节水监督管理，促进用水从粗放向节约集约转变，加速培养节水型生产和生活方式。

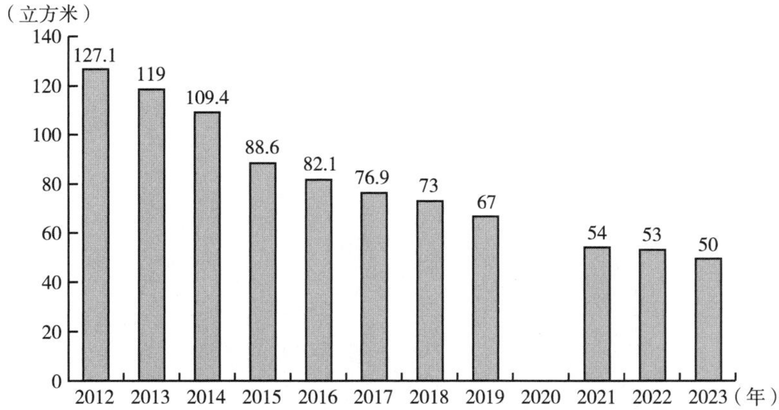

图 5－34　中国单位 GDP 用水量变化趋势

注：国家统计局未公布 2020 年单位 GDP 用水量。

资料来源：历年《中华人民共和国年国民经济和社会发展统计公报》，国家统计局。

（五）年人均用水量

统计显示，2023 年我国年人均用水量 419 立方米，较 2022 年的 425 立方米下降 1.4%。如图 5－35 所示。

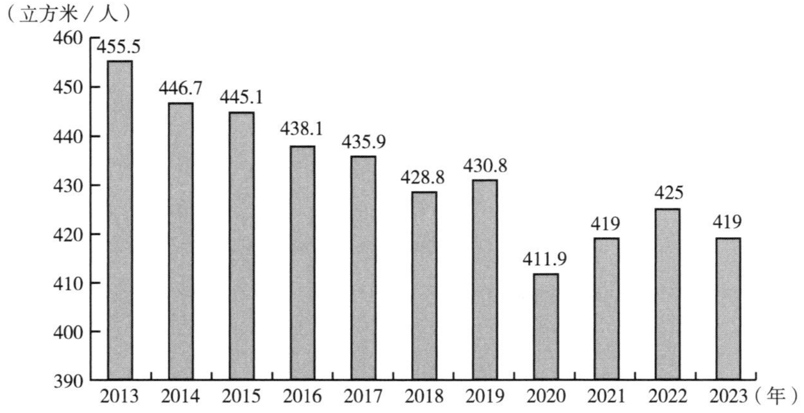

图 5－35　中国年人均用水量变化趋势

资料来源：国家统计局官方网站。

三、废弃回收环节的大数据分析

我国再生资源回收总量增长较快。推动再生资源的重复使用，提高废钢铁及有色金属的使用次数。有十大类回收资源编入在册，如废钢铁、废塑料、废纸等。整体而言，我国再生资源的回收数量稳步上升，如图 5－36 所示。

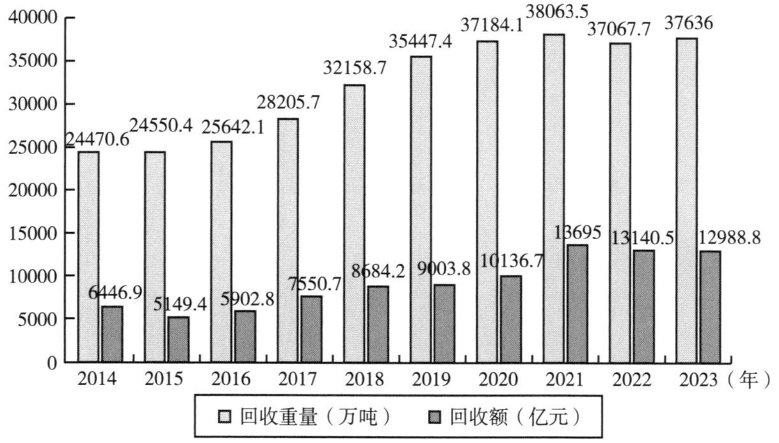

图 5－36　中国主要可再生资源回收重量与回收额变化情况

资料来源：《中国再生资源回收行业发展报告（2024）》，商务部，2024 年 7 月。

我国可再生资源回收重量逐年上涨，已由2014年的24770.6万吨增长至2023年的37636万吨；资源回收额总体呈上涨趋势，仅2015年与2022年略有下跌，与废钢铁的回收单价下跌息息相关。我国回收量最大的资源始终是废钢铁。2023年，我国废钢铁、废有色金属等十个品种再生资源回收总量约为37636万吨，比2022年同比增加1.5%。其中，废轮胎、报废机动车、废旧纺织品、废玻璃、废电池（铅酸电池除外）的回收量增幅最为明显，同比分别增加11.1%、29.2%、15.7%、15.3%和19.6%。

整体而言，我国十大类回收资源都稳步上涨。与其他几类回收资源相比废钢铁的回收总量一直稳居之首，占再生资源回收总量的60%以上；废纸的回收数量也占总回收量的很大一部分；报废电器电子产品、废旧纺织品、废电池在总回收资源中占极少数，如表5－12所示。

表5－12　2014—2023年中国各类主要再生资源年回收重量变化情况　（单位：万吨）

年份	废钢铁	废有色金属	废塑料	废纸	废轮胎	废弃电器电子产品	报废机动车	废旧纺织品	废玻璃	废电池（铅酸除外）
2014	15230	798	2000	4419	430	313.5	322	0	855	9.5
2015	14380	876	1800	4832	500.6	348	871.9	0	850	10
2016	15130	937	1878	4963	504.8	366	721.3	270	860	12
2017	17391	1065	1693	5285	507	373.5	453.6	350	1070	17.6
2018	21277	1110	1830	4964	680	380	478.79	380	1040	18.9
2019	24097	1199	1890	5244	655	390	564.8	400	984	23.6
2020	25763	1230	1600	5493	645	426	596.1	430	969	33
2021	25021	1348	1900	6491	640	463	678.5	475	1005	42
2022	24081	1375	1800	6585	675	415	820.7	415	850	51
2023	23800	1448	1900	6737	750	420	1060	480	980	61

资料来源：《中国再生资源回收行业发展报告（2024）》，商务部，2024年7月。

可再生资源二次销售可回收的金额由多到少依次是废钢铁、废有色金属、废纸、废塑料、报废机动车及废弃电器电子产品。回顾2023年我国十大类再生资源回收总额高达12988.8亿元，仅废钢铁回收额达到6664.0亿元，占比51.31%；废有色金属回收可达2968.4亿元，占比22.85%；废纸回收额1347.4亿元，占10.37%；废塑料回收额1030亿元，占比7.93%。如表5－13所示。

表 5－13　中国各类主要再生资源年回收额变化情况　（单位：亿元）

年份	废钢铁	废有色金属	废塑料	废纸	废轮胎	废弃电器电子产品	报废机动车	废旧纺织品	废玻璃	废电池（铅酸除外）
2014	3122.5	1324.7	1100.0	616.0	68.8	78.4	66.0	0	25.7	19.8
2015	1984.4	1395.6	810.0	642.7	65.1	78.3	122.1	0	21.3	18.5
2016	2042.6	1829.0	957.8	744.5	70.5	94.4	108.2	8.6	22.4	24.8
2017	3043.4	2079.0	1081.3	977.7	73.5	125.1	87.3	14.0	32.1	37.3
2018	3925.4	2197.8	1189.5	970.2	54.4	133.0	119.5	15.9	36.4	42.1
2019	4578.4	2127.1	1001.7	865.3	59.0	128.7	146.8	18.0	39.4	39.4
2020	5410.0	2460.0	790.0	961.3	64.5	155.5	170.5	21.5	41.7	61.7
2021	7523.6	2878.5	1050.0	1493.0	76.8	222.4	276.9	26.1	48.0	99.7
2022	6911.2	2959.7	1050.0	1402.6	101.3	227.4	311.9	16.6	38.3	121.6
2023	6664.0	2968.4	1030.0	1347.4	120.0	231.0	413.4	19.2	49.0	146.4

资料来源：《中国再生资源回收行业发展报告（2024）》，商务部，2024 年 7 月。

四、分享互动环节的大数据分析

2015—2022 年，我国共享经济整体上呈现上升趋势（见图 5－37）。2022 年中国共享经济市场规模达到 3.83 万亿元，较 2021 年增加了 0.14 万亿元，同比增长约 3.79%。

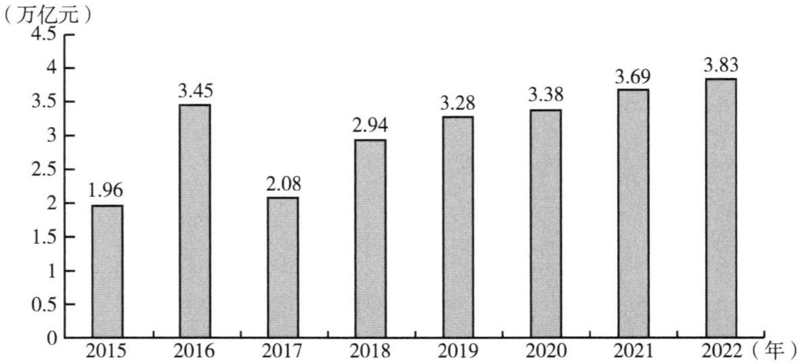

图 5－37　2015—2022 年中国共享经济市场规模

资料来源：国家信息中心。

从市场结构上看，2022 年生活服务领域、生产能力领域和知识技能领域的共享经济市场规模名列前三，分别为 18548 亿元、12548 亿元和 4806 亿元（见图 5－38）。共享医疗由 2021 年的 147 亿元增加到 2022 年的 159 亿元，同比增速 8.2%；共享住宿由

152 亿元减少至 115 亿元，下降了 24.3%；共享办公由 212 亿元减少至 132 亿元，下降了 37.7%；交通出行由 2021 年的 2344 亿元减少至 2022 年的 2012 亿元，同比增速为 -14.2%；知识技能由 2021 年的 4540 亿元增加到 2022 年的 4806 亿元，增加了 5.9%；生产能力和生活服务相较于 2021 年分别增加了 1.5% 和 8.4%。

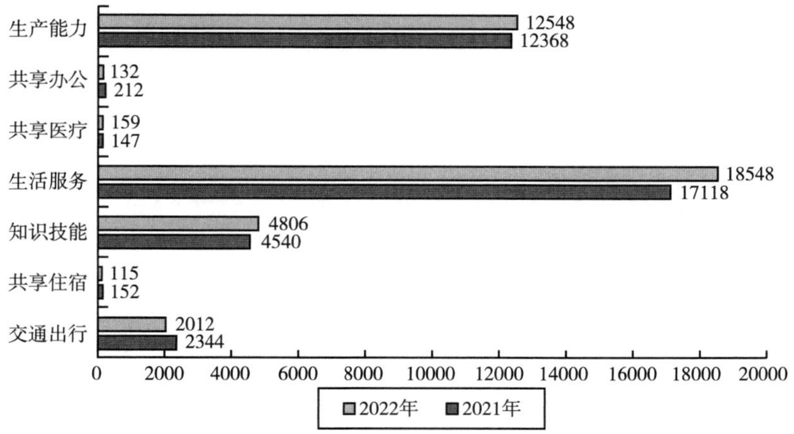

图 5-38　2021—2022 年中国共享经济各领域发展规模（亿元）

资料来源：国家信息中心。

2022 年中国共享经济的市场结构如图 5-39 所示。中国共享经济市场结构主要由可生活服务、生产能力、交通出行、知识技能、共享办公、共享住宿和共享医疗构成。根据各类市场要素的占比以看出，2022 年生活服务领域发展规模占共享经济市场总规模比例最大，占 48.40%，生产能力次之，这两类要素占据了 80% 以上的市场份额。网约车等绿色出行方式因其便利性和经济性受到消费者的关注和使用，共享出行也占据了一

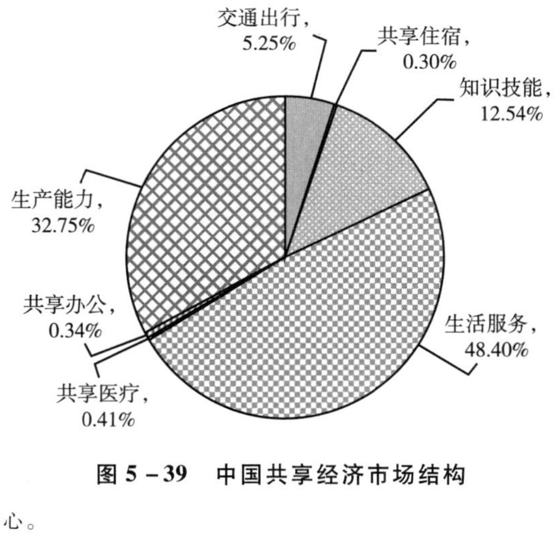

图 5-39　中国共享经济市场结构

资料来源：国家信息中心。

定比例。知识技能共享占据 12.54% 的市场份额，随着知识经济的快速发展，知识技能共享将开启共享经济的下半场，有效解决信息时代的信息不对称问题。共享办公、共享住宿、共享医疗也将在探索发展中不断扩大市场份额。

共享单车满足了人们低碳环保出行需求，是共享经济时代下的一种绿色环保出行工具。2007 年，为了缓解交通拥堵和环境污染，我国引入公共单车模式。随着企业主体的参与和移动互联网的快速发展，共享单车的规模化运作不断扩展。2017 年开始中国共享单车用户规模大幅度增加，达到 2.05 亿人；2019 年中国共享单车用户规模为 2.60 亿人，较 2018 年的 2.35 亿人同比增长 10.6%。2020 年用户规模达到 2.53 亿人，这与出行受限、经济活动放缓有关。2021 年增长至 3 亿人，2022 年达到 3.2 亿人，同比增长 6.7%。从中国共享单车用户规模增长趋势可以看出，共享单车受到越来越多中国消费者的认可。其中一个重要的原因是共享单车不仅能弥补城市短途出行的短板，延伸广大消费者出行的时空边界，为其出行带来巨大便利，而且在全球气候变暖的趋势下，为消费者改变私家车和摩托车等高碳出行方式，进行绿色出行从而降低能源消耗和碳排放提供了一种新选择。如图 5-40 所示。

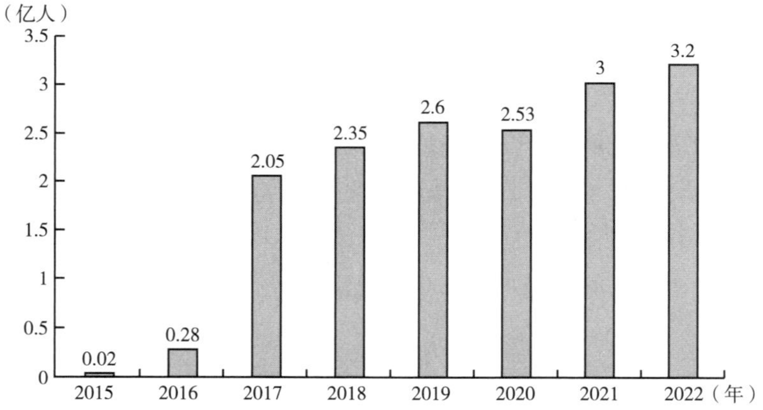

图 5-40　2015—2022 年中国共享单车用户规模

资料来源：中国电子商务研究中心、尚普咨询《2023 年共享单车行业竞争环境分析》、艾媒数据中心《艾媒咨询，2021—2022 年中国夜间经济监测及典型城市案例分析》。

第三节　碳中和消费的大数据结果总结

通过对碳中和消费领域的数据进行挖掘和分析，本章主要得出以下几点结论：

第一，绿色节能环保成为消费者购买选择的重要因素。从各类产品数据来看，在众多品类中，绿色关键词（如节能、环保、有机）已成为影响消费者抉择的重要因素。如一级能效洗衣机频繁提及的关键词主要集中在外观、功能、便捷以及环保、无噪声、节水等词语。节能电器的销量和绿色家电产品的市场占比均显示出消费者对节能环保产品的偏好。此外，绿色服装和食品的购买情况也表明，消费者愿意为环保属性支付一定的溢价，尤其是对于有机食品等高品质绿色产品。其中，绿色服装相关的词语主要是亚麻、棉麻、全麻、全棉、纯棉等；有机食品相关的词语主要是有机、绿色食品、健康等。绿色一次性餐具的市场需求也逐渐增加。特别是那些在质量和价格上有优势的产品，更容易受到消费者的青睐。

第二，碳中和消费主要集中在满足基本生活所需的绿色产品。基于我国综合性电商平台上绿色产品数量和销量的大数据分析，对于家用电器类绿色产品而言，绿色空调、绿色冰箱、绿色洗衣机、绿色微波炉占据的市场份额相对较大，其中绿色空调的占比高达 4/5，占比相对较小的绿色微波炉也占据 1/3 的市场份额，而绿色电视的市场份额相对较小，数量占比不足 1%；对于绿色食品而言，有机食品的商品数量和销量都较大，销量占比更是接近九成；对绿色汽车而言，新能源乘用车销量远远高于商用车辆，是商用车销量的 10 倍左右。可以发现，与消费者基本生活需要相关的绿色产品最受商家和消费者青睐，而以娱乐性、享受性为主的绿色产品受到消费者关注但消费动力不足，市场销量不高。可能的原因是娱乐性、享受性的绿色产品并非生活必需品，绿色属性并不是这类产品最基础的功能属性，商家和消费者对这一突出属性更加关注，且消费者对娱乐性、享受性的绿色产品了解程度不深。

第三，企业的绿色宣传对碳中和消费存在较大影响。企业商家越看重绿色产品的环保属性，对绿色产品的宣传力度越大、频率越高，则消费者对该产品的购买量越大。例如，市场上一级能效的空调绿色宣传产品数量高达九成，一级能效是企业商家面向消费者的一个重要宣传卖点，这表明企业的宣传策略在引导消费者购买绿色产品方面起着关键作用。商家对绿色产品的线上宣传是消费者对绿色产品的绿色功能价值、绿色服务价值、绿色社会价值等的重要信息来源。可见，消费者对碳中和消费的认知在很大程度上受到企业商家的影响，当双方绿色属性价值观趋同时，影响更为明显。

第四，消费者更注重绿色产品的性价比。消费者在购买产品或服务时会综合考量多种因素，绿色属性并不一定是促使消费者碳中和消费的首要考量因素，但却是重要的加分项。而不同类型的绿色产品，其价格与销量之间的关系也有所差别。对家电类绿色产品而言，能效等级最高的绿色产品未必销量最高，中间能效等级的绿色产品销量更高。以在售冰箱为例，三级能效等级的冰箱销量达到一级能效等级冰箱的 2.5 倍。而能效等级最低的绿色产品，销量也相对较低；绿色属性越高，产品价格也一般较高。但对服装类绿色产品，绿色服装（如 T 恤和针织衫）不一定比一般服装价格更高。除了关注产品的绿色环保属性外，消费者消费时往往还会考虑绿色产品的价格、功能、质量、个性化需求等因素。也就是说，多数消费者在选购时会兼顾产品的绿色属性。

第五，消费者对绿色产品的关注仍然集中在产品基本功能属性。从电商平台上绿色产品大数据词云统计分析和结果来看，即使是节能电器、绿色服装、绿色食品、绿色建材、新能源汽车等各类节能产品，消费者对其选购和评价的关注点仍然集中在产品的最直接功能上面，而提及的与绿色属性相关的词语非常少。例如，绿色建材关注点集中在效果、味道、好用和舒服等。这反映了普遍情况下，绿色属性尚不足以构成吸引消费者购买绿色产品的诉求点，尤其是绿色电视这类信息传播等基本功能十分突出的产品。而与之相反的是新能源汽车这类绿色功能体现较为明显的产品，消费者对油耗等的评价体现了对绿色属性的关注，但词语也仅集中在油耗这一方面。又如对绿色服装的关注和评价主要是服装的质量、舒适度、面料和款式等，对该类产品的绿色评价也仅体现在与面料相关的单一词汇上面。

第六，使用消费环节碳中和消费的推广还需进一步加强。在水资源节约利用方面，2023 年全国用水总量为 5906.5 亿立方米，与 2022 年相比用水总量减少 91.7 亿立方米，水资源利用效率提高，为实现碳中和消费模式做出了积极贡献。但在外卖行业，以外卖包装使用情况为例，餐盒的材质仍以透明塑料袋为主，占比达 3/4；一次性餐具的供给量仍然十分庞大，近 90% 的商户默认为用户提供一次性餐具；近八成的商户使用 HDPE 塑料包装袋作为外卖包装袋。外卖包装物仍较多地使用一次性塑料制品，这带来的塑料污染、能源消耗等问题还需要政府、企业和消费者共同努力，通过政策引导、技术创新和公众教育等手段解决。

第七，废弃回收领域的资源回收利用率大幅提高。根据中国物资再生协会发布的数据，2023 年中国的再生资源回收总量达到了约 3.76 亿吨，相较于 2022 年的约 3.71 亿吨略有增加，增长了约 1.5%。随着回收技术的进步和消费者环保意识的提升，碳中和消费模式有了更广阔的发展空间。近年来，十大类回收资源的回收重量和回收额整体呈现上升趋势，其中，2023 年全年废钢铁回收量约为 23800 万吨，同比下降 1.2%，但废钢铁经历了快速发展的十余年，综合废钢比不断提高。其他诸如废有色金属、废塑料、废纸等废弃物的回收量和回收额也在波动变化。尽管如此，再生资源回收行业的发展对于促进绿色低碳循环发展、助力实现碳达峰碳中和目标仍具有重要意义，这也反映了政府在推动资源高效利用、循环经济和碳中和消费方面的努力，体现了市场对可持续发展解决方案的积极响应。

第八，绿色共享消费成为碳中和消费的重要领域。消费者对绿色共享消费生活服务领域的绿色共享消费占比最高，生产能力领域次之，这两大领域的绿色共享消费占据80%左右的市场份额。以共享单车为例，2022 年中国共享单车的用户规模较 2015 年增长了 160 倍。这在一定程度上反映了消费者对绿色共享服务存在较大需求，绿色共享消费市场潜力巨大。究其原因，一方面，在共享经济蓬勃发展的背景下，绿色共享消费发展具备良好的外部环境因素。另一方面，绿色共享产品或服务最大的特点是降低成本、减少碳排放和节约资源。绿色共享产品的消费能够同时满足消费者对产品或服务价格与环境保护的双重要求。

第六章　碳中和消费的政策体系构建

在前文碳中和消费的定性和定量分析基础上，本章对碳中和消费的政策体系构建进行论述。碳中和消费的政策体系包括约束类政策体系、激励类政策体系和引导类政策体系。约束类政策主要通过法规、规章和制度等手段规范和约束消费者行为，推进碳中和消费。激励类政策主要通过正向经济奖励或负向的经济惩罚，促进消费者参与碳中和消费。引导类政策主要通过潜移默化的信息传播和观念引导，推动消费者积极参与碳中和消费。在数字时代，利用数智技术赋能政策创新，如碳账户的建立和管理、碳普惠机制的推广、组合型嵌入式工具的探索等，能够更加科学和精准地设计和完善碳中和消费政策工具，提高政策体系的针对性和有效性。本章详细介绍三类政策体系存在的主要问题、基本思路和实施对策，为推进碳中和消费提供政策参考。

第一节　碳中和消费的约束类政策体系构建

一、碳中和消费的约束类政策体系主要问题

约束类政策工具实施较为普遍，但针对碳中和消费这一新型消费来说，约束类政策工具不成熟。并且数智时代对碳中和消费的约束类政策提出了更高的要求，部分传统的约束类政策工具在碳中和消费市场的细分使用方面仍存在滞后性问题。为了有效分析约束类政策的完善程度和存在问题，本书依据碳中和消费政策指标体系，设置约束类政策问卷（见附录）。约束类政策调查内容主要包括绿色产品标准政策、绿色产品准入政策、限制商品过度包装政策、塑料制品限制使用政策、一次性产品限制使用政策和低效高耗电产品报废政策的完善度。题项选择设置采用 Likert 五级量表（其中，5 非常完善、4 比较完善、3 一般、2 不太完善、1 很不完善），并在见数（Credamo）平台随机发放

问卷进行调查[①]。在线问卷的发放时间为 2022 年 1—2 月（问卷调查范围包含碳中和消费的约束类政策、激励类政策和引导类政策，后文不再一一赘述）。本次调查共回收 1350 份问卷，有效问卷 1000 份。

对约束类政策的大样本调查分析显示（见表 6－1），约束类政策中绿色产品标准政策和绿色产品准入政策完善程度相对最高，其完善程度均值分别为 4.01 和 3.99。其中受调查者认为绿色产品标准政策和绿色产品准入政策比较完善或非常完善分别占 80.2% 和 76.9%。可以发现，绿色产品相关的标准和准入政策在一定程度上得到了消费者的认可。另外，约束类政策中完善程度较好的是塑料制品限制使用政策、低效高耗电产品报废政策和一次性产品限制使用政策，其完善程度均值分别为 3.74、3.74 和 3.67，认为这些政策比较完善或非常完善的分别为 65.8%、64.4% 和 63.8%。虽然以上政策的完善程度相对较高，但依然有相当一部分消费者认为这些约束类政策存在完善空间。根据调查结果，限制商品过度包装政策的完善程度相对较低，其完善程度均值仅为 3.48，17.3% 的受调查者认为限制商品过度包装政策不太完善或很不完善。可见，限制商品过度包装政策在实施过程中还有较大的改进空间。

表 6－1　　碳中和消费的约束类政策调查分析

约束类政策	平均值	标准差	非常完善（%）	比较完善（%）	一般（%）	不太完善（%）	很不完善（%）
绿色产品标准政策	4.01	0.791	24.9	55.3	14.2	3.9	0.8
绿色产品准入政策	3.99	0.836	27.0	49.9	15.4	5.4	0.5
限制商品过度包装政策	3.48	1.046	16.2	37.1	28.8	13.1	4.2
塑料制品限制使用政策	3.74	1.038	24.2	41.6	21.7	8.8	3.7
一次性产品限制使用政策	3.67	1.054	21.8	42.0	21.6	10.6	4.0
低效高耗电产品报废政策	3.74	1.020	23.7	40.7	20.9	10.7	2.4

资料来源：作者根据大样本问卷调查结果整理。

从整体而言，碳中和消费的约束类政策工具存在的问题主要有以下五个方面。

① 为了确保填写问卷的被调查者符合我们的样本要求，在问卷开头我们设置了两道前测甄选题目：第一道题为“您对绿色消费：A. 了解；B. 不了解（调查结束）”；第二道题为“您对绿色消费的相关政策：A. 了解；B. 不了解（调查结束）”，只有全部选择选项 A 的被调查者才会进一步回答问卷，否则就结束调查。此外，本次调查还采用一些作答质量控制技术：首先，考虑到填写问卷的时间过短或过长均会对问卷质量产生影响，因此我们将问卷作答时间小于 300 秒或大于 1000 秒的样本剔除来保证被调查者问卷作答时间合理；其次，本次调查还将被调查者选择相同题项数量较多的样本予以剔除（例如，同一被调查者多数题项选择“3 一般”），以此来保证样本质量；最后，本次调查在问卷中间还设置了一道甄选题目“本题检测是否认真作答，请选非常完善（非常完善、比较完善、一般、不太完善、很不完善、不了解）”，没有通过甄选的被调查者系统会自动拒绝该样本。

（一）约束类政策工具的整体性、系统性不够

具体来说，一方面，约束类政策工具的分布不均衡问题突出。碳中和消费的约束类政策工具主要集中在日常食品、用品、居住、交通等方面，而在旅游、衣着等领域则显得缺乏或不足。这种现象在政策实施中导致了碳中和消费推进的整体效果不佳，成为实现碳中和目标的一个政策短板。另一方面，约束类政策工具的不协同问题明显。政策制定者在设计约束类政策时，缺乏对各种约束类政策工具之间协同效应的系统考虑。只关注解决碳中和消费当前或局部的特定问题，而忽视了不同约束类政策工具之间的相互关联和配合。这不仅影响了政策的统一性，还使得约束类政策工具在不同地区或领域的执行标准不一致，也削弱了政策的系统性和整体性。

（二）约束类政策工具的部门间协同不够

碳中和消费是一种典型的“跨域治理”，不同部门或行政区域因共同分担碳中和消费管理的职责，导致其业务功能和权责边界存在重叠。在碳中和消费的某些领域，设立国家和地方层级的绿色发展委员会（如中国绿色委员会、陕西省总商会绿色发展工作委员会），成员包括相关部门行政官员、能源及绿色发展领域的行业专家及科研专家等，负责制订促进碳中和消费的基本计划、政策实施目标及路径等，但是在将责任分配给相关机构或部门进行管理时，因缺少及时沟通，导致出现碎片化治理等问题。涉及多个部门的碳中和消费约束类政策工具在实施过程中，如果没有明确界定各自的具体职责范围，容易出现部门协调问题，也容易产生“踢皮球”现象，甚至会导致约束类政策工具在实施过程中出现职责不清、相互推诿的情况，从而导致整体工作效率下降。

（三）约束类政策工具的场景化应用不足

一是传统约束类政策工具场景化应用方面存在局限。如今线上碳中和消费已成为主流，与线下碳中和消费有显著区别，针对越来越多的线上碳中和消费，传统的约束类政策工具难以适用。尤其是电商平台的各种网购节和网购优惠促销活动丰富，但同时也存在碳中和产品“漂绿”等消费骗局，减碳/低碳/零碳产品质量货不对板等问题也并不鲜见。二是针对线上碳中和消费场景的约束类政策工具相对不足，无法满足线上碳中和消费市场的需求。三是在电商平台数据管理方面，由于线上消费场景的约束类政策工具相对缺乏，使约束类政策工具在数据监管方面存在漏洞。这些漏洞导致在数据收集、存储、使用和共享等关键环节，难以形成有效监管，无法对电商平台的数据处理行为进行全面、准确的规范和约束。反之，数据监管漏洞又进一步削弱了约束类政策工具的场景化应用效果。

（四）约束类政策工具的数字化应用水平偏低

一方面，未充分利用数字信息技术建立完善的碳中和消费信息系统。国家层面上已

有中国政府网及各部门的信息服务平台，以供查找碳中和消费相关政策和标准。但是许多地方政府机构并未建立完善的数字化信息系统，以帮助消费者了解最新的碳中和消费地方性政策、查找各类规则标准、提供意见反馈渠道等。另一方面，未充分利用数字信息技术建立完善的约束类政策工具管理系统。由于政策工具管理系统的不完善，导致难以高效精准地掌握和监管消费者碳中和消费具体情况。如运用大数据收集和分析数据，公布消费领域中碳中和消费方面存在的误导、篡改及谣传等信息。但现实中，并没有充分地利用这些技术参与管理，导致管理效率相对不高，无法及时、准确了解碳中和消费的实际情况等问题。

（五）约束类政策工具的实施效果评估不够

我国已制定了大量推进碳中和消费的约束类政策工具，但这些政策工具的使用效果评估却相对缺乏，导致政府相关部门无法及时跟踪约束类政策工具的实施效果，进而影响约束类政策工具的实际效果。缺乏效果评估的原因主要有：从评估能力的角度来说，缺乏完善的评估机制，包括碳中和消费约束类政策工具的评估指标、范围、方法和流程，这影响了政策工具评估工作的客观性、有效性。同时缺乏应对变化和适应数智时代所需的动态评估与调整能力。从评估行为的角度来看，由于缺乏对使用效果评估的重视，往往很少有部门或地区对政策工具使用效果进行评估。从评估数据收集和分析方面来看，缺少有效的数据收集渠道和方法，相关政府部门难以获取全面、准确的政策实施数据，从而无法对约束类政策工具的使用效果进行准确评估。

二、碳中和消费的约束类政策体系基本思路

（一）完善约束类政策体系的顶层设计

约束类政策体系的顶层设计包括以下三个方面。首先，结合我国碳中和消费发展的实际需求，加强我国“双碳”目标规划与约束类政策的统筹协调。以“双碳”目标为引领，将碳中和消费纳入我国中央和地方各级政府的国民经济和社会发展规划纲要，明确碳中和消费发展的指导思想、基本原则、目标指标等，加强碳中和消费约束类政策与“双碳”目标的协调配合，确保各级、各项碳中和消费发展政策规划与国家“双碳”目标规划的有机衔接。其次，细化落实碳中和消费的约束类政策体系。进一步修订和完善碳中和消费领域的法规制度和标准，尤其是完善有关碳中和消费大数据应用中涉及的各方利益主体的权利义务等相关法律法规。比如，健全碳账户、碳普惠、碳平台和线上消费等方面的政策法规，切实保障消费者权益。最后，增强碳中和消费各项约束类宏观政

策取向的一致性，加强顶层设计与配套性改革的匹配。统筹把握碳中和消费约束类政策出台的时机、力度等，推进碳中和产业、财政、价格、投资和消费等各项有关政策协同发力。同时关注配套性政策的匹配度，避免政策配套不完善影响约束效果。

（二）加强约束类政策工具的组合使用

不同约束类政策工具有效配合能对碳中和消费行为起到更好的规制作用，从而有效实现政策目标。一方面，加强约束类政策工具的组合使用。如在线下回收处置阶段，需要国家垃圾分类标准来指导垃圾分类，也需要垃圾分类管理条例对整个垃圾分类过程进行管控，以保证政策实施的有效性。再如，标准认证类政策工具可以组合使用，发挥协同效应。两种以上的标准认证类工具组合使用可以使产品或服务变得更加完善。比如在线上购买购置阶段，同时应用减碳/低碳/零碳产品标准和包装标准，使得产品本身碳中和属性更强，对环境造成的危害更小。又如，在使用环节同时应用一次性产品限制（塑料类制品）、强制性报废、汽车限行、节约用水条例、反食品浪费机制等政策工具，可以确保消费者在日常生活中的各方面行为都有益于环境保护。另一方面，加强约束类政策工具与其他政策工具的组合使用。推进碳中和消费不仅需要约束类政策工具的有效规制，还需要引导类政策工具和激励类政策工具的协同配合。也就是在观念意识层面对碳中和消费行为进行有效的引导，在经济上给予适当的补贴激励，在产品供给上进行合理的约束。

（三）构建约束类政策工具实施机构的协调机制

首先，在进一步明确我国“双碳”目标规划和碳中和消费约束类政策目标的基础上，推动政策实施机构在其职能范围内围绕这些目标和规划开展工作。例如，由国家发展改革委制定碳中和消费的约束类宏观政策和规划，环保部门负责碳中和消费市场的监管和评估。涉及多个部门管理时，应当明确牵头部门，分清主次责任。其次，中央部门与地方部门之间以及同级不同部门之间加强约束类政策实施协同。尤其是地方部门应当根据本地碳中和消费发展的实际情况，创造性地转化和落实碳中和消费的有关约束类政策。同时，各级、各部门之间应当加强沟通，借助数字化信息平台加强监管信息的共享。最后，根据地区间经济社会发展的差异状况，调整和完善中央对地方碳中和消费发展重点任务落实等情况的考核机制，将不同地区的发展差异控制在合理区间，以有效协调碳中和消费约束类政策工具的实施。

（四）构建全领域的绿色低碳标准认证体系

构建全领域的绿色低碳标准认证体系是推动碳中和消费、促进可持续发展的重要举措。这一过程不仅需要借鉴国际上特别是发达国家在绿色低碳产品认证管理方面的成功经验，还需要结合中国实际情况稳步拓宽低碳产品覆盖范围。积极借鉴发达国家绿色低碳产品认证管理方面的经验，遵循“全生命周期”原则，完善并更新绿色低碳产品认证清单。从碳中和消费领域的角度，将食品、衣着、居住、用品、出行、旅游、服务等重点领域产品优先纳入绿色低碳产品认证目录，逐步拓展至全领域产品类别，实现全面覆盖，形成完整的绿色低碳消费生态。从碳中和消费产品类别的角度，根据行业发展需求和技术创新趋势，稳步拓宽具有标准认证体系的绿色低碳产品覆盖范围，逐步拓展到覆盖生态环境影响大、消费需求大、社会关注度高、产业关联强的产品类别，如互联网产品、服务产品、电子产品、家居产品等。

（五）强化高碳产品或服务的约束性限制和准入监管

强化高碳产品或服务的约束性限制和准入监管是构建绿色低碳市场体系的重要一环。加强绿色低碳市场的监督检查和监管执法力度，明确平台、商家主体责任，规范线上线下平台和商家营销行为。坚决打击“漂绿”“伪低碳”等虚假宣传、假冒伪劣行为，对高碳的产品/销售者加强约束或惩处，形成有力的威慑。进一步细化政府绿色采购标准和要求，对不符合“碳足迹”标准的高碳产品或服务实施市场准入限制措施或逐步淘汰高碳产品或服务，为绿色低碳产品或服务腾出市场空间。针对电商、直播等线上平台以及超市、购物中心等线下平台，加强对绿色低碳产品或服务销售商家的资格认证管理。强化对绿色认证信息呈现审查、推荐规范的监督和惩罚力度，重点审查和监督高碳产品或服务。通过严格把控商家资质和产品或服务认证，保障消费者能够购买到真正的碳中和产品或服务。推动建立统一的产品或服务碳足迹标识认证制度，明确认证标准和流程，加强对认证机构的监管，确保产品或服务碳足迹标识认证的有效实施。

三、碳中和消费的约束类政策体系实施对策

（一）积极拓展约束类政策的适用环节

约束类政策工具需要适用于不同的消费环节。如政府绿色采购制度中，不应仅对采购何种产品提出要求，还应对产品使用和回收加以规范、限制，使该制度贯穿碳中和消费的全链条。无论是线上还是线下消费，约束类政策工具都能在碳中和产品购买购置、使用消费、回收处置、分享互动四个环节发挥约束力，确保其有效性。在购买购置阶段，利用汽车排放标准对新车废气排放进行限制，保护消费者健康，并减少环境污染。在使用消费阶段，运用大数据、人工智能等技术监测汽车尾号单双号限行，利用“数据大脑”等描绘交通出行碳足迹，以减少汽车尾气排放和城市空气污染。在回收处置阶

段，通过设定明确报废机动车回收管理标准，提高废旧机动车的回收效率和资源利用率。在分享互动阶段，建立碳积分系统，鼓励用户记录、分享绿色出行经历，并将低碳行为兑换成碳积分。拓展约束类政策的适用环节需注意以下两点：一是侧重消费全环节系统安排。注重约束类政策工具在不同消费环节的全过程、全周期的系统安排，避免出现某环节政策工具应用力度不足的现象，导致总体约束效果不佳的问题。二是约束类政策可以进一步涵盖更多的绿色产品或服务。包括但不限于节能家电、环保包装材料、绿色建筑材料、有机食品等，积极向服装等领域进行拓展，以满足消费者多样化的需求。

（二）广泛延伸约束类政策的消费场景

约束类政策工具可应用于线上和线下两种消费场景，以满足数智时代消费者的个性化碳中和消费的需求。如减碳/低碳/零碳产品标准在全生命周期理念的基础上，要求线上和线下产品均需达到资源和能源消耗少、污染物排放量少、低毒少害、便于回收与再利用等标准，统筹考虑产品的资源、能源、环境等绿色属性，实施统一的减碳/低碳/零碳产品评价标准。当然，即使是同一政策工具的应用，也会依据实际消费情境有所侧重。

数智时代的碳中和消费需要考虑到线上与线下两种消费场景各自具有的特点和共性来应用约束类政策工具加以推进，不仅提升施策的精准性和有效性，还能激发约束类政策工具在不同碳中和消费场景中的政策效果。根据线上与线下两种消费场景与四个消费环节，可将碳中和消费划分为 8 种不同的情境。线上、线下不同消费情境和约束类政策工具如表 6－2 所示。

表 6－2　　碳中和消费的线上线下不同情境和约束类政策工具

类型	情境	购买阶段	使用阶段	处置阶段	分享阶段
线上消费情境	消费情境	购买减碳/低碳/零碳产品 购买节能产品	文化类产品使用（电子书）	线上回收	消费者与消费者、消费者与平台的减碳/低碳/零碳产品信息在线分享
	政策工具	减碳/低碳/零碳绿色产品标准认证 节能节水产品标准认证 平台准入机制 平台推荐信息规范 平台价格算法规范 减碳/低碳/零碳包装评价方法准则（产品包装、物流包装）	版权保护相关法律法规	平台建立规范 平台管理办法 平台服务规范	信用评价体系建设 消费者个人碳账户隐私保护政策 个人绿色低碳消费信息采集规范 平台价格算法规范

续表

类型	情境	购买阶段	使用阶段	处置阶段	分享阶段
线下消费情境	消费情境	购买减碳/低碳/零碳产品 购买节能产品 购买新能源汽车 政府绿色采购	出行（私家车、公交、共享单车） 用水用电 使用低碳/零碳产品	垃圾分类 旧物回收（老旧电器、废纸、衣物）	社区、家庭、朋友圈等信息分享交流
	政策工具	减碳/低碳/零碳绿色产品认证 减碳/低碳/零碳产品标准 节能节水产品认证 减碳/低碳/零碳包装评价方法准则 汽车排放标准 政府绿色采购标准规范 市场准入制度	汽车尾号单双号限行 限塑令 汽车排放标准 用水用电标准 定额管理制度（政府用纸、用电、用水等）	强制性垃圾分类 生活垃圾分类标准 强制性垃圾处理收费 机动车强制性报废制度	消费者分享互动计划

资料来源：作者根据相关资料自行整理。

（三）持续加强约束类政策的传播推广

加强约束类政策的传播推广需要加大多渠道宣传，利用传统媒体和数字技术提升传播效果。一方面建立面向消费端的政策信息系统，应包含以下主要功能：一是政策工具信息发布功能。及时准确地发布政策工具信息及变更情况，以便消费者随时获取最新的各类碳中和消费相关标准，及时掌握碳中和消费相关政策信息。二是加强政策解读与咨询。通过多媒体手段向广大民众提供详细的政策解读和咨询服务，帮助消费者理解约束类政策内容。设立在线客服和热线电话，解答消费者的疑问，增强政策的透明度和可操作性。另一方面，通过多渠道、多形式的政策宣传提升约束类政策的传播效果。一是通过电视、广播、报纸等传统媒体，广泛宣传碳中和消费约束类政策，覆盖不同年龄和背景的消费者。二是依托 AI、大数据、5G 等数字技术，在社交平台发布约束类政策的解读视频、图文信息，并进行问答互动，吸引年轻消费者的关注。

（四）构建约束类政策的反馈参与机制

为提升约束类政策的实施效果，大力推进其反馈参与机制建设意义重大。一方面，完善数字化反馈流程，提高消费者反馈的积极性。优化反馈渠道，去除烦琐环节，简化反馈流程，让消费者能够便捷操作。同时，完善反馈回应机制，使消费者能直接高效地向政府反馈在减碳/低碳/零碳产品购买、使用、回收等方面遇到的问题与困难，提出合理消费诉求与建议，从而增强消费者参与反馈的意愿。另一方面，优化数字化反馈方式。开发专门的移动应用程序（APP）或在政府官方网站、主流社交媒体平台上设置便捷的反馈入口，方便消费者随时随地进行反馈。通过完善数字化反馈流程和优化数字化反馈方式，消费者可以直接或间接参与到对约束类政策工具的评价和反馈中。利用数字化反馈数据进行深入分析，挖掘消费者在减碳/低碳/零碳产品消费方面的问题和潜在需求，为碳中和消费政策优化提供导向，使约束类政策更贴合实际情况，更有效地推动碳中和目标的实现。

（五）实时评估约束类政策的动态效果

为确保约束类政策在推动碳中和消费方面发挥最大效能，实时评估其动态效果不可或缺。一方面，运用智能设备实时收集、记录、上传约束类政策实施过程中的关键数据。通过在相关场景中部署智能传感器、监测设备等，实现对碳中和消费的数字化、智能化监管。无论是能源消耗数据、碳排放数据，还是资源回收利用数据等，都能被准确获取，为后续的评估分析提供坚实的数据基础。另一方面，使用数字化分析技术对数据进行实时分析评估，提升政策工具使用效果评估的准确性、客观性、动态性和即时性。例如，在垃圾分类领域，利用智能设备记录居民分类数据，包括投放时间、人次、频率、合格率等，从而更加精准及时地掌握社区居民垃圾分类动态。从宏观上了解总体成效、分析小区差异以优化政策。微观上精细了解每户情况，对效果不佳住户精准施策。通过实时评估约束类政策的动态效果，及时发现问题并调整政策，确保约束类政策始终朝着实现碳中和目标的方向有效推进。

第二节　碳中和消费的激励类政策体系构建

一、碳中和消费的激励类政策体系主要问题

激励类政策主要通过经济奖励或经济惩罚，促进消费者参与碳中和消费。推进碳中和消费的激励类政策主要有环保税、排污交易权、生态保护补偿、绿色信贷、价格补贴、政府采购等。我国碳中和消费不同领域实施了不同的激励类政策，也取得了一定的成效。从激励类政策的完善程度调查看（见表 6－3），激励类政策中完善程度相对最高的是阶梯水价（电价）政策，其完善程度均值达到 4.29，且 87.4% 的受调查者认为阶梯水价（电价）政策比较完善或非常完善，这可能是由于阶梯水价（电价）政策跟个体的日常生活消费支出息息相关且施行时间比较长。高效节能产品购买补贴政策和绿色

出行补贴支持政策的完善程度均值分别为 3.88 和 3.82，分别有 71.8% 和 69.9% 的受调查者认为这两种政策比较完善或非常完善，这说明依然有相当一部分消费者认为这些激励类政策存在不足。废旧物品回收补贴政策、绿色消费信贷支持政策、垃圾分类积分奖励政策和绿色消费积分政策的完善程度相对较低，其完善程度均值分别为 3.61、3.52、3.31 和 3.26，尤其是垃圾分类积分奖励政策和绿色消费积分政策的完善程度相对较低，超过一半的消费者认为这两类政策是不够完善的。可见，碳中和消费的激励类政策仍有一定的完善空间。

表 6-3　　碳中和消费的激励类政策调查分析

激励类政策	平均值	标准差	非常完善（%）	比较完善（%）	一般（%）	不太完善（%）	很不完善（%）
绿色消费积分政策	3.26	1.136	12.1	35.0	26.5	16.4	8.5
高效节能产品购买补贴政策	3.88	0.952	26.7	45.1	17.5	8.7	1.4
绿色消费信贷支持政策	3.52	1.033	16.0	37.8	24.8	14.4	2.9
绿色出行补贴支持政策	3.82	0.981	25.2	44.7	18.9	8.8	2.2
阶梯水价（电价）政策	4.29	0.802	45.7	41.7	8.3	3.5	0.5
废旧物品回收补贴政策	3.61	0.959	16.1	44.1	24.2	12.4	1.7
垃圾分类积分奖励政策	3.31	1.140	13.6	35.5	25.1	17.1	7.7

资料来源：作者根据大样本问卷调查结果整理。

概括来说，碳中和消费的激励类政策主要问题包括如下五个方面。

（一）激励类政策的顶层设计尚待完善

在推动碳中和消费方面，虽然我国已经实施了一系列激励类政策，但这些政策在顶层设计上尚待完善。推进碳中和消费需要中长期规划和持续的激励类政策支持，但在该领域，目前缺乏长期规划，缺乏对碳中和消费激励长期趋势的研究与预测，导致激励政策往往只关注短期效果，政策的连续性和稳定性不足，影响了碳中和消费的持续发展，导致整体推进效果欠佳。碳中和消费涉及面广，其推广需要全方位的政策支持，比如税收优惠、财政补贴、以旧换新、定向扶持、绿色信贷等，但从现实来看，这些政策对碳中和消费产品购买、使用、回收等各环节消费的支持力度和覆盖范围还有待加强。碳中和消费涉及跨地区资源调配，而目前国家层面的激励统筹规划较为欠缺，致使不同地区的碳中和消费政策会出现冲突，难以形成合力。另外，除了以上激励政策的整体设计和实施，还缺乏对激励效果的有效评估，影响了碳中和消费激励政策的完善。

（二）激励类政策的组合应用有待加强

第一，激励类政策工具应用较为单一。在碳中和消费的不同环节中，尽管每一环节存在相应的激励类政策，但由于缺乏多样化的灵活组合应用，无法最大限度地发挥激励类政策组合应用的效果。比如，新能源汽车购车补贴政策和城市公共交通优惠政策（地铁、公交车等乘车优惠）在一些地区缺乏组合应用或政策联动效果不佳，绿色低碳出行消费推进效果有限。第二，不同部门的激励政策间缺乏有效的沟通和衔接。各类激励类政策工具由不同的部门负责制定和执行，部门间缺乏有效的沟通和协调，使得政策工具难以灵活组合。同时，由于各部门存在利益冲突或目标不一致的情况，利益冲突导致协同应用相对较难，进一步影响了政策工具的协同效果。第三，当前一些领域的碳中和消费激励类政策多为短期的阶段性政策，缺乏长期持续的政策组合应用，这使得企业和消费者难以形成长期的碳中和领域投资和碳中和消费习惯。

（三）激励类政策的数字化水平有待提升

一是未充分利用数字化技术实现激励类政策工具的快速传递。传统的激励类政策的传递往往依赖上传下达的模式，常常依赖人工操作流程实施。如财政补贴的发放，一些地区依旧使用传统的申报和审批流程，较少利用数字化平台进行整合和优化，导致消费者在享受不同激励政策时面临烦琐的手续，降低了激励类政策工具的效率。二是未充分利用数字信息技术收集和分析激励类政策相关的数据。对于碳中和产品相关数据的采集，传统方式采集数据容易因为人为疏忽或者计算错误而导致数据不准确。同时，数字信息技术利用不充分，导致对减碳/低碳/零碳产品相关数据的分析仅停留在表面。三是未充分基于数字化手段和技术加强对减碳/低碳/零碳产品的追踪管理。数据的采集、分析、整合、重组和共享不充分，影响了激励类政策工具的数字化应用水平，降低了政策工具的实施效果。

（四）激励类政策的实际激励范围有限

激励类政策的实际效果存在实施范围窄、激励力度弱和参与度不高的问题。碳中和消费的激励类政策集中在日常生活用品、服务及交通等方面，虽然逐渐向家装、电动自行车等产品类别扩展，但政策覆盖范围仍然较局限，生态旅游、绿色设计、环境服务等领域的相关激励类政策较为缺乏。在绿色产品方面，激励类政策工具主要用于推动资源和能源节约，但减污降碳相关的政策相对较少且消费者不熟悉这些政策，导致政策激励效果相对较弱。在节能产品的购买环节，对于高效节能产品（如冰箱、空调、洗衣机、平板电视和电机等）购买补贴的激励效果较明显，但是对减少环境污染的补贴相对不足，其激励效果并不显著。[①] 除此之外，一些激励类政策工具的推广应用范围也比较有限。例如，广东、浙江、上海、四川等都探索性地推出了包括个人碳账户的碳普惠政策，但这些政策的应用目前主要集中在我国经济较发达的省份或城市，覆盖面仍然较窄，且消费者个人层面的参与度相对不高，尚未达到理想的激励效果。

（五）激励类政策的效果缺乏可持续性

消费端对减碳/低碳/零碳产品消费存在一定的激励政策依赖，当实施价格优惠、补贴等激励政策时，消费者会更倾向于选择碳中和产品或服务。例如，在购买节能家电时，若有政府补贴或商家推出的优惠活动，消费者会积极选择这些低碳产品。然而，一旦这些激励政策取消或激励力度下降，消费者的购买热情往往会大幅度下降。其原因为：首先，消费者对低碳产品的认知往往局限于其价格优势，而对产品本身的价值与功能缺乏深入了解。绿色低碳产品通常具有节能环保、可持续发展等重要价值，但这些价值在消费者的日常决策中往往没有得到充分体现。其次，激励力度相对不足，难以持续吸引消费者购买减碳/低碳/零碳产品或服务，不足以改变消费者的消费和生活习惯。最后，激励方式较为单一，目前多采用价格优惠、资金补贴等方式，持续满足不同消费者的多样化需求的效果相对有限。

代表性的激励类政策工具实施状况及其潜在问题如表 6－4 所示。

表 6－4　碳中和消费的激励类政策工具实施状况

政策工具	实施现状	实施效果	潜在问题
碳账户积分兑换	2023 年 7 月，我国多地推广“个人碳账户”，积分可以兑换电影票、优惠券等	消费者的参与度和积极性得到了提高，进一步推动了碳中和消费的普及	缺乏具体统一的标准，不同平台的减排场景范围又相互区隔，需要统一个人碳排放统计核算标准
财政补贴	覆盖领域广泛、补贴形式多样。如 2024 年 9 月 7 日上海市实施《上海市加力支持绿色智能家电消费补贴政策实施细则》	对促进绿色智能家电及相关产品的消费、推动家电家居行业的绿色发展起到了积极的作用，受到了消费者的广泛关注和认可	政府财政压力增大。部分消费者对该补贴政策了解不够充分，补贴额度感知不明显
绿色信贷	绿色信贷产品种类逐渐丰富，政策支持力度加大。如《绿色债券支持项目目录（2021 年版）》	2024 年 1—7 月，国开行发放绿色贷款超过 2900 亿元，贷款增速高于全行各项贷款增速	消费者认知和接受度有限，相关标准和认证体系不完善且风险评估和管理难度较大

① 崔晓冬，刘清芝，周才华，等．中国绿色消费的政策和实践研究［J］．中国环境管理，2020，12（1）：58－65．

续表

政策工具	实施现状	实施效果	潜在问题
消费税减免	部分产品有针对性减免，如对符合条件的电池和涂料免征消费税	刺激相关产品消费，引导绿色消费方向，减轻消费者负担	消费税减免政策难以精准地定位到真正需要扶持或鼓励消费的目标群体

资料来源：作者根据相关资料整理。

二、碳中和消费的激励类政策体系基本思路

（一）完善激励类政策的顶层设计

完善激励类政策工具的系统谋划和顶层设计，从战略层面制订专项行动计划，对碳中和消费的重点行业、重点领域推进的目标任务、体制机制、评估方法与评价指标等进行系统规划部署，构建碳中和消费的激励类政策工具体系。一是从战略层面制订专项行动计划，明确碳中和消费的长期目标和阶段性任务。如通过激励类政策在购买、回收等特定领域实现一定程度的碳减排目标。二是在部门协调方面，建立健全跨部门协调领导小组，整合环保、财政、税务、金融等多个部门的资源和力量，形成碳中和消费推进的激励类政策合力。三是从整体层面设计科学合理的评估方法与评价指标。一方面，评估方法包括定量分析和定性分析相结合，既要考虑可量化的激励指标（碳减排量、绿色产品销售额增长等），也要关注难以量化但同样重要的激励指标（消费者绿色消费意识的提升、企业绿色转型的积极性等）；另一方面，激励效果评价指标涵盖环境、经济、社会维度，如环境维度的资源节约与减排；经济维度的产业发展与盈利等。

（二）扩展激励类政策的应用范围

应进一步扩大激励类政策工具在碳中和消费领域的应用范围，加大使用消费、回收处置等环节政策安排，使其贯穿碳中和消费全过程。在购买购置领域，不仅要对绿色产品的购买实行经济激励，以促进碳中和消费的增长，还要对高碳产品的购买实施一定的经济惩罚，减少高碳消费对环境造成的污染。在使用消费领域，加大对绿色出行消费（公共交通、新能源汽车出行等消费）的激励。在回收处置领域，进一步扩大对以旧换新、二手交易的激励。同时，还应优化激励类政策工具的种类设计，根据数智时代碳中和消费行为变化发展规律，制定新的激励政策工具形式，提高工具种类的开放性和普适性。例如，通过数智化技术建立碳账户、碳普惠和碳平台等机制，能够更有效地管理消费者的碳排放行为。

（三）加强激励类政策的灵活组合应用

首先，整合碳中和消费激励政策，打造有机政策体系。对已有的碳中和消费激励类政策进行全面梳理和整合，找出不同激励类政策工具之间的关联点和互补性，将分散的激励类政策资源整合成一个有机的政策体系。其次，从产业链出发，构建全面激励政策体系。注重激励类政策工具的整体性和系统性，从产业链角度出发，构建上、中、下游相互衔接、相互促进的激励类政策体系，充分发挥碳中和消费连接的功能。如以居民的衣食住行用为切入点，制定涵盖各方面的激励类政策及其组合体系。在相对薄弱的衣、食、住领域，加大激励类政策研究和制定力度，丰富激励类政策的内容和形式。最后，结合多种政策工具，发挥互补优势。加强经济激励类政策工具与约束类、引导类政策工具的结合，发挥三者的互补优势。在制定激励类政策时，充分考虑不同类型政策工具的特点和适用范围，进行灵活组合应用。

（四）提升激励类政策的数字化水平

首先，需要改变激励类政策工具逐级上传下达的传统模式，借助数字化手段实现激励政策的高效快速传达。例如，借助数字化信息共享与服务平台等数字化方式，确保政府出台的各种激励类碳中和消费政策直达每一家企业、每一位消费者；政府推出的碳中和消费减免券也可以通过人工智能和云计算等数字化手段精准发放至每一位消费者。其次，通过数字化手段应用提高激励类政策工具对碳中和消费市场的洞察能力。针对激励类政策工具运行过程中缺少相应的信息收集与分析问题，采用人工智能、大数据、云计算等数字化技术，动态即时地收集和分析绿色市场供给和消费需求的相关数据，帮助政府精准把握碳中和消费的特征和趋势，以便制定更具针对性的激励政策，健全激励工具选择与运用的市场机制设置。最后，借助于数字化加强绿色产品追踪与政策优化。基于数字化手段和技术加强对绿色产品的追踪管理，通过对数据进行充分地分析、重组和共享，整合分析激励类政策工具的组合效果，并根据实际情况不断优化推进碳中和消费的激励类政策工具的组合方式，提高政策实施效果。

（五）构建激励类政策的绩效评估体系

为了确保激励类政策能够切实有效地推动碳中和消费，完善其效果评估机制不可或缺。首先，制定一套科学的评估标准和方法，及时有效地评估激励类政策对消费碳减排的促进效果。这包括对激励类政策实施前后碳排放变化的量化分析，以及对市场和消费者行为变化的评估。其次，建立一个动态的评估机制，定期对激励类政策进行效果评估，这涉及对政策目标达成度的量化分析，以及对市场反应和消费者行为的影响评估。

通过缩短评估周期，快速收集反馈信息，及时调整政策以提高其适应性和有效性。最后，利用人工智能和大数据技术，实现对激励类政策实施效果的智能评估。这不仅包括对政策实施过程的实时监控，还包括对未达到预期目标的政策工具进行深入分析，以便加强执行监管或进行必要的优化调整。通过这些措施，可以确保激励类政策更好地服务于碳中和消费的推广。

三、碳中和消费的激励类政策体系实施对策

（一）聚焦新型“绿色＋智能”产品，完善补贴机制

对“以旧换新”政策进行升级，拓宽补贴范围，支持家电、家装、厨卫、汽车等重点领域产品“绿色化”“智能化”“高端化”更新换代。补贴范围可以聚焦于采用高效节能技术、环保材料、智能化控制等多种先进技术的绿色低碳产品。尤其需要关注那些消费拓展潜能大、节能减碳潜力大的新型“绿色＋智能”产品，如新能源智能汽车、智能扫地机器人、智能洗衣机、智能烤箱、智能集成灶、智能照明系统、智能门锁、智能沙发、智能办公、智慧康养产品等。政府补贴的标准依据可以根据相应绿色低碳产品（高效节能产品）与普通产品价差的一定比例确定。绿色低碳产品（或绿色低碳技术）补贴政策领域及其重要性、紧迫性总结如表6－5所示。

表6－5　绿色低碳产品或绿色低碳技术的补贴政策领域及其重要性、紧迫性

产品类别	具体产品	重要性	紧迫性
家用电器类	高效节能的空调、冰箱、洗衣机、热水器、平板电视、电磁炉、电饭煲、电风扇、微波炉、数字电视接收器、空气调节器、太阳能热水器等（含二手家电等绿色共享产品）	★★★	★★★
照明器具类	高效节能的照明产品（单端荧光灯、自镇流荧光灯、高压钠灯、金属氯化物灯等）（含二手照明灯绿色共享产品）	★★	★★★
办公设备类	高效节能的计算机显示器、复印机、打印机、传真机、微型计算机等（含二手办公类绿色共享产品）	★★	★★
出行交通类	节能与新能源汽车（太阳能汽车、甲醇汽车、电动汽车、混合动力汽车、小排量汽车等）（含二手汽车等绿色共享产品）	★★★★	★★★★
住宅居住类	节能住宅、建筑屋面隔热与防水技术、中央空调节能技术、太阳能双电互补高效蓄能电采暖系统、能源管理控制系统、中央空调智能管控系统	★★	★
生活消费类	节能鼓风燃气灶、高效节水型坐便器、高效节水食品清洗机、农村消费者应用太阳能与水源地源热泵系统、强热地暖中央空调系统	★	★

资料来源：作者根据相关资料整理。

注：★数量越多表示越重要或越紧迫，★数量越少表示越不重要或越不紧迫，下同。

（二）建立统一的“碳普惠”和“碳账户”激励机制

为了更有效地推动碳中和消费，将购买购置、使用消费、回收处置和互动分享等消费场景都纳入“碳账户”，对减碳消费行为进行精细化提示和实时化反馈，使消费者在每一个消费环节都能及时了解其行为对碳排放的影响。同时不断优化“碳普惠”激励机制，丰富“碳账户”消费场景，并基于数智化手段给予消费者多样化激励，如“绿色积分”“消费券”“绿色能量兑换”等，拓宽碳中和消费阵地，激发消费者的参与热情。鼓励绿色低碳产品的专项消费（绿色专场、专区消费），推出大规模、长周期的高效节能家电专项消费活动，既能促进家电行业的绿色升级，又能满足消费者对节能环保产品的需求。通过鼓励高品质绿色低碳产品的供给和消费，进一步刺激碳中和消费需求，形成良好的碳市场循环。

（三）优化对高污染、高碳排放产品的征税机制

对高污染、高碳排放和高耗能的非绿色低碳产品征税是购买购置环节节能减排的一条有效路径，也是理论界和实践部门经常提及的一项政策。一种较具现实性的做法是，对特定的非绿色低碳产品（特定高耗能产品、高污染产品、资源性产品和部分高档奢侈品等）实施差别化环境税收政策，借助云算法、人工智能等数字化技术，收集与分析特定绿色产品的数据，并将是否达到特定环保标准作为判别依据，对未达标的特定非绿色低碳产品征收较高的环境税，对于达标特定非绿色产品实行税收返还或税收减免等激励措施。这样间接降低碳中和消费的经济成本，可以考虑实行消费税或污染产品税，具体如表6－6所示。

表6－6　产品消费税或污染产品税政策

产品类别	具体产品	重要性	紧迫性
高耗能产品	大排量汽车、游艇、娱乐性帆船、私人飞机、高档豪宅等	★★★	★★★★
资源性产品	木制一次性筷子、实木地板等	★★★	★★★
高污染产品	含磷洗涤剂、汞镉电池、臭氧耗损物质、部分包装材料、涂料、化肥、农药、一次性方便餐具等	★★★★	★★★★
高档奢侈品	贵重首饰、珠宝玉石、高尔夫球及球具、高档手表、高档皮包等	★★	★★

资料来源：本书自行整理。

（四）完善非线性定价机制，抑制能源资源浪费

现阶段，我国在部分能源资源产品，如电力、天然气和水等，采用阶梯收费制度已取得一定的成效和经验，为实现碳中和消费，可将多种非线性定价机制（如阶梯式定价、高峰负荷定价、峰谷定价等），引入更多的消费领域，可以更有效地促进能源节约、

推进碳中和消费。在数智化的支持下，能够更精确地制定和执行这些非线性定价政策。例如，通过智能电表、智能燃气表等数智化设备，实时监测消费者的能源使用情况，并根据实际情况动态调整定价策略。电力、燃气、汽油、水等主要能源产品的非线性定价政策如表6－7所示。至于特定电力、燃气、汽油、水等主要能源产品非线性定价政策的具体形式，需要具体行业具体分析，这里不再一一赘述。

表6－7　　主要能源产品的非线性定价政策

产品类别	非线性定价政策思路	重要性	紧迫性
电力	实行并完善峰谷定价机制	★★★★	★★★
燃气	实行阶梯式定价机制	★★★	★★★
汽油	实行阶梯式定价机制	★★	★★
水	实行并完善阶梯式定价机制	★★★★★	★★★★★

资料来源：作者根据相关资料整理。

总的来说，推进碳中和消费的激励类政策工具的实施形式很多，主要有[①]：（1）对绿色低碳产品的购买和消费实行经济激励（补贴），促进绿色产品消费；（2）对非绿色低碳产品的购买和消费实行经济惩罚（负激励），降低非绿色低碳产品消费；（3）通过高峰负荷型价格工具、阶梯型价格工具、峰谷型价格工具等非线性价格工具，降低水电、燃气、天然气等资源型产品的消费和使用；（4）对废旧产品或可回收垃圾的处理、回收实行经济激励（补贴），促进废旧产品或生活垃圾的分类回收再利用；（5）对生活垃圾、废旧产品或大件垃圾处理实行按抛扔量收费、垃圾按袋收费或按桶收费等（负激励），以削减垃圾产生量；此外，对回收价值大的废旧产品（空饮料瓶、易拉罐等）或可能严重污染环境的产品（如废弃农药瓶等）实施押金返还制度，以有效促进废旧产品或废弃农药瓶的循环回收。这些经济激励政策的制定和实施已经非常紧迫。碳中和消费的激励类政策工具以及不同激励类政策工具的重要性、紧迫性总结如表6－8所示。

表6－8　　碳中和消费的激励类政策工具汇总

所处阶段	激励方向	经济激励政策内容	重要性	紧迫性
购买购置环节	负向激励	对购买特定非绿色产品征收环境税或污染产品税，降低非绿色产品的购买和消费	★★★★	★★★★
	正向激励	绿色产品的购买和消费实行经济激励（补贴），促进绿色产品的购买和消费	★★★	★★★

① 这里的激励类政策工具都是针对消费者（而不是生产者）的政策工具。本书主要讨论针对消费者（公众）的政策，不考虑针对生产者（企业）的政策工具（前文也提到这一点）。

续表

所处阶段	激励方向	经济激励政策内容	重要性	紧迫性
使用消费环节	负向激励	通过高峰负荷型价格工具、阶梯型价格方式、峰谷型价格方式等非线性价格工具，提高高碳消费、不可持续消费或过度消费的经济成本	★★★★★	★★★★★
废弃回收环节	负向激励	对生活垃圾、废旧产品或大件垃圾处理实行按抛扔量收费或垃圾按袋收费	★★	★★★
	正向激励	对回收价值大的废旧产品或可能严重污染环境的产品（如废弃农药瓶等）实施押金返还制度	★★★★	★★★★
	正向激励	对特定废旧产品的回收、处理进行补贴，促进废旧产品或生活垃圾的分类回收再利用	★★	★★★

资料来源：作者根据相关资料整理。

第三节　碳中和消费的引导类政策体系构建

一、碳中和消费的引导类政策体系主要问题

碳中和消费的引导类政策主要有信息型、劝说型和示范型三种类型，这些引导类政策工具主要通过潜移默化的方式引导消费者消费观念发生转变。这类政策是相对比较温和、节约的政策工具，应用范围广，适用性强，实施成本相对较低，在传播绿色生活方式方面发挥着积极作用。从引导类政策的完善程度调查看（见表 6－9），各项引导类政策的完善程度均值比较接近，处于 3.6—4.2，数据表明，整体上这些引导类政策取得了一定成效。其中，绿色出行宣传推广和全民节约行动宣传两种引导类政策的完善程度均值相对较高，但依然有两成受调查者认为绿色出行宣传推广政策不够完善，有三成受调查者认为全民节约行动宣传政策不够完善。可见，这两种政策还有一定的提升空间。绿色消费典型示范、节能减排先进评选和垃圾分类回收宣传这三类引导类政策的完善程度相对较好，但是还存在一定的上升空间。根据调查结果，绿色消费指南/手册和闲置物品回收利用宣传两类政策的完善程度均值相对较低，均为 3.67，分别有 33% 和 36.2% 的受调查者认为不够完善。可以看出，这两类政策还有很大的提升空间。

表 6-9　　碳中和消费的引导类政策调查分析

引导类政策	平均值	标准差	非常完善（%）	比较完善（%）	一般（%）	不太完善（%）	很不完善（%）
绿色消费指南/手册	3.67	0.952	15.6	51.4	19.6	10.1	2.8
绿色消费典型示范	3.68	1.032	22.4	39.6	23.2	11.6	2.7
绿色出行宣传推广	4.13	0.836	36.5	44.4	14.7	3.9	0.5
节能减排先进评选	3.78	0.942	20.7	48.4	18.7	8.9	1.9
全民节约行动宣传	4.03	0.860	30.8	47.8	15.3	5.4	0.7
垃圾分类回收宣传	3.98	0.976	34.5	40.1	16.3	7.5	1.6
闲置物品回收利用宣传	3.67	0.941	16.9	46.9	23.8	10.1	2.0

资料来源：作者根据大样本问卷调查结果整理。

从整体而言，碳中和消费的引导类政策工具存在的问题主要有以下五个方面。

（一）引导类政策工具的覆盖范围不平衡不充分

引导类政策工具的应用存在失衡情况，忽略了对不同消费过程/环节的均衡引导。在碳中和消费的四个阶段/环节（购买购置、使用消费、废弃回收、分享互动），目前的引导类政策工具更多聚焦在购买购置和使用消费环节，如绿色消费积分制度、全民节约行动、能效标识管理、碳账户、碳普惠、碳平台等。虽然在这些消费环节中引导类政策工具也发挥了积极作用，但一旦政策工具应用过溢，就会导致行政资源浪费，其政策效用也会大为降低。与之相对，在分享互动环节的引导类政策工具相对欠缺，导致消费者全消费周期的系统意识淡薄，产生碳中和消费认知偏差，无法有效实现引导类政策工具的效果。因此，需要充分利用数智化技术，加强对消费过程各环节的均衡引导，推动碳中和消费的全面实现。

（二）引导类政策工具与消费场景不完全匹配

数字经济的发展使新兴消费模式不断涌现，如直播购物、社交电商等，但引导类政策工具未能及时跟上这些变化，缺乏对新兴消费场景下的碳中和消费行为引导。另外，消费者需求不断变化，但引导类政策工具的更新速度相对较慢，不能及时适应消费者新的需求。比如，由于在线购物无法看到实物，消费者对低碳产品的筛选和辨别能力有限，目前还缺乏对减碳/低碳/零碳产品标准和标识的大量宣传，帮助和引导消费者识别并选择减碳/低碳/零碳产品。同时没有充分利用大数据、智能技术洞察消费者特征，一些引导类政策没有充分考虑到碳中和市场的多样性和动态性，缺乏对消费者个性化绿色诉求的深度挖掘，政策工具没有针对性，未能以差异化的引导性策略适应消费者多样化需求。如居民垃圾分类单纯依靠倡导绿色公民行动、全民节约行动等传统引导类政策工具，这与数智时代的个性化消费情境不相匹配，也导致精细化和精准化的垃圾减量行为难以普及。

（三）引导类政策工具的数字化应用水平偏低

目前我国基于数智技术的新型引导类政策工具还相对缺乏。在引导公民绿色低碳行动方面，利用数字化工具进行的政策信息传播相对缺乏，这导致引导类政策工具对公民绿色低碳行动推进效果短效甚至无效。对于绿色出行宣传推广来说，由于没有充分利用数字化工具，这意味着无法精准定位目标受众，宣传推广仅停留在传统的大众化传播层面，缺乏基于数字化的精准传播。对闲置物品回收利用的宣传仍停留在口号标语等传统宣传方式和内容层面，闲置物品交易或回收 APP 等数字化宣传和应用平台尚不普及或完善。总的来说，由于我国引导类政策工具的数字化水平相对不足，致使政策制定和选择更倾向于沿袭以往的成功经验或常规做法，致使碳中和消费的引导类政策工具缺乏创新性，难以适应快速发展的数智时代消费需求。

（四）引导类政策工具缺乏实时评价反馈机制

我国引导类政策工具的评估大多为线下“收集式”，通常是自上而下组织实现的，存在周期相对较长、信息滞后、方式较为单一的缺陷。在数智时代背景下，这种传统的评估方式已经无法适应当下新兴消费业态、新兴消费模式的快速迭代，导致引导类政策工具在绩效评估方面只能事后评，难以做到实时回应，这对完善我国碳中和消费的引导类政策体系产生了不同程度的影响。比如全民节约行动政策工具旨在号召全体公民践行节约行动、提升节约意识，但缺少标准统一的数字化反馈平台以方便民众进行评价，而在一定程度上导致自下而上“收集式”评价周期长、反馈滞后，最终导致政府对该类政策工具效果的掌握与民众对该类政策工具的评价之间脱节。

（五）引导类政策工具缺乏动态优化调整机制

引导类政策工具有效实施需要全面考虑各种动态变化的因素，适时加以动态调整。我国推进碳中和消费的引导类政策工具还未建立完善的动态调整机制，导致捕获引导碳中和消费“新机”的灵敏性不够。例如，新能源汽车市场竞争激烈，补贴政策也不断推出。但是，引导类政策并没有及时根据新能源汽车市场的变化进行调整，无法有效发挥其政策工具的作用。由于民众碳中和消费个性化需求的产生，定制化信息推送、互联网 + 社区互动等新兴政策工具亟须实现更广泛的应用，但事实上，该领域的引导类政策工具还未较好地做到与时俱进、适时调整，在对绿色低碳产品的销售与推广上也多采用传统的、大众化的引导政策工具。同时也需要引入新的民众参与度更高的引导类政策工具以丰富政策工具箱。

代表性的引导类政策工具实施状况及其潜在问题如表 6 - 10 所示。

表 6 - 10　　碳中和消费的引导类政策工具实施状况及其潜在问题

政策工具	实施现状	实施效果	潜在问题
智慧化引导信息	智慧化信息平台如手机APP、公众号、小程序等也相继推出，方便消费者随时获取碳中和相关信息	通过精准推送碳中和相关知识、政策和产品信息，有效提高了消费者对碳中和消费的认知度和参与度	数据安全和隐私保护是一个亟须解决的问题
智慧碳中和生活指南	利用智能化技术手段，为消费者提供全面、细致的碳中和生活建议，涵盖饮食、居住、出行、消费等各个方面	提升了消费者对碳中和消费的认知度和关注度。越来越多的人开始关注自己的碳足迹，积极参与碳中和消费实践	普及程度仍然有限，部分地区和人群对碳中和生活的认知度仍然较低，需要加大宣传推广力度
能效标识管理	2020 年《能源效率标识管理办法》,《中华人民共和国实行能源效率标识的产品目录（第十五批）》	有助于消费者对比各种产品的能效，选购更加节能更加优质产品实现节能与环保	电子渠道采购产品能效标识无法迅速辨别；能效标识管理覆盖范围有限
绿色人物评选	2005 年至今每年都举办绿色中国年度人物评选表彰活动，激励为环保作出贡献的人士	鼓励消费者向绿色年度人物学习，做到有榜样可学习	没有充分利用新兴媒体技术和应用广泛传播，传播度有限
绿色消费宣教	广泛开展环保、节能、节水、节材、低碳、减排、减塑等主题的宣传教育，引导人们转变旧的生活习惯	全国各地积极开展绿色消费宣传进学校、进社区、进单位，引起社会的广泛关注	宣传形式单一、宣传效果很难量化评估、尚未形成长效机制
绿色公益计划	以北京、上海、广州等一线城市为引领，举办绿色回收、绿色出行等绿色消费公益活动等	参与公益活动的社会消费者的环保意识得以强化，但对全社会整体而言，影响范围有限	未充分运用数字化传播媒介进行广泛的公益活动宣传、宣传力度不够
家庭低碳计划	2010 年起中央文明办等部门共同举办"低碳家庭 时尚生活"主题活动，希望广大家庭积极参与低碳生活的实践	以家庭为单位的组织低碳环保的生活理念有了进一步提升，有助于生活方式全面绿色转型	部分家庭低碳行动落实不到位，如建立家庭低碳档案，核算每月家庭减少的碳排放量

资料来源：作者根据相关资料整理。

二、碳中和消费的引导类政策体系基本思路

（一）探索打造统一的绿色低碳产品信息平台

为推动碳中和消费的规范化和可持续发展，探索打造统一的绿色低碳产品信息平台具有重大价值。充分利用先进的数字化技术，如大数据分析、区块链追溯等数字化技术，探索打造全国统一绿色低碳产品信息平台。在平台上推行产品碳标识认证制度，利用大数据的精准分析能力和区块链的不可篡改特性，确保产品碳标识认证的准确性和权威性，进一步健全产品碳足迹管理体系。以重点领域、薄弱领域的绿色低碳产品为突破口，将产品生命周期各环节的碳排放数据纳入信息平台。消费者扫码即可了解产品“原料—加工—包装—配送—销售—回收”各环节的碳排放量，便于消费者辨别、信任真正的绿色低碳产品，有效驱逐“伪低碳”产品，引领“真低碳”产品。通过低碳信息平台定期发布权威部门认可的绿色低碳产品清单，为消费者提供碳中和消费指南。消费者可依据清单进行理性选择，放心购买绿色低碳产品，有力促进碳中和消费的长期持续发展。

（二）健全绿色低碳产品标准认证标识等引导体系

一是建立覆盖绿色低碳产品全领域的标准、认证、标识体系目录。一方面，根据行业发展和碳中和消费需求发展趋势，及时出台、更新绿色低碳产品标准，为碳中和消费引导类政策的实施提供支撑。另一方面，根据社会产品更新迭代敦促及时更新绿色低碳产品新类别的认证标准。同时还应提高标准、认证、标识体系的前瞻性，加强新增绿色低碳产品类别在标准化建设前期、中期以及后期的落实研究工作。二是强化绿色低碳产品标准、认证、标识体系的论证和修订力度。利用已成型绿色低碳产品标准建设工作平台，进一步完善和构建与经济发达国家衔接的标准、认证、标识体系，加快完成标准、认证、标识体系中的标准制度修订。三是加强数字化手段在绿色低碳产品标准、认证、标识体系建设中的应用。利用数字化手段能够更加精准地追踪和管理绿色低碳产品的标准、认证和标识信息，确保数据的真实性和可追溯性。同时通过引入碳账户、碳普惠、碳平台等数智化应用，加强平台对绿色低碳标识使用信息的公开共享。

（三）加强引导类政策的个性化、定制化传播

碳中和消费的推广普及需要根据不同人群的特点来开展，政策制定者可以从互联网大数据、云计算等数字手段应用的考虑出发提升引导类政策的传播成效。一是充分利用绿色信息分享媒介。运用新兴媒介提升引导类政策工具的数字化传播水平，注意碳中和

消费的个性化、定制化信息内容传播。相关政府部门和机构需要充分利用人工智能、云计算、大数据等先进技术，引进短视频、微电影、网络直播等新的宣传方式，着力推动碳中和消费信息的精准化引导，把引导类政策及时传达到特定群体、重点用户。二是增加绿色信息分享的渠道。引导消费者在社交平台分或虚拟社区，如邻里社区群、绿色虚拟社区、绿色消费信息平台等关注或分享有关绿色低碳产品购买、使用、回收等正能量信息。三是注重引导类政策信息的个性化传播。如借助碳账户、碳普惠等机制，为消费者提供更加个性化的信息内容，并对不同性别、收入的消费者推送个性化的信息内容。通过细分受众，利用数智技术制定差异化的宣传举措。四是分层分类推进引导类政策信息传播。对学生群体、家庭组织、广大民众等不同群体采取不同的方式来宣传，实现精准引导。具体来说，加强学校渠道信息引导，依托学校开展线上线下碳中和消费教育。推进家庭教育引导，社区开展主题活动，以个人带动家庭促进碳中和消费信息的传递。

（四）完善引导类政策实施的协同协调机制

一是职责协同，明确职能定位，实施跨部门联动。明确引导类政策实施机构在推动碳中和消费中的职能定位，厘清政府责任清单，使各部门在推动碳中和消费过程中目标明确、各司其职，进而形成引导碳中和消费的政策合力。从纵向上，中央和地方政府职能部门应对碳中和消费的引导类政策实施进行清晰的分工，确保政策的有效落地。从横向上，各地政府部门之间应构建明确的职责分工体系，形成中央和地方之间、地方各部门之间的协调运行机制。二是建立并完善统一的数据平台，实现各部门之间的数据协同和数据共享。借助数智化技术，能够更有效地实现政府部门间的信息共享和协同工作，有助于打破各部门之间的数据壁垒，实现信息的互联互通。基于准确的数据共享与协同协调机制，能够更科学地执行政策，从而提高碳中和消费引导类政策实施的效率和效果。

（五）完善引导类政策的数智化精准评估机制

通过数字化手段及时精准掌握引导类政策工具的实施效果，可以促进碳中和消费引导类政策体系的完善。一是建立完整的碳中和消费数据库，为政策的数智化精准评估提供坚实的数据基础。建立碳中和消费数据库和碳中和消费统计制度，记录和保存引导类政策实施过程中出现的典型范例和有效政策，为政策的评估提供科学依据。二是依托数字媒体渠道，推进精准化评估。借助多渠道动态监测引导类政策工具的实施状况，及时识别并主动曝光引导类政策工具实施的阻碍行为，以及碳中和消费的突出问题，及时准确把脉消费者对碳中和消费的关切热点，实时向社会公众反馈。三是建立评价系统以精准评估碳中和消费引导类政策。构建碳中和消费引导类政策评价系统，明确碳中和消费引导类政策评价指标，对引导类政策执行过程、方式以及质量开展全面、精细化评估。在此过程中，充分利用数字技术进行精准评估政策实施效果。这有助于更好地了解引导类政策实施的效果和存在的问题，并为后续引导类政策制定和实施提供更多支持。

三、碳中和消费的引导类政策体系实施对策

（一）确保引导类政策实施的分类施策和精准匹配

为切实提升引导类政策在推动碳中和消费中的实施效果，确保分类施策和精准匹配是关键所在。在消费端，应充分利用数字信息技术海量存储消费者数据、洞察消费者全貌和为消费者画像的优势，探索碳中和消费者分类模式，进而有针对性地匹配施策，提升引导类政策工具的分类施策水平。如针对非绿、浅绿、深绿等不同绿色程度消费者使用不同的引导类政策工具：对非绿消费者，他们的绿色低碳意识相对薄弱，可以采用绿色公民行动、绿色人物评选等引导政策提升其绿色低碳意识；对浅绿消费者，他们对绿色低碳产品有一定认知但辨别能力有待提高，可以加大绿色低碳产品认证信息推送来提升其对绿色低碳产品的辨别能力；而对深绿消费者，他们具有较高的环保意识和行动能力，可以重点加大碳中和消费带来的环境价值信息引导，鼓励争做碳中和消费领域的意见领袖，发挥其带动示范作用。根据不同特征的消费者精准施策、分类提升，能够最大限度地激发各类消费者的碳减排潜力。

（二）推动引导类政策在各环节各场景的融合应用

在推行碳中和消费过程中，引导类政策工具在各环节的应用存在不平衡现象，决策者往往侧重于在某一环节着重引导，造成引导类政策工具在不同环节存在过溢或者缺失的问题。因此，要对碳中和消费中引导类政策工具的覆盖领域和场景进行拓展，打通不同环节引导类政策工具的应用，推动政策工具的纵向融合。同时借助先进的数字化技术，推进引导类政策工具在碳中和消费的四个环节（购买购置、使用消费、废弃回收、分享互动）全面覆盖。例如，利用人工智能、大数据分析等数字化技术，完善碳中和消费积分制度，该制度不仅需要覆盖绿色低碳产品的购买，还需要涵盖节水、节能、节电等使用消费领域，以及绿色出行、垃圾减量和回收等消费环节，以及各环节的线上线下消费场景的全面贯通，实现各环节各场景积分兑换的无缝对接。将数字化的信息引导贯穿于碳中和消费的全过程，解决消费积分等信息引导类政策工具浮于表面的问题，推动引导类政策工具的纵向拓展。

（三）创新引导类政策实施的传播推广和信息扩散

数智时代背景下，碳中和消费的引导类政策工具亟须创新，信息化水平也有待加强。通过紧密结合数字生活行动，利用数字信息技术，改变传统绿色信息的呈现形式、传播方式，解决如宣传教育、公益广告、户外横幅、能效标识等传统引导类政策工具未能有效引导碳中和消费行为的问题。通过数智化手段，向消费者传达定制化与个性化的绿色产品信息、绿色政策信息。例如，借助碳账户和碳普惠机制，为每个消费者建立个性化的碳排放记录和减排目标，从而提供更加精准的绿色消费引导。依托数字化媒体，通过意见领袖介入绿色政策信息或绿色产品信息传播过程，在示范带动作用的同时能够扩大绿色信息传播范围。在呈现形式上，无论是线下还是线上场景中，运用文字、图片、音频、视频等形式进行传播可达到更佳的效果。如建立碳中和消费智慧宣教展厅，利用 VR（虚拟现实）技术打造碳中和消费的场景互动展示。还可以借助短视频自媒体和数字化平台，精准匹配减碳/低碳/零碳产品传播的粉丝受众，增加传播的场景化、智能化、趣味性和互动性。

（四）加强引导类政策实施的基础设施和能力建设

一是加强碳中和消费的引导类政策信息平台建设。引入数智化技术，针对消费者个体、家庭和团体的碳中和消费进行精准、有效的信息引导。同时，引导类政策信息平台要在保护消费者的个人隐私和数据安全的基础上，对各地区绿色低碳核算执行统一的标准，进而实现系统化的引导示范，从意识、信念、认知等层面上提升消费者对碳中和消费的信心和预期。二是发挥地方政府对碳中和消费引导类政策的实施优势，加强地方政府的实施能力建设，促进地区碳中和消费普及。在有条件的地方建设碳中和消费引导示范基地，借助数智化信息技术积极推动碳中和消费的环保技术、信息渠道和产业合作项目的落地。另外，全面推广绿色低碳示范县、示范村（社区）、绿色低碳家庭、绿色低碳商场等榜样示范，拓展和创新绿色消费场景，带动更多人从非绿消费向绿色消费转变、从浅绿色消费向深绿色消费升级。

（五）强化引导类政策实施的动态评估和反馈优化

一是建立动态评估机制。对引导类政策实施下的消费碳排放量、能源消费结构、绿色产品市场占有率、消费者行为变化、绿色低碳产品需求增长量、绿色低碳产品市场价格波动等关键指标进行定期监测和跟踪分析，以更准确地评估政策落实情况。借助大数据分析和人工智能等数智技术，实时收集和分析碳中和消费引导类政策实施的数据。同时，建立动态评估模型，定期对政策实施效果进行评估和更新，确保政策始终贴近碳中和消费的实际需要，并适应不断变化的碳排放环境情况。二是拓展反馈渠道。建立并完善线上反馈平台，如政策网站、移动端政务服务平台等，方便消费者随时随地提交有关碳中和消费的反馈意见。同时，在社交媒体平台上开设官方账号，发布碳中和消费引导类政策相关内容，鼓励消费者通过评论、私信等方式进行反馈。三是优化反馈流程。避免设置过多分散的反馈渠道，将线上线下的反馈渠道整合。对于线上反馈平台，设计简洁直观的操作界面，减少不必要的填写项。还需要对反馈流程进行梳理，简化烦琐的中间环节。如减少不必要的审批层级，使反馈能够直接送达相关处理人员，从而更好地服务于引导类政策的持续改进。

参考文献

[1] 艾伦·杜宁．多少算够：消费社会与地球的未来［M］．长春：吉林人民出版社，1997.

[2] 安家骥，刘国亮，狄鹤．互联网支付影响绿色消费的效应及催化路径——从感知到实践的中介作用检验［J］．税务与经济，2021（6）：54－60.

[3] 陈丽芬，魏琪嘉，依绍华，等．有序推动消费品以旧换新［N］．经济日报，2024－06－01（10）.

[4] 陈晓红，徐戈，冯项楠，等．公众对于“两型社会”建设的态度—意愿—行为分析［J］．管理世界，2016（12）：90－101.

[5] 陈转青，高维和，谢佩洪．绿色生活方式、绿色产品态度和购买意向关系——基于两类绿色产品市场细分实证研究［J］．经济管理，2014（11）：166－177.

[6] 杜松华，徐嘉泓，张德鹏，等．游戏化如何驱动电商用户绿色消费行为——基于蚂蚁森林的网络民族志研究［J］．南开管理评论，2022，25（2）：191－204.

[7] 杜祥琬．能源革命——为了可持续发展的未来［J］．北京理工大学学报（社会科学版），2014（5）：1－8.

[8] 方凌智，沈煌南．技术和文明的变迁——元宇宙的概念研究［J］．产业经济评论，2022（1）：5－19.

[9] 冯俏彬，白雪苑，李贺．支持碳达峰、碳中和的财税理论创新与政策体系构建［J］．改革，2022（7）：106－116.

[10] 郭菊娥，张友恒．基于马克思生产理论的“碳中和”关系解构与实现机理［J］．西安交通大学学报（社会科学版），2022，42（5）：11－19.

[11] 何建坤．新时代应对气候变化和低碳发展长期战略的新思考［J］．武汉大学学报（哲学社会科学版），2018，71（4）：13－21.

[12] 何志毅，杨少琼．对绿色消费者生活方式特征的研究［J］．南开管理评论，2004，7（3）：4－10.

[13] 洪大用，李阳．推进绿色生活方式培育的科学化——基于某地农村洁净型生活用煤推广实践的社会学分析［J］．广东社会科学，2017（1）：185－194.

［14］胡赛全，刘展余，雷玉琼，等．公众对助推型减碳政策的偏好研究：基于联合实验与机器学习方法［J］．公共行政评论，2022，15（3）：40－61＋197．

［15］胡雪萍，刘思华．绿色消费［M］．北京：中国环境出版社，2016．

［16］黄苏萍，潘阳，陈立平．低碳消费行为研究述评［J］．学海，2016（3）：174－182．

［17］黄贤金，钟太洋．循环经济学：学科特征与趋势展望［J］．中国人口·资源与环境，2005，15（4）：5－10．

［18］贾建民，耿维，徐戈，等．大数据行为研究趋势：一个“时空关”的视角［J］．管理世界，2020，36（2）：106－116＋221．

［19］蒋洪伟，韩文秀．绿色供应链管理：企业经营管理的趋势［J］．中国人口·资源与环境，2000（4）：92－94．

［20］李东进，吴波，武瑞娟．中国消费者购买意向模型——对 Fishbein 合理行为模型的修正［J］．管理世界，2009（1）：121－130．

［21］李静，吴旭瑶，岳磊，等．物质主义对绿色消费的影响：促进还是抑制？［J］．心理科学进展，2022，30（6）：1191－1204．

［22］李维安，徐建，姜广省．绿色治理准则：实现人与自然的包容性发展［J］．南开管理评论，2017，20（5）：23－28．

［23］李霞，彭宁，周晔．国际可持续消费实践与政策启示［J］．中国人口·资源与环境，2014，24（5）：46－50．

［24］李先国，宋明蕊，黄元豪，等．健康食品消费的助推策略研究述评与展望——决策系统视角［J］．科学决策，2021（2）：67－91．

［25］李晓西，刘一萌，宋涛．人类绿色发展指数的测算［J］．中国社会科学，2014（6）：69－95＋207－208．

［26］李研，安蕊，王珊珊．自我意识情绪视角下居民低碳消费意愿模型［J］．首都经济贸易大学学报，2022，24（3）：89－102．

［27］林伯强．碳中和背景下的广义节能——基于产业结构调整、低碳消费和循环经济的节能新内涵［J］．厦门大学学报（哲学社会科学版），2022，72（2）：10－20．

［28］刘飞，周飞．个人碳普惠：实践模式、理论溯源及政策思考［J］．西南金融，2023（4）：46－56．

［29］孟昕，梁志浩．低碳消费偏好下碳排放配额分配方式的减排效应［J］．财经问题研究，2022（2）：42－51．

［30］芈凌云，丁超琼，俞学燕，等．不同信息框架对城市家庭节电行为干预效果

的纵向实验研究 [J]. 管理评论, 2020, 32 (5): 292 - 304.

[31] 苗芃. 健康风险交流的“知情意行”策略框架 [J]. 北京师范大学学报 (社会科学版), 2023 (6): 152 - 157.

[32] 彭建军, 段春梅. 打好“组合拳”: 低碳政策工具协同对绿色技术创新的影响及机理研究 [J]. 技术经济, 2023, 42 (8): 26 - 38.

[33] 戚聿东, 李颖. 新经济与规制改革——新经济下的规制改革方向 [J]. 中国工业经济, 2018 (3): 5 - 23.

[34] 钱菱潇, 王荔妍. 绿色场景创新: 构建数字化驱动的发展模式 [J]. 清华管理评论, 2022 (3): 34 - 41.

[35] 钱易, 吴志强, 江亿, 等. 生态文明建设和新型城镇化及绿色消费研究 [M]. 北京: 科学出版社, 2017.

[36] 任胜楠, 蔡建峰. 消费者性别角色影响绿色消费行为的实证研究 [J]. 管理学刊, 2020, 33 (6): 61 - 71.

[37] 宋妍, 李振冉, 张明. 异质性视角下促进绿色产品消费的补贴与征税政策比较 [J]. 中国人口·资源与环境, 2019, 29 (8): 59 - 65.

[38] 孙瑾, 苗盼, 杨静舒. “爱自己”还是“亲社会”——绿色消费利益诉求对绿色购买意愿的影响 [J]. 南开管理评论, 2023 (2): 1 - 28.

[39] 谭雪萍, 耿涌, 宋晓倩, 等. 构建面向碳中和目标的物质流分析研究框架——基于文献计量视角 [J]. 中国人口·资源与环境, 2023, 33 (12): 145 - 158.

[40] 田箫. 《ESG Weekly》: 服装业碳排放占全球总量 10%! 服装企业们碳中和进度如何? [N]. 科创板日报, 2023 - 11 - 17 (1).

[41] 童泽林, 李国城, 肖皓文, 等. 游戏化对绿色消费行为的负面溢出效应及应对策略 [J]. 南开管理评论, 2023 (3): 1 - 19.

[42] 王汉瑛, 邢红卫, 田虹. 定位绿色消费的“黄金象限”: 基于刻板印象内容模型的响应面分析 [J]. 南开管理评论, 2018, 21 (3): 203 - 214.

[43] 王建华, 钭露露. 环境素养对消费者绿色消费行为的影响研究 [J]. 华中农业大学学报 (社会科学版), 2021 (3): 39 - 50 + 184 - 185.

[44] 王建明, 赵婧. 数字时代信息嵌入式监管工具对线上绿色消费行为的推进效应——绿色购买场景模拟和监管工具设计实验 [J]. 管理世界, 2021 (4): 142 - 158.

[45] 王建明, 赵婧. 消费者对绿色消费监管政策的选择偏好和政策组合效果模拟 [J]. 中国人口·资源与环境, 2021, 31 (12): 104 - 115.

[46] 王世进, 周慧颖. 环境价值观影响生态消费行为——基于中介变量的实证检

验［J］．软科学，2019，33（10）：50－57.

［47］王兆华，陆彬，王博，等．节能信息曝光度对绿色消费行为影响的实证分析——来自电商数据平台大规模文本数据的判据［J］．中国管理科学，2022，30（1）：241－251.

［48］王政．我国新能源汽车产销连续8年全球第一［N］．人民日报，2023－01－24（1）.

［49］魏楚，郑新业．能源效率提升的新视角——基于市场分割的检验［J］．中国社会科学，2017（10）：90－111＋206.

［50］魏文栋，陈竹君，耿涌，等．循环经济助推碳中和的路径和对策建议［J］．中国科学院院刊，2021，36（9）：1030－1038.

［51］吴波．绿色消费研究评述［J］．经济管理，2014，36（11）：178－189.

［52］吴鑫摄，顾阳．绿电消费引领低碳转型［N］．经济日报，2024－06－17（6）.

［53］向钟淇，伍如昕．生活垃圾分类政策对低碳消费行为的溢出效应［J］．青岛农业大学学报（社会科学版），2023，35（3）：52－61＋93.

［54］肖捷，栾静，韩晴晴，等．信息丰富度与绿色消费：自我建构和时间距离视角［J］．管理科学，2022，35（4）：18－31.

［55］薛冰晓，纪薇．碳达峰目标下顾客绿色消费行为的形成机理分析［J］．商业经济研究，2021（20）：83－86.

［56］杨贤传，张磊．媒体说服形塑与城市居民绿色购买行为——调节中介效应检验［J］．北京理工大学学报（社会科学版），2020，22（3）：14－25.

［57］张梅，傅鑫媛，潘霈霖，等．绿色消费的"助推器"：生态标签效应［J］．应用心理学，2023，29（1）：20－31.

［58］张萍，晋英杰．大众媒介对我国城乡居民环保行为的影响——基于2013年中国综合社会调查数据［J］．中国人民大学学报，2016，30（4）：122－129.

［59］张思雪，林汉川，邢小强．绿色管理行动：概念、方式和评估方法［J］．科学学与科学技术管理，2015（5）：3－12.

［60］赵雯砚，杨建新．基于产品全生命周期视角的中国绿色消费政策体系初探［J］．中国人口·资源与环境，2016，26（2）：95－98.

［61］郑新业，相晨曦．新征程中的能源结构转型——基于"2035年远景目标"和"双碳战略"［M］．北京：中国人民大学出版社，2022.

［62］郑馨竺，梁安妮．在碳中和愿景下缩小贫富差距：协同理论、机制与路径［J］．中国环境管理，2022，14（1）：14－21.

［63］钟茂初．"人与自然和谐共生"的学理内涵与发展准则［J］．学习与实践，

2018 (3): 5 - 13.

[64] 周宏春，史作廷. 双碳导向下的绿色消费：内涵、传导机制和对策建议 [J]. 中国科学院院刊，2022，37 (2)：188 - 196.

[65] 周洁红，韩飞，魏珂，等. 居民绿色消费研究综述 [J]. 浙江大学学报 (人文社会科学版)，2022，52 (9)：57 - 68.

[66] 周鹏，周迅，周德群. 二氧化碳减排成本研究述评 [J]. 管理评论，2014，26 (11)：20 - 27 + 47.

[67] 朱迪. 中等收入群体和青年群体的绿色低碳消费研究——基于不同消费环节和消费领域的实证分析 [J]. 社会科学辑刊，2024 (3)：130 - 141 + 239.

[68] 诸大建. 绿色消费：基于物质流和消费效率的研究 [J]. 中国科学院院刊，2017，32 (6)：547 - 553.

[69] Aa A, Mr B, Ms C, et al. An Empirical Analysis of the Non - Linear Effects of Natural Gas, Nuclear Energy, Renewable Energy and ICT - Trade in Leading CO_2 Emitter Countries: Policy towards CO_2 Mitigation and Economic Sustainability [J]. Journal of Environmental Management, 2021 (286): 112232.

[70] Abrahamse W, Steg L, Vlek C, et al. A Review of Intervention Studies Aimed at Household Energy Conservation [J]. Journal of Environmental Psychology, 2005, 25 (3): 273 - 291.

[71] Abrahamse W, Steg L, Vlek C, et al. The Effect of Tailored Information, Goal Setting, and Tailored Feedback on Household Energy Use, Energy - related Behaviors, and Behavioral Antecedents [J]. Journal of Environmental Psychology, 2007, 27 (4): 265 - 276.

[72] Adua L. Super Polluters and Carbon Emissions: Spotlighting how Higher - income and Wealthier Households Disproportionately Despoil our Atmospheric Commons [J]. Energy Policy, 2022, 162: 112768.

[73] Ajzen I. The Theory of Planned Behavior [J]. Organizational Behavior and Human Decision Processes, 1991, 50 (2): 179 - 211.

[74] Al Amin M A, Adrianto L, Kusumastanto T, et al. Community Knowledge, Attitudes and Practices towards Environmental Conservation: Assessing Influencing Factors in Jor Bay Lombok Indonesia [J]. Marine Policy, 2021, 129: 104521.

[75] Bamberg S, Möser G. Twenty Years after Hines, Hungerford, and Tomera: A New Meta - analysis of Psycho - social Determinants of Pro - environmental Behaviour [J]. Journal of Environmental Psychology, 2007, 27 (1): 14 - 25.

[76] Bergquist M, Nilsson A. I Saw the Sign: Promoting Energy Conservation via Normative Prompts [J]. Journal of Environmental Psychology, 2016, 46: 23 - 31.

[77] Binder M, Blankenberg A. Green Lifestyles and Subjective Well - being: More about Self - image than Actual Behavior? [J]. Journal of Economic Behavior and Organization, 2017, 137: 304 - 323.

[78] Chwialkowska A, Bhatti W A, Glowik M. The Influence of Cultural Values on Pro - Environmental Behavior [J]. Journal of Cleaner Production, 2020, 268 (20): 122305.

[79] Ciarreta A, Espinosa M P, Pizarro - irizar C. Optimal Regulation of Renewable Energy: A Comparison of Feed - in Tariffs and Tradable Green Certificates in the Spanish Electricity System [J]. Energy Economics, 2017, 67: 387 - 399.

[80] Cleveland M, Kalamas M, Laroche M. "It's not Easy Being Green": Exploring Green Creeds, Green Deeds, and Internal Environmental Locus of Control [J]. Psychology & Marketing, 2012, 29 (5): 293 - 305.

[81] Constantinos N, Leonidou D S. Gray Shades of Green: Causes and Consequences of Green Skepticism [J]. Journal of Business Ethics, 2017, 144 (2): 401 - 415.

[82] De Vries P, Aarts H, Midden J H. Changing Simple Energy - Related Consumer Behaviors: How the Enactment of Intentions is Thwarted by Acting and Non - Acting Habits [J]. Environment and Behavior, 2011, 43 (5): 612 - 633.

[83] Dwyer P C, Maki A, Rothman A J. Promoting Energy Conservation Behavior in Public Settings: The Influence of Social Norms and Personal Responsibility [J]. Journal of Environmental Psychology, 2015, 41: 30 - 34.

[84] Díaz M F, Charry A, Sellitti S, et al. Psychological Factors Influencing Pro - environmental Behavior in Develo Countries: Evidence from Colombian and Nicaraguan students [J]. Frontiers in Psychology, 2020, 11: 580730.

[85] Eriksson L, Garvill J, Nordlund A M. Acceptability of Travel Demand Management Measures: the Importance of Problem Awareness, Personal Norm, Freedom, and Fairness [J]. Journal of Environmental Psychology, 2006, 26 (1): 15 - 26.

[86] Ertz M, Karakas F, Sarigöllü E. Exploring Pro - environmental Behaviors of Consumers: An Analysis of Contextual Factors, Attitude, and Behaviors [J]. Journal of Business Research, 2016, 69 (10): 3971 - 3980.

[87] Fuchs D A, Lorek S. Sustainable Consumption Governance: A History of Promises and Failures [J]. Journal of Consumer Policy, 2005, 28 (3): 261 - 288.

[88] Gadenne D, Sharma B, Kerr D, et al. The Influence of Consumers' Environmental Beliefs and Attitudes on Energy Saving Behaviours [J]. Energy Policy, 2011, 39 (12): 7684 - 7694.

[89] Gevrek Z E, Uyduranoglu A. Public Preferences for Carbon Tax Attributes [J]. Ecological Economics, 2015, 118: 186 - 197.

[90] Gilg A, Barr S, Ford N. Green Consumption or Sustainable Lifestyles? Identifying the Sustainable Consumer [J]. Futures, 2005, 37 (6): 481 - 504.

[91] Gunarathne A D N, Kaluarachchilage P K H, Rajasooriya S M, et al. Low - carbon Consumer Behaviour in Climate - vulnerable Developing Countries: A Case Study of Sri Lanka [J]. Resources, Conservation and Recycling, 2020, 154: 104592.

[92] Han H, Lee K S, Radic A, et al. The Extended Self - identify - based Electric Product Adoption Model and Airline Business Strategy: A New Theoretical Framework for Green Technology Products [J]. Journal of Travel & Tourism Marketing, 2021, 38 (3): 247 - 262.

[93] Hanss D, Böhm G. Promoting Purchases of Sustainable Groceries: An Intervention Study [J]. Journal of Environmental Psychology, 2013, 33: 53 - 67.

[94] Kronrod A, Grinstein A, Wathieu L. Go Green! Should Environmental Messages Be So Assertive? [J]. Journal of Marketing, 2012, 76 (1): 95 - 102.

[95] Li Y, Zhang Q, Liu B, et al. Substitution effect of New - Energy Vehicle Credit Program and Corporate Average Fuel Consumption Regulation for Green - car Subsidy [J]. Energy, 2018, 152: 223 - 236.

[96] Lin Y C. Sustainable Consumption and Environmental Change in Taiwan: Understanding Consumer Perceptions and Narratives of Practice [J]. Sustainability, 2024, 16 (12): 5125.

[97] Morren M, Grinstein A. Explaining Environmental Behavior Across Borders: A Meta - Analysis [J]. Journal of Environmental Psychology, 2016, 47: 91 - 106.

[98] Olander F, ThØgersen J. Understanding of Consumer Behaviour as a Prerequisite for Environmental Protection [J]. Journal of Consumer Policy, 1995, 18 (4): 345 - 385.

[99] Peattie K. Green Consumption: Behavior and Norms [J]. Annual Review of Environment and Resources, 2010, 35 (1): 195 - 228.

[100] Piscitelli A, D' Uggento A M. Do Young People Really Engage in Sustainable Behaviors in Their Lifestyles? [J]. Social Indicators Research, 2022, 163 (3): 1467 - 1485.

[101] Press M, Arnould E J. Constraints on Sustainable Energy Consumption: Market System and Public Policy Challenges and Opportunities [J]. Journal of Public Policy & Marketing, 2009, 28 (1): 102 - 113.

[102] Prothero A, Dobscha S, Freund J, et al. Sustainable Consumption: Opportunities for Consumer Research and Public Policy [J]. Journal of Public Policy & Marketing, 2011, 30 (1): 31 - 38.

[103] Qian L, Grisolía J M, Soopramanien D. The Impact of Service and Government - policy Attributes on Consumer Preferences for Electric Vehicles in China [J]. Transportation Research Part A: Policy and Practice, 2019, 122: 70 - 84.

[104] Ramayah T, Lee J W C, Mohamad O. Green Product Purchase Intention: Some Insights from a Developing Country [J]. Resources, Conservation and Recycling, 2010, 54 (12): 1419 - 1427.

[105] Sintov N, Geislar S, White L V. Cognitive Accessibility As a New Factor in Pro - environmental Spillover: Results from a Field Study of Household Food Waste Management [J]. Environment and Behavior, 2017, 51 (1): 50 - 80.

[106] Steg L, Bolderdijk J W, Keizer K, et al. An Integrated Framework for Encouraging Pro - environmental Behavior: The Role of Values, Situational Factors and Goals [J]. Journal of Environmental Psychology, 2014, 38: 104 - 115.

[107] Steg L, Vlek C. Encouraging Pro - environmental Behavior: An Integrative Review and Research Agenda [J]. Journal of Environmental Psychology, 2009, 29 (3): 309 - 417.

[108] Steiner B E, Peschel A O, Grebitus C. Analysis: Multi - Product Category Choices Labeled for Ecological Footprints: Exploring Psychographics and Evolved Psychological Biases for Characterizing Latent Consumer Classes [J]. Ecological Economics, 2017, 140: 251 - 264.

[109] Temizkan V. Investigating the Effect of Consumers' Environmental Values on Green Buying Behavior [J]. Business and Economics Research Journal, 2022, 13 (3): 505 - 521.

[110] Thogersen J, Olander F. Human Values and the Emergence of A Sustainable Consumption Pattern: A Panel Study [J]. Journal of Economic Psychology, 2002, 23 (5): 605 - 630.

[111] ThØgersen J. How May Consumer Policy Empower Consumers for Sustainable Lifestyles? [J]. Journal of Consumer Policy, 2005, 28 (2): 143 - 177.

[112] Valeri E, Gatta V, Teobaldelli D, et al. Modelling Individual Preferences for En-

vironmental Policy Drivers: Empirical Evidence of Italian Lifestyle Changes Using a Latent Class Approach [J]. Environmental Science & Policy, 2016, 65: 65 -74.

[113] Vermeir I, Verbeke W. Sustainable Food Consumption Among Young Adults in Belgium: Theory of Planned Behaviour and the Role of Confidence and Values [J]. Ecological Economics, 2008, 64 (3): 542 -553.

[114] Wang J M, Li Y Q, He Z X, et al. Scale Framing, Benefit Framing and Their Interaction Effects on Energy - saving Behaviors: Evidence from Urban Residents of China [J]. Energy Policy, 2022, 166 (7): 113005.

[115] Yadav R, Pathak G S. Determinants of Consumers' Green Purchase Behavior in a Developing Nation: Applying and Extending the Theory of Planned Behavior [J]. Ecological Economics, 2017, 134: 114 -122.

[116] Zhang J F, Zheng Z C, Zhang L J, et al. Digital Consumption Innovation, Socio - economic Factors and Low - carbon Consumption: Empirical Analysis Based on China [J]. Technology in Society, 2021: 67.

[117] Zhang K, Zhang Z Y, Liang Q M. An Empirical Analysis of the Green Paradox in China: From the Perspective of Fiscal Decentralization [J]. Energy Policy, 2017, 103: 203 -211.

附录1　碳中和消费调查问卷

尊敬的先生/女士：

您好！我们是＊＊大学课题组研究人员，非常感谢您参加本次问卷调查。问卷需七八分钟完成，答案没有对错之分，请根据您自身实际的行为情况，选出与您自身实际行为最接近的选项（在相应序号上画“○”）。问卷完全匿名，您的信息仅供学术研究之用，不会向外泄露。

非常感谢您的支持和帮助！

＊＊大学课题组

第一部分　绿色购买情况

序号	题项	总是做到	多数做到	半数做到	少数做到	从未做到
1.1	线上网络平台购物时，我尽量选购高效节能家电产品（如冰箱、空调、洗衣机、热水器等）	5	4	3	2	1
1.2	线上网络平台购物时，我尽量选购绿色环保家用产品（如服装、家具、建材、洗涤用品等）	5	4	3	2	1
1.3	线上网络平台购物时，我尽量选购对环境污染小的产品	5	4	3	2	1
1.4	线上网络平台购物时，我尽量选购有环境标志（如节能标志、节水标志等）的产品	5	4	3	2	1
1.5	线上网络平台购物时，我尽量选购包装可降解或可再利用的产品	5	4	3	2	1

第二部分　使用、回收情况

序号	题项	总是做到	多数做到	半数做到	少数做到	从未做到
2.1	我尽量通过网络平台实行电子购票或生活缴费，实现资源节约	5	4	3	2	1
2.2	通过网络平台点外卖时，我尽量选择“无需餐具”，实现资源节约	5	4	3	2	1
2.3	我尽量关注家庭电力/燃气账单以节约电力/燃气	5	4	3	2	1

续表

序号	题项	总是做到	多数做到	半数做到	少数做到	从未做到
2.4	夜间使用空调时，我尽量使用智能定时或夜间模式以节约用电	5	4	3	2	1
2.5	我尽量重复利用或循环使用产品，实现资源节约	5	4	3	2	1
2.6	我尽量将生活垃圾分类回收，实现资源节约	5	4	3	2	1
2.7	我通过线上回收交易途径（如闲鱼、邻里群等）尽量将旧冰箱、空调等家电产品回收或交易	5	4	3	2	1
2.8	我通过线上回收交易途径（如闲鱼、邻里群等）尽量将旧衣物回收或交易	5	4	3	2	1
2.9	我通过线上回收交易途径（如闲鱼、邻里群等）尽量将闲置物品回收或交易	5	4	3	2	1

第三部分　绿色出行情况

序号	题项	总是做到	多数做到	半数做到	少数做到	从未做到
3.1	短距离出行时，我尽量步行或使用（共享）单车/电动车出行，实现能源节约	5	4	3	2	1
3.2	中长距离出行时，我尽量选择公共交通工具（如公交、地铁等）出行，实现能源节约	5	4	3	2	1
3.3	打车出行时，我使用智能出行APP（如曹操出行等）尽量选择新能源汽车出行，实现能源节约	5	4	3	2	1
3.4	打车出行时，我使用智能出行APP（如嘀嗒、T3等）尽量拼车或顺风车出行，实现能源节约	5	4	3	2	1
3.5	驾车出行时，我使用智能出行APP（如百度地图等）尽量规划好通畅出行路线，实现能源节约	5	4	3	2	1
3.6	驾车出行时，我使用车载系统或智能APP尽量分析改善驾驶行为（如急刹车、急加速等），实现能源节约	5	4	3	2	1

第四部分　绿色关注情况

序号	题项	总是做到	多数做到	半数做到	少数做到	从未做到
4.1	我尽量关注网络上的高效节能家电产品（如冰箱、空调、洗衣机、热水器等）信息	5	4	3	2	1
4.2	我尽量关注网络上的绿色环保家用产品（如服装、家具、建材、洗涤用品等）信息	5	4	3	2	1

续表

序号	题项	总是做到	多数做到	半数做到	少数做到	从未做到
4.3	我尽量关注网络上的节电、节水、节能信息	5	4	3	2	1
4.4	我尽量关注网络上的绿色低碳出行信息	5	4	3	2	1
4.5	我尽量关注网络上的闲置物品回收或交易信息	5	4	3	2	1
4.6	我尽量关注网络上的垃圾分类回收信息	5	4	3	2	1
4.7	我尽量关注网络上的环保新闻信息	5	4	3	2	1
4.8	我尽量关注网络上的环保公益活动信息	5	4	3	2	1
4.9	我不关心网络上的环保新闻事件	5	4	3	2	1
4.10	我尽量关注网络上他人的绿色积分信息（如蚂蚁森林绿色能量、支付宝绿色账户等）	5	4	3	2	1

第五部分　绿色分享情况

序号	题项	总是做到	多数做到	半数做到	少数做到	从未做到
5.1	我通过网络尽量与他人分享高效节能家电产品（如冰箱、空调、洗衣机、热水器等）购买经历	5	4	3	2	1
5.2	我通过网络尽量与他人分享绿色环保家用产品（如服装、家具、建材、洗涤用品等）购买经历	5	4	3	2	1
5.3	我通过网络尽量与他人分享节电、节水、节能经历	5	4	3	2	1
5.4	我通过网络尽量与他人分享绿色低碳出行经历	5	4	3	2	1
5.5	我通过网络尽量与他人分享闲置物品回收或交易经历	5	4	3	2	1
5.6	我通过网络尽量与他人分享垃圾分类回收经历	5	4	3	2	1
5.7	我通过网络尽量与他人分享环保公益活动经历	5	4	3	2	1
5.8	我通过网络尽量与他人分享环保新闻信息	5	4	3	2	1
5.9	我通过网络尽量与他人分享绿色积分信息（如蚂蚁森林绿色能量、支付宝绿色账户等）	5	4	3	2	1

第六部分　个人情况

6.1 性别	A. 男		B. 女		
6.2 年龄	A. 24 周岁及以下	B. 25—34 周岁	C. 35—44 周岁	D. 45—54 周岁	E. 55 周岁及以上
6.3 学历	A. 初中或以下	B. 高中或中专	C. 大专或高职	D. 本科	E. 硕士或以上
6.4 婚否	A. 未婚	B. 已婚无子女	C. 已婚有子女	D. 离异或丧偶	

续表

6.5 职业	A. 在校学生		B. 各类专业技术、教育科研人员		
	C. 政府或企事业单位职员、管理者		D. 服务业员工、商业人员、销售人员		
	E. 制造、运输工人、手艺人和相关人员		F. 个体经营者、老板、工商户等		
	G. 其他职业				
6.6 个人年收入	A. 6 万元以下	B. 6 万—10 万元	C. 10 万—20 万元	D. 20 万—40 万元	E. 40 万元以上
6.7 现居住地	A. 特大城市	B. 大城市或省会城市	C. 中等城市或地级市	D. 小城市或县级市	E. 乡镇或农村

附录 2　碳中和消费政策问卷

尊敬的先生/女士：

您好！我们是××大学绿色消费重大项目课题组研究人员，非常感谢您参加本次关于绿色环保的公益性问卷调查。问卷需七八分钟完成，答案没有对错之分，请根据您所在城市/关于绿色消费的实际法律法规、激励政策、政府引导等方面政策的完善程度，选出与您所在城市实际最接近的选项（在相应序号上画“○”）。

本问卷完全匿名，您的信息仅供学术研究之用，不会向外泄露。

非常感谢您的支持和帮助！

××大学绿色消费重大项目课题组

第〇部分　前测题

0.1 您对绿色消费	A. 了解	B. 不了解（调查结束）
0.2 您对绿色消费的相关政策	A. 了解	B. 不了解（调查结束）

第一部分　您所在城市关于绿色消费的法律法规完善程度

序号	题项	非常完善	比较完善	一般	不太完善	很不完善	不了解
1.1	您所在城市的绿色出行制度	A	B	C	D	E	F
1.2	您所在城市的绿色购买制度	A	B	C	D	E	F
1.3	您所在城市的垃圾分类制度	A	B	C	D	E	F
1.4	您所在城市的闲置物品回收制度	A	B	C	D	E	F
1.5	您所在城市的节约用电用水制度	A	B	C	D	E	F
1.6	您所在城市的绿色产品认证与标识制度	A	B	C	D	E	F

第二部分　您所在城市关于绿色消费的观念宣传完善程度

序号	题项	非常完善	比较完善	一般	不太完善	很不完善	不了解
2.1	您所在城市的绿色消费观念引导	A	B	C	D	E	F
2.2	您所在城市的绿色消费承诺倡议	A	B	C	D	E	F
2.3	您所在城市的绿色消费责任培养	A	B	C	D	E	F

续表

序号	题项	非常完善	比较完善	一般	不太完善	很不完善	不了解
2.4	您所在城市的绿色消费氛围营造	A	B	C	D	E	F
2.5	您所在城市的节能环保美德教育	A	B	C	D	E	F
2.6	您所在城市的共享消费理念培育	A	B	C	D	E	F

第三部分　您所在城市关于绿色消费的限制约束政策完善程度

序号	题项	非常完善	比较完善	一般	不太完善	很不完善	不了解
3.1	您所在城市的绿色产品标准政策	A	B	C	D	E	F
3.2	您所在城市的绿色产品准入政策	A	B	C	D	E	F
3.3	您所在城市的限制商品过度包装政策	A	B	C	D	E	F
3.4	您所在城市的塑料制品限制使用政策	A	B	C	D	E	F
3.5	您所在城市的一次性产品限制使用政策	A	B	C	D	E	F
3.6	您所在城市的低效高耗电产品报废政策	A	B	C	D	E	F

第四部分　您所在城市关于绿色消费的经济激励政策完善程度

序号	题项	非常完善	比较完善	一般	不太完善	很不完善	不了解
4.1	您所在城市的绿色消费积分政策	A	B	C	D	E	F
4.2	您所在城市的高效节能产品购买补贴政策	A	B	C	D	E	F
4.3	您所在城市的绿色消费信贷支持政策	A	B	C	D	E	F
4.4	您所在城市的绿色出行补贴支持政策	A	B	C	D	E	F
4.5	您所在城市的阶梯水价（电价）政策	A	B	C	D	E	F
4.6	您所在城市的废旧物品回收补贴政策	A	B	C	D	E	F
4.7	您所在城市的垃圾分类积分奖励政策	A	B	C	D	E	F

第五部分　您所在城市关于绿色消费的政府引导政策完善程度

序号	题项	非常完善	比较完善	一般	不太完善	很不完善	不了解
5.1	您所在城市的绿色消费指南/手册	A	B	C	D	E	F
5.2	您所在城市的绿色消费典型示范	A	B	C	D	E	F
5.3	您所在城市的绿色出行宣传推广	A	B	C	D	E	F
5.4	您所在城市的节能减排先进评选	A	B	C	D	E	F

续表

序号	题项	非常完善	比较完善	一般	不太完善	很不完善	不了解
5.5	您所在城市的全民节约行动宣传	A	B	C	D	E	F
5.6	您所在城市的垃圾分类回收宣传	A	B	C	D	E	F
5.7	您所在城市的闲置物品回收利用宣传	A	B	C	D	E	F

第六部分　您自身对下列行为的践行程度

序号	题项	总是做到	多数做到	半数做到	少数做到	从未做到
6.1	我尽量选购高效节能家电产品（如冰箱、空调、洗衣机、热水器等）	A	B	C	D	E
6.2	我尽量选购绿色环保家用产品（如服装、家具、建材、洗涤用品等）	A	B	C	D	E
6.3	我尽量选购对环境污染小的产品	A	B	C	D	E
6.4	我尽量选购有环境标志（如节能标志、节水标志等）的产品	A	B	C	D	E
6.5	我尽量选购包装可降解或可再利用的产品	A	B	C	D	E
6.6	点外卖时，我尽量选择“无需餐具”，实现资源节约	A	B	C	D	E
6.7	我尽量重复利用或循环使用产品，实现资源节约	A	B	C	D	E
6.8	我尽量节约用电/用水/用燃气，实现资源节约	A	B	C	D	E
6.9	我尽量将生活垃圾分类回收，实现资源节约	A	B	C	D	E
6.10	我尽量将旧冰箱、空调等家电产品回收或交易	A	B	C	D	E
6.11	我尽量将闲置物品回收或交易	A	B	C	D	E
6.12	短距离出行时，我尽量步行或使用（共享）单车/电动车出行，实现能源节约	A	B	C	D	E
6.13	中长距离出行时，我尽量选择公共交通工具（如公交、地铁等）出行，实现能源节约	A	B	C	D	E
6.14	打车出行时，我使用智能出行 APP（如曹操出行等）尽量选择新能源汽车出行，实现能源节约	A	B	C	D	E
6.15	打车出行时，我使用智能出行 APP（如 T3 等）尽量拼车或顺风车出行，实现能源节约	A	B	C	D	E
6.16	驾车出行时，我使用智能出行 APP（如百度地图等）尽量规划好通畅出行路线，实现能源节约	A	B	C	D	E

第七部分 您的个人情况

7.1 性别	A. 男		B. 女		
7.2 年龄	A. 24 周岁及以下	B. 25—34 周岁	C. 35—44 周岁	D. 45 周岁及以上	
7.3 学历	A. 高中或以下	B. 大专或高职	C. 本科	D. 硕士或以上	
7.4 婚否	A. 未婚	B. 已婚无子女	C. 已婚有子女	D. 离异或丧偶	
7.5 职业	A. 在校学生		B. 各类专业技术、教育科研人员		
	C. 政府或企事业单位职员、管理者		D. 服务业员工、商业人员、销售人员		
	E. 制造、运输工人、手艺人和相关人员		F. 个体经营者、老板、工商户等		
	G. 其他职业				
7.6 个人年收入	A. 7 万元以下	B. 7 万—14 万元	C. 14 万—21 万元	D. 21 万元以上	
7.7 现居住地	A. 特大城市	B. 大城市或省会城市	C. 中等城市或地级市	D. 小城市或县级市及以下	

再次感谢您对本次调查的支持和帮助！祝您生活愉快！

后　记

本书是《碳中和论丛》系列丛书中的一本，也是国家社科基金重大项目“协同推进绿色低碳消费的体制机制和政策创新研究”（23&ZD096）的阶段性研究成果之一。本书贯彻党的二十大“积极稳妥推进碳达峰碳中和”“倡导绿色消费，推动形成绿色低碳的生产方式和生活方式”等精神，向全球展现当代中国以消费侧碳中和推进绿色高质量发展的新面貌，与系列丛书中的碳中和市场、碳减排、碳中和文化、碳中和政策等书籍形成相互衔接与互补。

本书学习贯彻习近平生态文明思想，落实“绿水青山就是金山银山”理念，面向国家“双碳”目标，从理论层面推进了碳中和消费的中国自主知识体系构建，从实践层面洞察了中国消费者的碳中和消费行为规律，探索了引导和驱动消费者践行碳中和消费的政策体系，可以为政府部门、企业、社会组织和消费者个体提供有益参考。

全书基于国家“双碳”目标和数智时代发展的双重背景，从消费端探讨碳中和消费的内涵与特征、原理与机理、实践与政策等各个方面，并从约束类、激励类和引导类政策角度系统构建了数智时代碳中和消费的政策体系。首先结合数智时代的新特征、新模式和新影响，以碳中和消费的兴起发轫、科学内涵、分类维度以及数智时代碳中和消费的独特特征作为研究的逻辑起点，从定性研究的角度探索碳中和消费的原理与机理、历史与现实。然后从定量分析的角度进一步揭示了碳中和消费的现状与问题，尤其是数智时代下的典型问题。在此基础上，以碳中和消费及其政策的现状和问题为导向，构建数智时代的碳中和消费政策体系，论述碳中和消费政策体系框架构建和不同政策面临的具体问题、基本思路及实施对策。

本书能够完成，要特别感谢浙江农林大学沈满洪教授对本书设计、框架和内容提供了大量精准精确精细的指导和帮助。在本书前期讨论、内容写作和专家评审过程中，浙江省社科联一级巡视员邵清、省委政研室原副主任徐志宏、浙江大学石敏俊教授、宁波大学钭晓东教授、浙江农林大学张俊飚教授、中国财政经济出版社周桂元编审等提出了很多建设性意见，对此也非常感谢。此外，参与本书资料收集整理和文稿修改的研究生包括解晓燕、周勤勤、吴龙昌、冯雨、赵婧、武落冰、杨心成、李阿勇、胡志强、李炜、刘亚、秦广科、叶国涛、谢鹏琛、黄相宜、郝晨霖、刘艺璇、李欣、茹文萱、赖嘉楷等，在此一并向他们表示感谢。

最后，尽管编者已经做出最大的努力，但由于水平有限，加上本书编写时间比较仓促，书中难免存在不当或者错漏之处，敬请各位专家、学者、老师和同学批评指正（邮箱：sjwjm@ zufe. edu. cn）。

王建明

2024 年 11 月 11 日于杭州